南昌大学经管论丛

社会网络、网络结构
与公司债融资成本

邱雪妹　著

中国财经出版传媒集团

经济科学出版社
Economic Science Press

·北京·

图书在版编目（CIP）数据

社会网络、网络结构与公司债融资成本／邱雪妹著．
北京 ： 经济科学出版社，2024.12. -- （南昌大学经管
论丛）. --ISBN 978-7-5218-6557-8

Ⅰ. F810.5

中国国家版本馆 CIP 数据核字第 2024MH3503 号

责任编辑：冯　蓉
责任校对：靳玉环
责任印制：范　艳

社会网络、网络结构与公司债融资成本

邱雪妹　著

经济科学出版社出版、发行　新华书店经销
社址：北京市海淀区阜成路甲 28 号　邮编：100142
总编部电话：010 - 88191217　发行部电话：010 - 88191522
网址：www. esp. com. cn
电子邮箱：esp@ esp. com. cn
天猫网店：经济科学出版社旗舰店
网址：http://jjkxcbs. tmall. com
北京季蜂印刷有限公司印装
710 × 1000　16 开　17.5 印张　253000 字
2024 年 12 月第 1 版　2024 年 12 月第 1 次印刷
ISBN 978 - 7 - 5218 - 6557 - 8　定价：96.00 元
（图书出现印装问题，本社负责调换。电话：010 - 88191545）
（版权所有　侵权必究　打击盗版　举报热线：010 - 88191661
QQ：2242791300　营销中心电话：010 - 88191537
电子邮箱：dbts@ esp. com. cn）

前 言

PREFACE

公司债作为公司的直接融资手段之一，在金融市场中扮演着重要角色。2007年的《公司债券发行试点办法》激活了我国的公司债市场。此后，公司债市场逐渐发展，监管体系日趋完善，并引起投资者的广泛兴趣。伴随着公司债的高速发展，如何有效保护债券投资者成为亟待解决的问题。尤其在2014年"11超日债"打破刚性兑付后，债券投资者与政府监管部门对公司债的安全性给予了极大的关注（李晓溪和杨国超，2024）。相较于国债与企业债等有政府背书的债券，公司债具有较高的违约风险。信用利差是债券发行方在公司债定价时，补偿债券投资者所面临的违约风险的收益，是公司债融资过程中所产生的资本成本。因此研究公司债信用利差的影响因素，对降低公司债融资成本，增加公司债的发行数量，促进公司债市场的蓬勃发展具有重要的意义。

中国是一个典型的关系型社会，关系型交易具有深厚的文化基础。大量研究表明，公司可以从自身的社会关系中获益。社会网络所带来的信息、信任与声誉等资源缓解了债务双方的代理冲突，从而影响了公司债定价。本书构建了结合个体层面的高管连锁网络和组织层面的交叉持股网络的综合社会网络，从公司债融资成本的角度研究社会网络的净效益。此外，我国正处于产业升级、经济转型的重要时期，经济政策作为指导产业发展和经济调整的重要手段，其不确定性在很大程度上影响着经济参与各方的决策，包括公司的融资行为。因此，本书将经济政策不确定性这一宏观视角纳入研究框架，考察其与公司债融资成本的关系。本书用所有 A 股上市公司在 2007～2018 年间发行的公司债作为研究样本，运用一系列回归方法实证研究了社会网络、经济政策不确定性以及两者交互项对公司债融资成本的影响。

本书的主要研究内容如下：关于社会网络，本书考察了高管连锁网络、交叉持股网络和综合网络分别对公司债融资成本的影响。研究结果表明：（1）高管连锁网络中心度能显著降低公司债融资成本，其作用途径分别为信息、资源和信任渠道，中介变量则分别是媒体报道、金融关联和公司信用评级，并且中介效应都通过了 Sobel 检验。异质性分析发现相对于国企，非国企的高管连锁网络中心度对降低公司债融资成本的作用更大。为了考察不同职位的高管兼职关系对公司债发行利差的影响，进一步构造了董事网络、CEO 网络和 CFO 网络。本书发现董事网络和 CFO 网络显著有助于降低债务成本，而 CEO 网络只有部分作用。（2）关于交叉持股网络，实证结果发现通过资源、信息和公司治理等渠道（分别对应的中介变量为盈余管理、现金流量和总资产周转率），交叉持股网络中心度显著降低了公司债融资成本。此外，我们还考虑了地理位置的异质性影响，发现交叉持股网络中心度与公司债融资成本之间的关系在偏远地区的公司中更为显著。（3）把综合网络、高管连锁网络和交叉持股网络三者同时纳入同一个模型时，综合网络仍然与公司债融资成本显著负相关，说明综合个体层面和组织层面的社会关系，对构建全面的综合网络有额外的经济意义。

关于经济政策不确定性，本书对其与公司债融资成本之间的关系进行了探讨。研究结果表明：（1）经济政策不确定性指数与公司发行的公司债融资成本显著正相关，同时，本书进行了如滞后项回归、PSM 和工具变量法等内生性及稳健性回归，结果依旧不变。（2）在进一步的分析中，对产权性质和分析师跟踪的异质性进行了研究。关于产权性质，在经济政策不确定环境下，相对于国有企业，非国企的公司债融资成本受到的负面影响更大。分析师跟踪异质性检验发现，分析师跟踪人数更多的公司受经济政策不确定性的影响更小。

最后本书实证分析了社会网络与经济政策不确定性交互项和公司债融资成本的关系，考察了在不同经济政策不确定性环境下社会网络对公司债融资成本的影响的异质性。结果显示，在高经济政策不确定性环境下，道德风险和逆向选择问题更加严重，债权人将要求更高的风险溢价，从而提高发债公司的债务融资成本。而社会网络带来的一系列信息、声誉和资源等有利于公司的融资活动，有助于缓解经济政策不确定性对公司融资的负面影响。本书的实证研究发现：相对于低经济政策不确定性的环境，社会网络在高经济政策不确定性环境中发挥了更大的降低公司债融资成本的作用。

目　录
CONTENTS

第1章

绪　　论

1.1　研究背景和研究意义

1.1.1　研究背景

公司债作为资本市场的重要组成部分，是公司直接融资的重要方式之一，在金融市场中扮演着重要的角色。但作为新兴市场，中国的资本市场仍不发达（Allen et al.，2005），我国公司债的发展处于初级阶段，为了解决公司债融资的欠发达问题，我国政府近年来一直在尝试各种举措。2007年8月，《公司债券发行试点办法》的公布，激活了公司债市场，并规范和引导了公司债的发行。2011年3月，中国证监会改革了公司债的审批流程，增加了公司债发行的绿色通道。2015年1月，中国证监会正式颁布《公司债发行与交易管理办法》，得益于发行制度的优化和发行范围的扩大，公司债的发行量急剧增加。作为对新《中华人民共和国证券法》具体落实措施，2020年3月，中国证监会发文，公司债券公开发行实行注册制，同时公司债的"大公募"和"小公募"的发行区别以及暂停上市制度被取消。此次改革进一步简化了公司债的发债程序，提高了发债效率，翻开了公司债市场发展的新篇章。

由于公司债在我国起步较晚、发展不成熟，加之我国信用评级制度和法律法规尚不健全，因此，在公司债发行的众多相关议题中，安全性受到了市场各参与方的普遍关注。管理办法中有明文规定，中国证监会只负责公司债的核准和备案，不对债券的风险作出判断和保证，投资公司债的风险由投资者自行承担。此后无论是从发行主体、发行数量还是发行规模来看，我国债券市场违约事件均呈上升趋势。相对于国债、企业债等其他债种，数量多、金额小的公司债投资者面临更严重的道德风险和逆向选择问题，债务双方的代理冲突会直接增加债券的融资成本。国债因政府兜底，信用风险极低，因此国债利率通常被视为无风险收益率。而公司债理论上存在更大的违约的可能性，利率通常比国债收益率高。具体而言，公司债的定价包括无风险收益和风险收益两部分。公司债与国债的收益率之差，即公司债信用利差，代表着公司债的风险收益。因此，开展关于公司债信用利差的影响因素的研究，对降低公司债融资成本具有重要意义，也是促进债券市场健康发展的重要议题。目前已有大量文献从不同角度分析了公司债利差的影响因素。对企业特征进行的研究发现，由较大的、盈利较好的公司和高信息披露质量的公司所发行的公司债信用利差更低（Ahmed et al.，2002；Samet and Obay，2014；Sengupta，1998）。许多研究考察了债券特征的影响，如债券评级（Elton et al.，2002）、债券流动性（Kempf et al.，2012）和抵押（Prokopczuk et al.，2013）对公司债融资成本的影响。基于代理理论的研究表明，董事会特征和所有权结构是影响公司债定价的重要因素（Anderson et al.，2004；Shailer and Wang，2015）。其他研究则侧重于外部治理，如国家和产业效应（Garay et al.，2017）、税收（Landoni，2018）和货币政策等（Gürtler and Neelmeier，2018）对公司债融资成本的影响。

自科尔曼（Coleman，1988）的开创性研究揭示了社会关系与经济行为之间的关系后，学术界对社会网络概念的关注越来越多。经济活动通常嵌入社会关系中（Engelberg et al.，2012；Fracassi，2017），社会网络被认为是一种战略资源，能够为企业创造效益。在中国，法律制度和金融体系发展水平相对较低（Allen et al.，2005），并且我国又是一个典型的关系型社会，关系型交易有着深厚的文化基础。强调非正式关系和潜在规则，忽视理性的正式制度，是中国儒家文化的一个特点（Yeung and Tung，1996）。在当前经济转型期，金融交易以关系为导向的特点尤其明显（Talavera et al.，2010）。许多研究表明，公司可以从社会关系中获益，通过获得高信用等级（Benson et al.，2018；Skousen et al.，2018）、优质融资渠道（Engelberg et al.，2012）、增加创新（Helmers et al.，2017）、改善公司治理（Pascual－Fuster and Crespí－Cladera，2018）以及提高公司业绩（Kim，2005；Rossi et al.，2018）。本书构建了结合个体层面的高管连锁网络和组织层面的交叉持股网络的综合社会网络。以公司债融资成本为视角研究社会网络的净效应。

关于连锁网络，公司通过共享高管形成商业网络是经济环境中普遍的现象（Stokman et al.，1985）。连锁关系具有一定的市场力量，可以促进公司间的商业合作和资源互补。尤其是在金融环境中缺乏强有力的保障债权人权益的机制时，大多数公司都面临着融资约束，而连锁关系可以提供一些渠道，增加公司的外部融资机会，减轻公司的融资约束（Braun et al.，2018）。连锁关系将公司连接成一个网络，而资源在网络中不是均匀分布的，是随着位置的不同随机分布，因此网络位置的优劣与从网络中所获得资源的多少紧密相关。在金融财务领域的学术研究中，中心度是衡量网络地位最典型的指标（陈运森，2011；El－Khatib et al.，2015；Skousen et al.，2018）。最常用的几个中心度指标包括点度中心度（degree）、中介中心度（betweenness）和特征向量中心度（eigenvector）：点度中心度衡量了公司的直接网络关系的强度，而中介中心度和特征向量中心度从不同角度衡量了公司的间接网络关系的强度。以往对连锁关系的研究多集中在 CEO、CFO 或董事会成员的研究上（Cai and Sevilir，2012；El－Khatib et al.，2015；Helmers et al.，2017）。但是，边燕杰和丘海雄（2000）指出，企业的社会资本是由全体成员共同组成的。所以，应该对高管团队的整体进行更多的研究，探讨如何更好地利用企业的社会资本。为此，本书通过构建公司的整体高层管理团队（董事会、监事会和其他高管成员）的连锁网络研究连锁网络中心度如何影响公司债融资成本。

与个体层面的高管连锁网络相比，组织层面的交叉持股网络具有更强的契约效应和利益捆绑。交叉持股是指上市公司之间通过单向或者双向持有的方式形成的股权关系。本书定义的交叉持股同时包含了直接持股关系（A 公司持有 B 公司的股份或 B 公司持有 A 公司的股份）和间接持股关系（A 公司持有 B 公司股份，C 公司则通过持有 A 公司股份间接持有 B 公司股份）。股权分置改革后，我国交叉持股的企业日益增多。已有的研究发现，公司的交叉持股行为是出于防止恶意收购（Osano，1996）、获取资源（Bøhren and Norli，1997）和获得垄断利润（Amundsen and Bergman，2002）等动机，并且交叉持股有助于提高公司治理效应（Douthett and Jung，2001）、减缓信息不对称（Jung，2013）和有利于提高企业创新（Gao et al.，2019）等作用。在由交叉持股构建的公司网络中，处于较好网络位置的公司，通过交叉持股得的收益越大。公司债投资者将识别到公司的网络位置带来的社会资本差异，并反映到公司债定价中。为此本书将组织层面的交叉持股网络纳入社会网络框架中，结合个体层面的高管连锁网络，考察公司的社会网络中心度是否以及如何对公司债融资成本造成影响。

经济政策是国家合理分配资源、治理经济的重要手段，而国家对宏观经济政策的调整会对整个经济环境产生影响，包括行业前景、信息环境等（祝继高和陆正飞，2012）。从发展背景角度，我国从改革开放以来社会生产力快速提升，经济迅速融入全球贸易体系，为了适应这种变化，经济政策变动频繁，具有较大的不确定性。从当前形势角度，世界正处在"百年未有之大变局"，各国的经济政策都不稳定，可预见的未来的经济政策也显然具有巨大的不确定性。宏观经济层面的政策不确定性在很大程度上影响着微观经济领域。从企业角度看，主要体现在其投资、融资的行为和决策直接受到影响（Gulen and Ion，2016）。随着经济政策不确定性的增加，各个经济体都倾向于采取风险规避策略，从而导致了资本市场上货币供给的紧缩和信息不对称程度的加剧，对公司外部融资产生不利影响。因此，本书将经济政策不确定性这一宏观视角纳入研究框架，实证考察了经济政策不确定性与公司债融资成本的关系，并且进一步考察了社会网络在不同的经济政策不确定性环境下对公司债融资成本的影响是否有显著区别。

1.1.2 研究意义

本书的理论意义主要在于：第一，从 2007 年公司债的首次发行以来，公司债的年发行规模增长了 10 多倍，逐渐成为资本市场上一支重要力量。同时，公司债违约频繁发生，说明评级—风险—利率的体系还有待完善。这种情况下，展开社会网络、经济政策不确定性对公司债信用利差影响的研究可以从理论上补充公司债定价机制，弥补相关研究的不足。第二，作为一种非正式机制，社会网络具有资源配置效应，有利于降低债务人的违约动机，同时也有利于加强债权人对债务人的信任，减缓债务双方之间的代理冲突和信息不对称问题。本书提供了社会网络影响公司债融资成本的经验证据，有助于拓展和深化社会网络等非正式制度因素在转型经济环境中的作用的认知，对高管连锁任职、交叉持股现象有更全面的理解，丰富了社会学和企业财务的交叉研究内容。第三，通过对经济政策不确定性环境与公司债融资成本关系的探讨，以及产权性质和分析师跟踪背景的异质性分析，扩充了经济政策不确定性对企业微观行为影响的研究范围。第四，本书将经济政策不确定性这个宏观因素加入到社会网络与公司债微观的研究中，讨论了在不同经济政策不确定性下，公司的社会网络发挥信息资源优势，降低公司债融资成本的表现是否有差异，拓展了宏观环境与微观领域的互动研究。

本书的实践意义主要在于：研究社会网络、经济政策不确定性与公司债融资成本的关系对市场参与者各方都有一定的指导价值。第一，对投资者而言：为投资者识别企业债务风险、比较投资收益补充了一个新的视角；综合考虑宏观经济、企业财务指标、债券信用评级和企业社会网络结构等因素，丰富投资策略。第二，对发债企业而言：了解社会网络和企业融资成本之间的关系，可以更好地制定管理和用人方案，增强企业在融资方面的能力，对企业的综合竞争力具有重要意义。第三，对政策部门的意义：政府部门制定政策是为了促进经济发展，帮助企业摆脱困境。但是政策调整过于频繁带来的经济政策不确定性会对企业产生负面影响。本书从经济政策不确定性视角搭建的微观—宏观研究，有助于政府部门将经济政策的这一负面性纳入考虑范畴，制定出更合理的政策。

1.2 研究内容

本书搭建了一个融合了社会学、宏观经济学和企业微观行为的理论框架，对社会网络、宏观经济环境在公司债定价机制中的影响机理开展系统研究，以提升对公司债定价因素的理解。在此基础上，基于上市公司数据实证检验了经济政策不确定性、高管连锁网络、交叉持股网络和综合社会网络对公司债融资成本的影响，以及社会网络与经济政策不确定性交互项和公司债融资成本之间的关系。针对以上对象，为相关政策的制定提供建议与参考，促进资本市场的健康发展和资源的有效配置。

本书的研究思路如图 1-1 所示，基于我国公司债市场，选取 2007~2018 年沪深 A 股上市公司发行的公司债样本，以公司债一级市场的信用利差来度量公司债融资成本。研究经济政策不确定性与公司债融资成本的关系。构建结合个体层面的高管连锁网络和组织层面的交叉持股网络的综合社会网络，计算企业的网络位置的中心度指标。检验社会网络对公司债融资成本的影响，并进一步研究社会网络在经济政策不确定性与公司债融资成本关系中的调节作用。通过对以上主题进行理论分析和实证检验，有助于丰富相关文献，拓展我国公司债定价的相关理论。

本书的具体研究内容包括：

第 1 章为绪论部分。该部分内容首先对研究背景进行了描述，进而阐述了研究意义，随后分解了研究内容，并基于研究内容制定了技术路线，对技术路线实施过程的研究方法进行了详细说明，最后对本书的主要创新点进行了梳理总结。

第 2 章首先介绍了我国的公司债市场背景，其次梳理了公司债定价、经济政策不确定性的微观研究、高管连锁网络和交叉持股网络的动机和效应等主题的文献综述。最后，本章基于已有的研究文献，对现有文献存在的问题和不足进行评述。

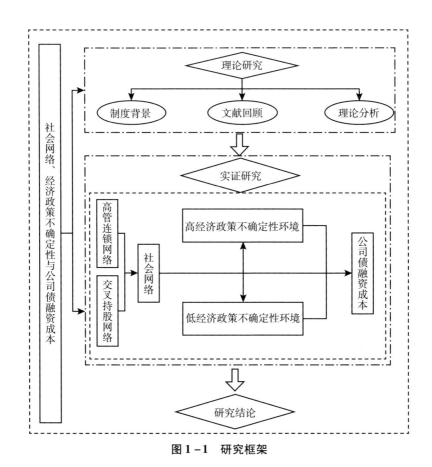

图 1－1　研究框架

第3章实证分析了高管连锁网络与公司债融资成本的影响。并对实证结果进行内生性分析和稳健性检验。在进一步研究中，探讨了信息渠道、资源渠道和信任渠道的中介效应以及进行了产权性质的异质性分析。

第4章对高管团队进行分层，分别构造了董事网络、CEO 网络和 CFO 网络，探讨不同职位高管的连锁任职与公司债融资成本的关系，并且进行了一系列的稳健性分析。

第5章实证分析了交叉持股网络与公司债融资成本的影响。并对实证结果进行了内生性分析和稳健性检验。在进一步研究中，从资源、信息和公司治理三个方面进行了中介效应以及分析了地理位置的异质性分析。

第6章实证分析了经济政策不确定性与公司债融资成本的影响。并对实证结果进行内生性分析和稳健性检验。在进一步研究中，对产权性质进行了异质性分析。

第7章以综合网络作为社会网络的代理变量，实证探讨了社会网络对不同经济政策不确定性环境下公司债融资成本的异质性影响。首先实证研究了综合网络对公司债融资成本的影响，其次分析综合网络与经济政策不确定性的交互项与公司债融资成本的关系，最后对这些影响的各类稳健性开展了检验。

结论部分对本书的主要结论进行了归纳，对政策性的建议进行了总结，最后对未来的研究进行了展望。

1.3　研究方法和技术路线

本书包含了社会学和公司财务学、宏观经济概念与微观主题行为等交叉学科，研究方法具体包含了：（1）规范研究方法。本书结合了中国制度背景，应用社会网络理论、信息不对称理论、契约理论、制度理论等，搭建社会网络、经济政策不确定性与公司债融资成本之间关系的理论框架。（2）实证研究方法。本书构建计量模型实证检验了高管连锁网络、交叉持股网络、综合社会网络和经济政策不确定性如何影响公司债定价，以及不同经济政策不确定性环境下社会网络对公司债融资成本影响的异质性。具体的检验分析方法包括参数和非参数检验、多元线性回归分析、工具变量方法、两阶段最小二乘法、Logit或Probit回归分析、双聚类回归分析等。

本书的技术路线如图1-2所示，其具体步骤为：①国内外文献调研→②理论分析并提出研究假设→③设计实证研究模型→④样本选择和数据收集→⑤进行单变量检验和多元回归分析→⑥实证结果分析→⑦内生性、稳健性检验→⑧结论的探讨及政策建议。

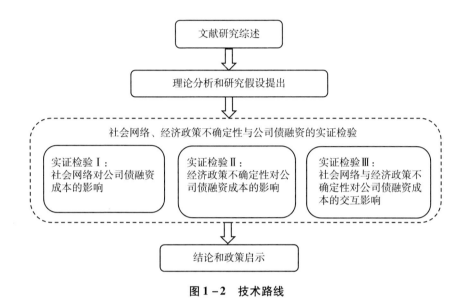

图1-2　技术路线

1.4　关键术语界定

1.4.1　社会网络

社会网络是社会学研究领域的概念，而推动社会网络成为研究热点的一个重要原因是社会学与经济学的跨学科发展。早期的经济学家对社会网络的概念界定偏重"关系属性"视角。如彼得森和拉詹（Petersen and Rajan，1994）把社会网络定义为公司与金融机构的关系，用两者建立关系的时间长度和公司的借款集中度等衡量公司的社会网络强度。杨和董（Yeung and Tung，1996）把中国的社会网络概念定义为"关系"，指建立在两个独立个体之间互利互惠的关系。乌兹（Uzzi，1999）认为社会网络是以信任为基础的相互紧密连接的嵌入性关系。

尼格耶和拉马钱德兰（Nguyen and Ramachandran，2006）认为社会网络由公司管理者与金融机构、供应商、亲友等之间的关系组成。科恩（Cohen et al.，2008）认为社会网络是由节点（个体和组织）通过不同程度的连带关系（亲密关系或临时关系）组成的集合。费里斯（Ferris et al.，2017）用高管之间的工作经历、教育背景和其它社会关系来定义社会关系。总结而言，社会关系网络从个体角度包括同乡网络、教育背景网络、工作关系网络等，从组织角度包括交叉持股网络、担保网络、中介机构网络、供应链网络等。

社会网络的另一种结构性的研究视角，源于社会网络分析方法（SNS）的发展。埃莫白和古德温（Emirbayer and Goodwin，1994）提出，社会网络分析强调网络结构的重要性，扩充了社会网络概念的范畴，网络结构对解释社会网络的形成、发展和重构有重要的作用。格兰诺维特（Granovetter，1973）提出了社会关系中弱关系的概念，相对于强关系，弱关系或间接关系可以带来更多的新信息。费里曼（Freeman，1979）提出了三种中心度指标能够度量结构位置指标，包括点度中心度（degree）、中介中心度（betweenness）和亲近中心度，并分别具体推导了个体网络和整体网络的三类中心度的计算过程，其中中心度和中介中心度是使用最普遍的头两个中心度的度量指标，分别衡量网络的直接关系强度和作为中介的间接关系强度。几年之后，博纳西奇（Bonacich，1987）提出并详细推导了目前使用最普遍的第3个中心度变量——特征向量中心度（eigenvecor），这也是一个间接网络关系的指标，衡量的是网络中"邻居"的综合关系强度。伯特（Burt，1992）提出了结构洞的概念，网络中的某些群体之间没有任何联系，就好像网络中有一个洞。位于结构洞中的成员能够连接到没有直接联系的群体，因此拥有信息和控制资源的优势。结构洞的概念与中心度中的中介中心度的概念类似，都是衡量"桥梁"的度量指标。

至今为止，社会网络的概念还没有统一的界定。综合以上学者们的观点，本书首次综合了个体角度的社会关系和组织角度的社会关系，构建了综合视角。但为了避免错综复杂的社会关系之间的干扰，关于社会关系，本书仅仅关注了高管连锁的个体关系和交叉持股的组织关系，在这两者的基础上进一步构造了综合网络。这三类网络都有各自的网络分布形态而形成的网络结构，而本书界定的网络结构的量化指标包括点度中心度、中介中心度、特征向量中心度和综合中心度。

1.4.2　经济政策不确定性

经济政策不确定性是经济主体对未来经济环境发展趋势的不确定性。通常经济主体面临的经济政策不确定性有两部分构成；一部分来源于经济本身的不确定性，这与宏观经济、世界格局和意外事件密不可分；另一部分，由于政策对经济有很大的影响，政策变动是经济实体面临的不确定性的来源之一。以往的关于经济政策不确定性的研究主要集中于政策不确定性，由于国情和政治结构的不同，国外的研究主要集中于选举（Francis et al.，2014），而我国的政策不确定性主要集中在官员变更（陈德球等，2016）。

由于贝克等（Baker et al.，2016）使用分析海量文本的方法，对经济政策不确定性指数进行了开创性的计量，并于 2012 年开始免费公布在网站以后，引发了一波经济政策不确定性研究的热潮。2012 年以后的文献，关于经济政策不确定性主体的研究通常都是基于这种方法计算经济政策不确定性指标。在贝克等（2016）数据发布的网站上（http：//www.policyuncertainty.com），中国经济政策不确定度指数的最经典的版本是斯柯特（Scott）团队的数据（基于香港《华南早报》的内容文本挖掘得到的）。但是由于地域的局限性，该报纸内容无法反映中国的全貌。该网站提供的另一个版本是史蒂芬（Steven）团队的数据，该数据来源于中国内地的报纸内容①。此外，众多学者遵循贝克等（2016）的思路，对本地区的经济政策不确定性指标数据的构建进行了完善和创新，其中包括黄和卢克（Huang and Luk，2020）计算的中国经济政策不确定性版本的数据。本书的经济政策不确定性采用经济政策不确定性网站上史蒂芬团队的数据，并进一步用斯柯特团队和黄和

---

① Newspaper – Based Uncertainty Indices for China ［EB/OL］. Economic Policy Uncertainty，［2024 – 08 – 20］，http：//www. policyuncertainty. com/china_epu. html.

卢克（2020）的数据进行稳健性检验。

1.4.3 公司债融资成本

公司债融资方式具有效率高、发行条件宽松、募集资金用途灵活等优势，是资本市场上直接融资的重要方式之一。公司债发行包括以下的步骤：与承销商和评级机构等中介签订承销协议，确定发行方案；申报材料；审核合格后，将募集说明书及其摘要登载于指定报刊；进行路演、询价及正式发行后，发布发行公告。在上述公司债发行过程中，每个阶段都产生相应的发行费用。包括承销费用、审计费、担保费、信息披露费、登记托管费、律师费、交易所费用和利息费用等。这些费用构成了公司债的发行总成本，也称公司债融资成本。信用债中，最大的支出是利息费用。发行人和承销商通过市场询价的情况敲定最终的发行利率。公司债票面利率中高于国债收益率的那部分是投资者要求的风险补偿，即信用利差。本书中的公司债融资成本主要是指公司债发行利差，一级市场的信用利差代表了公司债融资过程中的资本成本。

1.5 研究创新

第一，研究选题上的创新。本书基于 2007～2018 年中国 A 股上市公司发行的一般公司债为数据样本，就社会网络、经济政策不确定性以及两者交互项与公司债融资成本间关系进行探讨。近年来，债券市场的蓬勃发展使得针对债券融资成本的研究逐渐成为热点。然而，先前国内关于债券融资成本影响因素的研究大多集中于公司特征（如客户集中度、融资流动性、内部控制质量）、公司治理（如分析师跟踪、股权质押、高管任职）等方面，鲜少有文献关注社会网络、经济政策不确定性对公司债融资成本的影响。我国具有"关系"型导向的制度背景特点，因此本书研究社会网络和经济政策不确定性对债券融资成本的影响能够对现有债券融资成本的相关文献做出进一步拓展和补充。

　　第二，数据结构上的创新。以往国内外运用社会网络技术（SNA）研究公司间关系时，仅局限于研究某一类高管（如 CEO、CFO 或董事会成员）。然而，正如边燕杰和丘海雄（2000）提出的，除了公司的决策人员外，公司其他成员也是社会资本的一部分。因此，应从整个高管团队的社会关系入手，深入考察企业从社会关系中获取的竞争优势。为了解决这一问题，本书扩展了数据范围，建立了整个高层管理团队（包括董事会、监事会和其他高管成员）的连锁网络，研究整体高管连锁网络如何影响企业的债券融资成本。此外，本书将高管团队按类别进一步细分，探讨高管团队中哪类成员能帮助企业获取更低的债券融资成本。

　　第三，变量设计上的创新。首先，先前有关社会网络与公司财务学的交叉研究中，学者只从组织层面或者个体层面来定义社会关系，没有考虑组织网络和个体网络的统一。本书将个体层面的高管连锁关系与组织层面的交叉持股关系结合起来，用中心度概念衡量公司在社会网络中的位置，并构建了不同层面（连锁网络、交叉持股网络和综合网络）的多个中心度指标：点度中心度（degree）、中介中心度（betweenness）、特征向量中心度（eigenvector）和综合中心度（Pc1），研究三个层面的社会网络结构对公司债融资成本的影响。其次，以往国内外对社会网络中心度的研究仅限于 0~1 的董事共享网络（即存在共同董事为 1，否则为 0）。实际上，企业之间往往存在多个共同成员，仅用 0~1 描述连锁企业间的关系并不能够准确反映实际情况。为了解决这一问题，本书首次计算了社会网络的加权中心度（即多值网络），并将其应用至连锁网络、交叉持股网络和综合网络三个层面。因此，针对于每一层面社会网络，本书均从单值中心度和多值中心度两个维度进行度量。

第2章

文献研究综述与制度背景

2.1 公司债背景

自 1981 年中国债市市场恢复以来，债券的发展一路高歌猛进，2019 年债券市场一年的发行额度就高达 45.2 万亿元，而 2019 年股市 IPO 和再融资加总金额才 1.2 万亿元。从存量上看，到 2020 年 8 月底，债市的存量超过了 109.7 万亿元①。由此可以看到，中国的债市市场是大于股市市场的，是我国资本市场的中坚力量。因为历史的复杂性，我国的债券监管结构也比较复杂。国家发展改革委负责企业债券的管理，而证监会负责公司债的审批。2007 年试点办法出台，长电债（债券代码：122000）作为我国首只公司债，于 2007 年 10 月 12 日正式发行，信用评级为 AAA 级，拉开了公司债发行的帷幕。公司债破冰发行后，发行规模在曲折中逐渐壮大，影响公司债的发行规模最主要的因素是宏观经济状况和公司债的指导政策。

表 2 - 1 显示了 2007 ~ 2019 年公司债的分年度的发行数量及规模。这 13 年间累计共发行了 9562 只公司债，发行数额累计约 99432.7 亿元。公司债发行规模的发展经历了三个阶段。首先是 2007 ~ 2011 年为初步发展阶段，年度发行量在两位数水平。比较突出的两点是 2007 年

---

① 笔者通过 Wind 数据整理而得。

作为公司债的起步年，发行数量单薄到只有 5 只公司债成功发行。另
一个就是由于金融危机，在 2010 年公司债的发行数量在上一年度 47 只
的情况下又下降至 23 只，公司债在初期的发展较为曲折。公司债发展
的第二阶段是 2012~2015 年，这个阶段的公司债年度发行数量为 3 位
数。第三个阶段是 2016~2019 年，公司债年度发行数量冲上了 4 位数，
可以说第三个阶段是公司债发行的爆发期。从发行规模角度看，公司
债的发行也可以分为三个阶段，2007~2010 年是第一阶段，以亿为单
位，发行数额为 3 位数；2011~2014 年是第二阶段，以亿为单位，发
行规模为 4 位数；2015~2019 年是第三阶段，以亿为单位，发行数额
冲上了 5 位数。对比两类阶段分类，区间分布以及趋势大致是一致的，
只是在每一个阶段中，发行数量年度分布略比发行规模的年度分布都
有滞后一年的特点。

表 2 - 1 　　　　　　　　　　公司债年度发行情况

年份	发行数量（只）	发行规模（亿元）
2007	5	112
2008	15	288
2009	47	734.9
2010	23	511.5
2011	82	1279.4
2012	289	2620.7
2013	342	1629.8
2014	459	1510.7
2015	883	10463.0
2016	2264	27675.6
2017	1194	10959.2
2018	1502	16270.6
2019	2457	25377.3
总数	9562	99432.7

　　以上是从数量上分析公司债的年度发行情况，为了进一步关注趋势以及极值点，本书将表2-1中年度发行分布的数据进一步绘制成折现图，如图2-1所示。从折线的趋势上看，发行数量和发行规模的趋势一致，且极值点几乎都吻合。从折线上可以看到，公司债的发行有三个局部低值，分别为2010年、2014年和2017年。自2007年公司债拉开发行序幕后，公司债虽然受到了资本市场的广泛关注，但发展得并不顺利。首年成功发行数量仅5只，随后受2008年的国际金融危机影响，再加上2009年公司债的暂停发行，导致公司债原本缓慢增长的年度发行量和发行规模在2010年经历了首个下跌，而2014年和2017年公司债的年度发行的下跌主要是由于政策刺激后的正常回落。这需要结合公司债发行的上升趋势一起分析。从图2-1中可以看到，公司债的发行有两个局部峰值，分别为2012年、2016年和2019年。2011年初，中国证监会改革了审批流程，增加了绿色通道，这一措施显著地刺激了公司债的发行，在2012年达到了局部峰值，政策效应过后发行量有一定的回落。2014年3月7日，"11超日债"无法按时支付8980万元利息，这一事件不只是首个公司债违约事件，更是国内债市首单违约事件。"11超日债"违约标志着公司债的"刚性支付"被打破，是中国债券市场正常化的开始，也是一次对债券投资者进行的风险教育，迫使投资者更加重视公司债的真实风险。

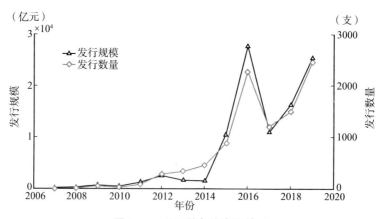

图2-1　公司债年度发行情况

据 Wind 数据库显示，从 2007 年到 2019 年底，所有已到期和未到期债券，包括一般公司债和私募公司债，共有 9564 家上市公司发行了总额为 9.9 万亿元的公司债。如图 2 - 2 所示，截至 2020 年 8 月底，公司债的存量在所有债券存量中占比高达 13.18%。

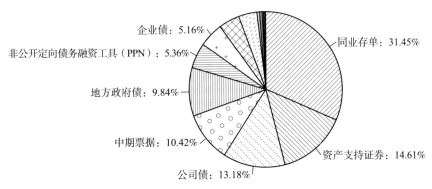

图 2 - 2　截至 2020 年 8 月底债券余额结构

为了进一步从发行利率角度分析现有公司债的特点，下面分别从债项评级和发行期限两个角度，分析不同等级和不同期限债券的发行利率的分布情况。表 2 - 2 报告了各债项等级的公司债的发行数目、发行利率的均值、最小值和最大值。在所有 9563 只公司债中，一共有 4215 只缺失了债项评级的公司债。其中有 4215 只是私募公司债，只有一只是一般公司债。这是由于私募公司债发行认购人数有限制，而一般公司债可以面向不限人数的合格投资者或公众发行，因此，一般公司债的信息披露要求比私募公司债严格。从表 2 - 2 中可以看到，在披露了评级的公司债中，数量最多的公司债的评级为 AAA 级，共有 2622 只，AA + 排行第二，数量为 1221 只，AA 级排行第三，数量为 1304 只。这三类等级公司债的数量远远大于其他等级公司债的数量，数量级上是四位数与两位数甚至是个位数的差别。从发行利率的均值上看，不同等级的平均票面利率均值的最小值为 4.715%，最大值为 7.479%，分别对应 AAA 级和 AA - 级。从表格数据的趋势上看，等级越高，平均票面利率越低。但是 AA - 级和 A + 级的票面利率显然比预期中高，不符合上述规律。出现这个情况的原因是由于这两个级别的公司债的数量不多，极端值影响较大，因此出现了错配的情况。无评级或者说私募公司债的利率均值为6.717%，属于较高等级的发行利率。

表2-2　　　　　　　　　各评级公司债的发行利率

债项评级	N	票面利率		
		mean（%）	min（%）	max（%）
AAA	2622	4.715	2.830	8.900
AA+	1221	5.820	2.950	10.500
AA	1304	6.589	3.230	12.000
AA-	62	7.479	3.780	12.000
A+	17	7.438	5.680	10.000
A	13	6.588	5.750	7.500
A-	3	5.980	4.950	6.990
BBB+	1	7.090	7.090	7.090
BBB	1	7.200	7.200	7.200
BBB-	6	7.365	5.890	9.900
BB+	2	7.450	7.400	7.500
BB	6	6.605	5.650	8.500
B	3	6.920	6.880	7.000
CC	22	6.591	3.800	7.500
C	65	6.863	4.080	8.980
无评级	4215	6.717	3.200	15.000
共计	9563	6.043	2.830	15.000

表2-3报告了不同发行规模的公司债的发行数目、发行利率的均值、最小值和最大值。从表2-3中可以看到，发行数目最多的公司债集中在3年期和5年期的公司债，分别为3549只和4659只，这两种期限的公司债的数量占总数的比例高达85.8%。从发行利率角度，随着发行期限加长，利率逐渐变少。这一规律与国际主流不同，主流观点认为，期限越长与违约概率和风险溢价呈正相关，因此利率应该更高。

但由于国内公司债的发展较晚，根据上述分析，我国的公司债以高等级为主，并且发债主体具有一定的实力，才能成功发行长期限的公司债。对于有实力、高信用评级的发债主体的违约概率低，债券投资人要求的风险溢价会相对较少。因此，基于这个背景，表 2 - 3 中的发行期限与发行利率的负相关关系具备一定的合理性。

表 2 - 3　　　　　　　　公司债各发行规模对应的发行利率

数量	N	发行利率		
		mean	min	max
1	116	7.042	3.200	14.600
2	368	7.791	2.860	15.000
3	3549	6.622	2.840	14.000
4	182	6.090	3.120	8.500
5	4659	5.571	2.830	9.600
6	102	5.267	2.940	8.500
7	333	5.234	3.020	8.900
8	45	5.576	3.250	9.000
9	10	5.555	4.350	7.500
10	177	4.820	3.030	8.200
12	4	4.698	4.270	5.250
15	16	4.694	3.570	6.800
20	2	4.615	4.580	4.650
共计	9563	6.043	2.830	15.000

2.2　文献回顾

2.2.1　公司债定价文献回顾

公司债定价包括无风险收益率和风险收益率两个部分，其中风险收益率为投资者要求的风险补偿，通常称之为信用利差。公司债定价的理论研究主要有结构化模型流派和简化模型流派。默顿（Merton，1974）沿着毕苏期权定价模式（Black – Scholes）的结构化的期权定价思路推导出了公司债的结构化定价模型，该模型假设当公司的价值低于一定值时将触发违约。默顿（Merton，1974）的结构化模型一经提出就得到了广泛的关注，截至目前，该论文累计有 13633 条引用记录。其中杰文斯·李（Jevons Lee，1981）发表了对默顿（1974）这篇文献的评论，他认为默顿的理论推导公式是正确的，但是用比较静态学绘制风险结构图出现了错误。不久后，皮茨和塞尔比（Pitts and Selby，1983）发表评论回应杰文斯·李（1981）的观点，他为默顿（1974）进行了辩护，并且指出了杰文斯·李（1981）所给出的图表的错误之处。除了对原文的评论外，还有很多学者在默顿（1974）基础上对理论进行扩展研究。结构化模型的一个缺点是，只有当公司资产枯竭时，才会出现违约。这个假设显然是不现实的，因为公司通常在资产耗尽之前就已经违约了。针对这种情况，布莱克和考克斯（Black and Cox，1976）放松了这一假设，允许在公司资产价值达到一个较低的门槛时发生违约。这一特点使得该模型与基于净值或现金流量的破产保持一致。通过考虑这种更符合现实的违约情况，Black – Cox（布莱克 – 考克斯）模型估算的信用利差与债券市场更一致。朗斯塔夫和施瓦茨（Longstaff and Schwartz，1995）认为 Black – Cox 模型中沿用 Merton 模型中的几个其他的假设仍然存在很大的局限性，比如：模型中假定的利率不变和严格的债务清偿顺序，前者在高风险债券中很难维持不变，后者在具体的债务清偿中很难保证准确的清偿顺序。因此，他在 Merton 模型和 Black – Cox 模型的基础上，使用了福尔泰的公式，推导了一个新的债务风险评估理论模型。该模型可同时满足固定利率和浮动利率的推导，为公司债定价的研究提供了新的思路。LS 模型的局限性在于福尔泰（1943）的公式只适用于一维马尔科夫过程，因此推导出的只是数值解。科林·迪弗雷纳和戈德斯坦（Collin – Dufresne and Goldstein，2001）通过对福尔泰（1943）的公式进行进一步推导，在 Merton 模型和 LS 模型方法的基础上，发展了多因素框架下对公司债进行定价的有效方法，与先前的模型相比，该模型计算出来的信用利差更符合实证结果。Merton 模型中的一个难点是，投资级公司债很少违约，埃尔顿等（Elton et al.，2002）在此基础上认为，预期违约只占公司债与国债的收益率利差的一小部分，而税收差异对信用利差的解释力度更大，公司债缴纳税收比同级的国债纳税的数目大很多。

相对于结构化模型流派，相比之下，简化模型流派更强调随机性，设定信用溢价可以补偿流动性风险和系统性风险。简约模型的灵活性更大，使违约风险在公司债券定价中发挥了更大的作用。拉马斯瓦韦和桑达雷森（Ramaswamy and Sundaresan，1986）率先构建了简约模型理论，提出通过使用风险调整后的利率对承诺的收益进行折现来对可违约债券进行估值的理念。拉马斯瓦韦和桑达雷森（1995）假定资产结构对信用违约没有影响，并对不同期限结构债务违约限定为服从泊松分布的随机过程，推导出无套利模式的理论定价模型。达菲和兰多（Duffie and Lando，2001），构建了在不完全信息的情况下求解最优资本结构的理论模型，得到了企业资产的条件分布、违约概率和信用利差。在拉马斯瓦韦和桑达雷森（1995）的模型基础上，弗鲁维思（Frühwirth，2001）首次推导了针对存在直接违约风险和间接违约风险的以二级市场收益率为基础的浮动利率债券的无套利定价模型，并且解决了该定价场景中固有的不完全市场问题。

在实证研究方面，英格索尔（Ingersoll，1976）将结构化模型应用在双重用途基金和可转换债券的定价上，并实证检验了理论模型对这两者的预测能力，发现预测的价格水平存在向下的偏差。并对结构化模型的一些约束条件进行了相应的改进，以提高预测的准确率。琼斯等（Jones et al.，1984）将非投资级别（或"垃圾"债券）与投资级债券一起纳入样本，对结构化模型的预测能力进行实证检验。研究结果发现，对投资级债券而言，结构化模型的预测能力相对于其他方法没有显著的优势，但是对非投资级债券而言，结构化模型的解释力比其他模型的解释力更强。研究还发现，引入随机利率和税收能改善模型的预测能力。除了结构化模型的因素外，还有一系列论文对影响公司债定价的其他因素进行了实证分析。坎贝尔和塔克斯勒（Campbell and Taksler，2003）的研究发现，股票波动作为公司价值的负面因素，会导致公司债融资成本的上升。奥尔蒂斯·莫利纳（Ortiz - Molina，2007）研究发现，新发行的债券利差与公司前五名经理人持有的期权数量之间存在正相关关系。江（Jiang，2008）提出债务持有人和信用评级机构会使用盈利基准来评估公司的偿付能力。研究发现超过盈利基准（零盈利、去年的盈利和分析师的预测盈利）的公司评级上调的概率更高，债券利差也更小，且超过盈利基准的好处对于违约风险高的公司更为明显。曼西等（Mansi et al.，2011）认为分析师的预测特征对了解企业的信息环境非常重要，实证检验了分析师预测特征和债务融资成本之间的关系。研究发现，分析师质量（预测准确性、预测离散度、修正波动率以及这些特征的主成分因子）降低了债券收益率差，并且当企业具有高异质风险时分析师的经济影响最为显著。布拉德利和陈（Bradley and Chen，2011）的研究发现为董事提供了高管责任险的公司的信用评级更高，债券利差更低。桑切斯和梅卡（Sánchez and García - Meca，2011）的研究发现政府持股可以提供隐性的担保福利，有助于降低债务融资成本。肖（Shaw，2012）研究了 CEO 股权激励与债务成本之间的关系。基于股票的薪酬使得 CEO 的个人收益对股票收益的波动很敏感，这种敏感性会影响 CEO 在公司决策上的风险偏好，从而影响债务人的利益，最终会体现到债务融资成本上。实证结果表明，CEO 收益对股价的敏感度越高，新发行债券的债务成本就越低，而 CEO 收益对股票波动性的敏感度越高，对新发行债券的债务成本影响就越小。梅尔加雷霍（Melgarejo，2014）认为债权人更关注公司的偿付能力而不是公司的盈利能力，因此研究了超过现金流基准（前一年的现金流和分析师的现金流预测）是否对企业的债务成本有影响。实证研究发现实际现金流超过分析师预测的现金流量的公司债券收益率利差较小，并且对于信息收益较小的公司，超过现金流基准对公司债务成本的影响更为显著。保等（Bao et al.，2020）的研究发现会计信息中其他综合收益（OCI）的波动对公司价值产生影响，实证结果表明债权人在评估公司信用风险和债务合约定价时使用了 OCI 的信息，OCI 的波动性影响了债权人对公司风险的认知，并最终影响了公司的债务成本。

在国内，王安兴等（2012）首先利用 NS 模型拟合了国债收益率曲线，在此基础上计算公司债利差，其次结合了 Merton 模型以及国外其他的研究的结论，实证研究了中国公司债利差的影响因素。实证结果发现：股票收益率波动越大，公司债利差越大；公司杠杆率与利差负相关；换手率与利差关系不显著等。方红星等（2013）研究发现，在国有企业样本中，信息质量（自愿披露正面内部控制）与公司债发行利差没有显著关系，但在非国有企业组，信息质量能显著减小公司债发行利差。说明政府对国有企业的隐性担保会削弱市场对企业的信息质量的关注，而非国有企业的信息质量对债务融资的意义重大。王博森和施丹（2014）研究发现，会计信息有助于缓解债务双方的信息不对称，从而降低公司债利差。同为公司债券，企业债和公司债通常被放在一起讨论，而且很容易混淆。高强和邹恒甫（2015）实证研究了企业债和公司债两种债种的定价因素的特点，发现两者之间的定价差异主要在流动性风险和信用风险两个方面：企业债的投资者更关注流动性风险，而公司债的投资者更关注信用风险。朱焱和孙淑伟（2016）研究了宏观变量和信息质量对公司债融资成本的影响，用货币供给量作为宏观政策的衡量指标，用盈余操控作为信息环境的衡量指标。研究发现，宏观货币政策越宽松、公司的信息质量越差，公司债利差越小。史永东和田渊博（2016）探讨了债券契约条款对公司债定价的影响。债券契约条款是债券投资者出于对未来偿付风险的考虑而约束发行人行为的条款，有利于减少债务的代理冲突，从而降低公司债融资成本，实证结果支持了这一理论。王雄元和高开娟（2017）研究了客户集中度对二级市场中公司债利差的影响，一方面高客户集中度有正面的整合效应，另一方面高客户集中度又面临着各类不确定风险。实证结果发现客户集中度与公司债利差为显著的正相关关系，支持了风险效应，说明了二级市场的债券投资人将发行人的高客户集中度识别为风险因素。肖作平和刘辰嫣（2018）实证检验了两权分离度与公司债券限制性条款的关系以及金融发展对两者的调节作用。实证结果表明，金融发展水平对两权分离度和公司债发行利差的正向关系有负向的调节作用。彭叠峰和程晓园（2018）关注了"超日债"违约这一恶性事件对公司债市场定价的影响，研究发现违约事件后，信用等级和产权性质这两大因素在公司债定价上的影响力更为显著，说明公司债刚性兑付的局面被打破后，提高了市场参与者的风险意识。杨媛杰等（2020）研究发现经济政策不确定性越高，发行人的风险承担水平就越高，导致投资者会要求获得更高的风险溢价而提高信用价差。郭等（Guo et al.，2021）关注了交叉持股网络与公司债发行的关系，发行交叉持股网络中心度越高，公司债发行利差越低。于谦龙等（2021）的研究发现，不同层次的公允价值计量项目对公司债发行利差影响不同，具体而言：第一层级公允价值计量项目的占比越高，公司债信用利差越小，第二、第三层级公允价值计量项目占比越高，公司债信用利差越大。

2.2.2　经济政策不确定性微观领域文献回顾

就中国的宏观经济运行而言，政府干预较为频繁、波动性较大，随之产生了一定的经济政策不确定性。公司良好运营依赖稳定的宏观环境，经济政策不确定性对公司的微观行为造成了比较负面的影响。有关经济政策不确定性的微观研究主要从以下方面展开：

第一，经济政策不确定性与公司治理和公司业绩角度，其中公司治理包括内部治理视角（企业避税、并购和资本结构等）和外部治理视角（分析师预测）。卡茨和欧文（Katz and Owen，2013）通过理论模型推导发现在政策不确定环境下社会总体逃税程度更高。阮（2019）通过实证研究发现，政策不确定性加剧了外部融资约束，从而引发了公司的避税动机，采用长期税务筹划等多种方式进行避税。国内，陈德球等（2016）以官员变更代理作为政策不确定性的代理变量，研究发现政策不确定性会导致企业避税行为的增加。曹越等（2019）的研究也发现，经济政策不确定性通过多个渠道导致了公司避税行为的加剧。博讷姆等（Bonaime et al.，2018）研究了美国的经济政策不确定性与美国企业并购活动的关系，发现随着经济政策不确定性的增加，企业并购的数量及交易总额都会下降。博恩威克等（Borthwick et al.，2020）追随博讷姆等（2018）的研究，同时用美国和中国的数据研究了经济政策不确定性与企业并购的关系，实证结果也显示经济政策不确定性与公司的并购活动显著负相关。关于外部治理，陈胜蓝和李占婷（2017）研究发现在经济政策不确定性的环境下，分析师在预测中会采取保守策略，低估公司的盈余预测。戴泽伟和杨兵（2020）的研究也发现，宏观经济政策不确定性指数与分析师盈余预测的准确度呈负相关，且经济政策不确定性越高，分析师盈余预测的分歧和乐观程度越低。关于资本结构，施瓦茨和达尔马西奥（Schwarz and Dalmácio，2020）使用巴西的数据研究发现经济政策不确定性与公司杠杆之间的正相关关系，即经济政策不确定性的增加导致了企业杠杆率的增加。而宫汝凯等（2019）用国内的数据研究发现，随着经济政策不确定性的增大，企业杠杆率显著减小。关于公司业绩，伊克巴尔等（Iqbal et al.，2020）用资产回报率、股本回报率、净收益率和 Tobin Q 四个指标作为公司业绩的代理变量，研究发现经济政策不确定性会显著降低公司业绩。

第二，经济政策不确定与企业现金持有与投资行为。关于现金持有，潘等（Phan et al.，2019）的研究发现经济政策不确定性的环境与持有现金行为的正相关性是出于企业的预防性动机。唐等（Duong et al.，2020）的研究也发现企业的现金持有量与政策不确定性指数正相关，并且对政策敏感度更高的公司，政策不确定性对公司现金持有量的影响更大。国内，王红建等（2014）研究发现经济政策不确定性程度显著降低了公司的现金持有水平和边际价值。在公司投资行为方面，朱利欧和约克（Julio and Yook，2012）使用了 1980~2005 年 48 个国家的全国选举样本来检验政治不确定性与公司投资行为的关系，发现企业倾向于推迟投资直到不确定性得到解决。具体而言，与非选举年相比，选举前几年的企业投资大幅下降。并且在投资者保护较弱、议会制度、政府较不稳定以及中央政府规模较大的国家，下降幅度更大。古伦和伊昂（Gulen and Ion，2016）研究发现政治不确定性对企业和行业的投资都具有显著负相关性，且边际效应较大。这种负相关关系在融资约束程度高、竞争力弱的公司影响更大，政策不确定性还与现金持有量增加和净债务发行量减少有关。贝克等（Baker et al.，2016）

首次提出了通过统计报纸中的关键字频率来衡量经济政策不确定性指标的方法。国内的研究，刘志远等（2017）研究发现，经济政策不确定性与企业的风险承担呈正相关关系。通过产权性质的异质性分析发现，这一效应只在非国有企业中存在，对国有企业并无影响；通过股权集中度的异质性分析发现，随着股权集中度的提高，经济政策不确定对企业风险承担的影响减小。徐光伟等（2020）把投资活动分为实体投资和虚拟投资，研究发现经济政策不确定性降低了企业实体投资行为，但增加了企业虚拟类投资行为。邵林等（2020）的研究发现随着经济政策不确定性水平的提高，企业投资先是上升后下降。

第三，经济政策不确定性与企业融资。国外的研究，高和齐（Gao and Qi，2012）发现政治风险与政府债券收益率正相关。帕斯托尔和维罗内西（Pástor and Veronesi，2013）开发了一个理论模型，研究发现政治不确定性对资产价格产生负面影响，当政策发生变化时，股票价格会下跌。布罗加德和德策尔（Brogaard and Detzel，2015）的研究发现经济政策不确定性导致了更高的股本成本。瓦斯曼等（Waisman et al.，2015）的研究发现政策不确定性（美国总统选举结果相关的不确定性）与公司债融资成本正相关。本－纳萨尔等（Ben－Nasr et al.，2019）研究发现政策不确定性越高，银行贷款占债务总额的比例越高。德梅洛和托斯卡诺（D'Mello and Toscano，2020）的研究发现经济政策不确定性越高，应付账款和应收账款越少。国内，池勤伟和黎文倩（Chi and Li，2017）研究发现经济政策不确定性与不良贷款率，贷款集中度和贷款迁移率之间存在显著的正相关关系。才国伟等（2018）的结果表明，经济政策不确定性对不同融资方式的影响是不同的，经济政策不确定性对股权融资没有显著影响，而对债务融资则有显著的负面影响。宋全云等（2019）认为基于谨慎原则，在经济政策不确定的情况下，银行放贷会进行风险规避，尤其是对中小企业。实证结果发现，经济政策不确定性增加了企业的贷款成本，加剧了中小企业的融资约束。达塔等（Datta et al.，2019）研究了经济政策不确定性与公司债务期限的关系，在经济政策不确定性较高的情况下，企业会因风险厌恶程度增加而倾向于缩短债务期限，但不同类型的企业具体表现有所不同。该研究得出结论，经济政策不确定性对债务期限的影响可以持续两年，一旦经济政策不确定性得到缓解，企业将回归到更长的债务期限。苏等（Su et al.，2020）研究发现经济政策不确定性与应收账款和应付账款之间存在显著的负相关关系。

2.2.3　连锁网络动机与效应文献回顾

作为公司间社会网络关系的主要形式，连锁是指公司成员（最常见为CEO或董事会成员）同时在两个或多个公司任职的情况（Burt，1980；Mizruchi and Stearns，1988）。连锁任职是世界范围内普遍存在的现象，并已逐渐成为一个热点话题，经济学、管理学和社会学领域都对此进行了广泛讨论，包括理论研究和实证研究（Mizruchi and Stearns，1988；Chiu et al.，2013）。理论方面，以下四种理论经常被用来解释为什么高管在企业间连锁任职。首先是资源依赖理论，优质融资对企业的生存和发展至关重要。普费弗（Pfeffer，1972）认为组织之间的互动可以提供外部资源以消除公司的市场约束。并且，许多研究已经检验了企业间依存关系如何导致企业之间的相互合作（Allen，1974；Burt，1980；Ong et al.，2003）。正如资源依赖理论所指出的那样，连锁关系反映了企业为减少环境不确定性和促进组织间关系的合作而进行的尝试，连锁通过帮助企业获得关键信息和资源，从而提高企业绩效（Palmer，1983；Mizruchi，1993；Haunschild and Beckman，1998）。其次是财务控制理论，也称霸权理论。由于资金是企业的关键资源之一，因此财务控制理论的逻辑类似于资源依赖理论。银行等资源控制者在资本市场中起主导作用。大多数公司依靠银行或其他金融机构获取资本，而金融机构往往通过在借款公司中安排连锁高管，行使控制权，维护和获取自身利益（James and Soref，1981）。再次是互惠理论。互惠理论不仅证实了连锁网络在获取外部资源方面对企业是有益的，而且还强调了企业之间的其他合作。通过促进知识、技能和声誉的共享，企业间的关系将带来互惠互利（Allen，1974）。最后是合法性理论，寻求合法性是发展连锁关系的另一个重要原因（Haunschild，1993）。公司的合法性和管理质量是外部投资者决定是否投资的关键指标。通过任命与知名组织有联系的高管人员，公司向外界传达了合法性的信号。上述理论工作为随后的大量实证研究奠定了基础。

关于连锁的实证研究主要集中在两个方面：连锁的决定因素和连锁的后果。大量的实证研究中，连锁的决定因素包括公司规模、公司绩效、偿付能力和地理空间因素。较大的公司拥有更多的资源，更容易成为小型公司连锁的目标（Helmers et al.，2017）。基于新加坡的数据，翁等（Ong et al.，2003）揭示了董事连锁对公司绩效的积极影响。关于偿付能力，财务控制理论认为，企业的偿付能力越弱，它对资本的依赖性越强，就越有可能与金融机构和其他公司建立连锁关系。普费弗（1972）以80个随机抽取的公司为样本进行了实证检验，发现负债率高的公司的外部董事比例相对较高，也更倾向于与其他公司连锁。通过事件历史分析，米斯拉奇和斯特恩斯（Mizruchi and Stearns，1988）发现，偿付能力和利率的下降导致公司对资本需求的增加，促进了公司与金融机构建立连锁任职关系。国内的段海艳和仲伟周（2008）研究了中国连锁现象的起因，实证发现公司规模越大，公司的连锁网络位置越好；相对于非国企，国企的网络位置也更好。说明企业规模和产权性质是影响公司连锁活动的重要因素。

随后，高管连锁关系的作用越来越受到学者们的关注。一部分实证研究关注了连锁关系在公司治理方面的作用。邱等（Chiu et al.，2013）研究了连锁董事与盈余管理的影响，他们发现具有连锁关系的董事会导致盈余管理行为的传染。而舒等（Shu et al.，2015）却发现，通过董事会相互联系的公司较少参与盈余管理。另一部分实证研究表明，连锁关系会影响企业行为。斯图尔特和伊姆（Stuart and Yim，2010）发现具有连锁董事的公司进行了更多的控制权变更交易；约翰森和彼得松（Johansen and Pettersson，2013）发现，连锁董事影响公司的审计师选择和审计费用支出，并有助于公司减轻审计失灵的风险。马佐拉等（Mazzola et al.，2016）提出，连锁董事网络有助于促进公司的创新。赫尔默斯等（Helmers et al.，2017）也检验了连锁与创新的关系，发现董事连锁在企业之间的信息传递中起着关键作用，这对创新绩效具有显著的积极影响。还有部分研究考察连锁关系是否能够改善公司业绩。席尔瓦等（Silva et al.，2006）也发现连锁董事可以提高公司业绩，特别是对公司治理情况较差的企业。根据智利的公司连锁数据，卡讷和托马斯（Khanna and Thomas，2009）提出，董事关系和股权关系都可以提高公司的股价同步性。国内的研究，任兵等（2004）通过分析不同区域连锁网络效应的差异，发现连锁网络效益与区域特征密切相关，并且连锁网络对区域经济发展具有重要作用。陈运森和谢德仁（2011）发现董事连锁网络中心度越高，企业的投资效率越高。田高良等（2013）发现并购双方的连锁董事关系会减损并购绩效。陆贤伟等（2013）实证研究结果发现董事连锁关系影响股价联动。

近年来，部分学者关注了连锁关系与融资的关系。朱伦等（Chuluun et al.，2014）研究了连锁董事中心度与公司债利差的关系。颜汝芳等（Yen et al.，2014）发现与银行有良好关系的首席执行官能够帮助公司获得更优惠的贷款。布劳恩等（Braun et al.，2018）发现，与银行连锁的董事会有助于减轻公司的融资约束。

2.2.4 交叉持股动机与效应文献回顾

交叉持股是一种上市公司间相互持股的经济现象。在早先的文献中，关于交叉持股的主题主要来自日本。伴随着我国交叉持股案例的增多，我国学者对交叉持股的研究也越来越关注。国外早期主要通过理论推导的方法，尤其是博弈论模型，研究交叉持股行为的动机。伯格洛夫和佩罗蒂（Berglöf and Perotti，1994）构建理论模型研究了日本金融集团与企业间的相互持股的现象，认为获取控制权和改善治理是金融机构的持股动机。通过持有企业股份同时成为股东和债权人，研究表明这种双重身份有助于保护银行的债权人利益。小佐野（Osano，1996）研究了日本产业结构中企业相互持股的现象，认为交叉持股的动机是防止恶意收购。当存在外部收购威胁时，管理层会出于某种短视的利益动机，在投资决策中会选择降低被收购概率但收益较低的项目。建立的研究模型发现，成员企业之间的相互持股行为可以通过风险分担机制降低被收购的可能性，对公司管理层起到稳定人心的作用，从而解决其管理短视问题。博伦和诺里（Bøhren and Norli，1997）认为交叉持股的潜在动机有以下三个方面：第一，内部持股少、所有权结构分散和自由现金流量高的公司通过交叉持股提高公司治理水平；第二，获取资源，公司间股权相互控股为成长型公司提供了长期的内部资金支持；第三，作为短期现金流管理手段，当现金流入和现金流出不同步时，公司间持股作为流动性缓冲，是投资者现金流管理系统的一个组成部分。阿蒙森和伯格曼（Amundsen and Bergman，2002）基于挪威—瑞典电力市场的研究发现电力市场的横向交叉持股的动机在于合作以获取垄断价格。随着研究的发展，学者逐渐从理论模型的研究转向实证分析交叉持股的经济后果。艾伦和菲利普斯（Allen and Phillips，2000）实证研究发现，交叉持股有利于公司的股价、投资和经营利润的增长，特别是在研发力度较大的行业。杜塞特和荣格（Douthett and Jung，2001）考察了日本企业交叉持股行为对盈余信息含量的影响。实证结果表明，keiretsu（日本式的企业组织）公司的盈余反应系数高于非交叉持股公司，且盈余反应系数随交叉持股关系强度的增加而增加，交叉持股公司的可操纵应计项目小于非交叉持股公司的可操纵应计项目。所有这些结果表明，交叉持股提高了盈余的信息含量。马特沃斯和奥斯特罗夫斯基（Matvos and Ostrovsky，2008）研究发现交叉持股有利于收购方的并购收益。收购方股东通常持有大量目标公司的股份，用被收购带来的收益来弥补收购方面的损失，从而获得并购收益最大化。马苏利斯等（Masulis et al.，2011）实证研究发现通过交叉持股的方式形成家族控制权时，会导致集公司的业绩下降。一系列的论文讨论了交叉持股对企业并购的影响。荣格（Jung，2013）的研究发现，公司的信息披露行为在交叉持股的公司间有传染效应，即交叉所有权为公司之间提供了一个沟通渠道，有助于信息披露实践的扩散。布鲁克斯等（Brooks et al.，2018）的实证研究表明，交叉持股不仅提高了并购的成功率，降低了并购过程中的交易成本，并且交叉所有权对交易的协同效应和交易后长期绩效具有积极的影响。

国内关于交叉持股的研究，冉明东（2011）对交叉持股的动因及经济效应进行了分析，指出交叉持股具有双重性质，既有利于企业经营，又有风险。公司应该谨慎采取交叉持股措施，而政府则应该加快完善相关的交叉持股监督制度。郭葆春和黄蝶（2015）研究了交叉持股行为的动因，发现市场份额大的公司和管理层权利大的公司倾向于进行交叉持股。王娜和杨仁眉（2017）进行了类似的研究，也证实了管理层权利与交叉持股行为正相关。张伟和于良春（2017）将交叉持股方案按产权性质对其进行分类，理论推导出不同交叉持股方式的市场效应，提出交叉持股方案的制定要个性化，以达到有利的效果，避免一刀切。高等（Gao et al.，2019）研究发现，中国的同行业交叉持股现象对企业创新有显著的正面影响。并且进一步地分析表明，对拥有高度集中的所有权的公司，行业交叉持股对创新的影响更为明显。

近年来，越来越多的学者从关注交叉持股行为本身转变为关注交叉持股形成的网络以及网络对公司行为的影响。李等（Li et al.，2014）首个关注了国内的交叉持股构成的复杂网络，将其作为研究股票市场的工具。通过考察不同年度的股权网络特征及其演变规律，对资本市场的代理问题有了进一步的认识。沙浩伟和曾勇（2014）通过中心度和结构洞来度量交叉持股的网络结构，研究发现在交叉持有网络中处于有利位置有助于提高企业投资效率和经营业绩。彭等（Peng et al.，2019）研究发现交叉持股有助于缓解私营企业融资约束的程度。李等（Li et al.，2019）的研究发现探讨股权网络对银行风险承担行为有正向的影响。卡诺（Kanno，2019）研究发现，点度中心度和特征向量中心度越大，通过交叉持股的连接将变得更加密集，网络中信用传染风险越大，而中介中心性越大，公司违约传染的可能性越小。

2.3　本章小结

本章2.1节介绍了我国公司债的发展背景及现状，并分析了发行利率的分布特点，有利于进一步理解本书的研究主题——公司债融资成本。概括我国公司债的发展历程：在发展较晚的同时备受关注，但发展过程并不顺利，甚至有些曲折。在发展遇到若干瓶颈期时，政策革新的推动效果比较明显。虽然债市违约时代的到来给公司债的发展带来了巨大的阻力，但从总体上说，公司债的蓬勃发展是未来资本市场的必然趋势。

本章2.2节对有关公司债融资成本、交叉持股、连锁网络和经济政策不确定性等主题的文献进行了梳理，得出如下结论：（1）由于我国公司债在2007年才正式面世，数据样本相对较少，国内关于公司债市场的实证研究相对缺乏。（2）经济政策不确定性与微观企业行为的交叉研究的结果较为丰富。但目前国内尚无学者直接研究经济政策不确定性与公司债定价之间的关系。（3）目前对社会网络和企业融资问题的研究较多，但从网络的结构视角的对债务融资的研究还是相对比较缺乏。关于连锁网络的中心度与企业融资方面，在现有的研究中，国内外已有部分文献涉及。但具体聚焦于公司债的研究，仅有国外的朱伦等（Chulun et al.，2014）对连锁董事中心度与公司债利差之间的关系进行了研究，国内的相关研究还是空白。（4）由于我国交叉持股出现较晚，目前对我国交叉持股的实证研究很少，特别是对网络结构的实证研究很少。已有文献中缺少针对交叉持股网络结构与公司债融资成本关系的研究。

第3章

高管连锁网络与公司债融资成本

现实生活中，经济活动通常嵌入到社会关系中。在经济转型时期的中国，金融交易的"关系型导向特点"更为显著（Talavera et al.，2010）。同时，由于信息不对称和代理冲突的存在会造成市场摩擦，形成债务双方的交易壁垒。社会网络作为信息流通的一种有效途径，可以对知识、思想和私人信息等进行传播（El – Khatib et al.，2015）。并且，社会网络所带来的信任与声誉等资源会保障契约的执行力，提高资本效率（Lyon，2000；Kim，2009）。因此，社会网络会对公司的债务的融资成本有影响。

社会网络包括个体层面的网络和组织层面的网络，由于本书研究的是 A 股上市公司的公司债发行定价问题，因此我们把社会网络的关注点聚焦于上市公司的高管连锁网络（个体层面网络）和交叉持股网络（组织层面网络）。本章研究的是高管连锁网络对公司债融资成本的影响。这里的高管为广义的管理层成员，包括董事会、管理层和监事会的所有成员。高管连锁网络是指高管同时在多家公司担任职务，由于这种关系，公司之间就会建立起关联，这种关联形成的网络会传递关于公司的信息以及提供资源、技术等合作的契机，有助于公司降低债务资本成本。

本章的内容安排如下：首先在第 1 节对高管连锁网络与公司债融资成本的机理进行推演，提出假设分析；第 2 节是样本选择研究设计；第 3 节进行描述性统计、相关性分析和单变量分析；第 4 节是实证结果分析；第 5 节进行一系列的稳健性测试，包括 PSM 和工具变量法等内生性检验；第 6 节和第 7 节是进一步分析的内容，其中第 6 节进行了中介效应检验，分别检测了信息渠道、资源渠道和信任渠道；第 7 节是产权性质的调节效应检验；最后在第 8 节进行本章总结。

3.1　理论分析与研究假设

3.1.1　高管连锁网络中心度与公司债融资成本

社会网络理论认为，公司不是一个独立的个体，公司与其他公司之间存在着各种各样的关系，从而构成了一个特定的社会关系网络结构。社会网络的种类有很多，其中高管在多个公司兼职是常见的现象，这种兼职活动把高管所在的公司连接起来形成一个网络。连锁网络是近几年财务与会计学术领域的研究热点，大量的论文从多个角度研究连锁网络对上市公司的影响（陈运森，2011；Cai and Sevilir，2012；Skousen et al.，2018；Rossi et al.，2018）。在网络中，信息和资源得到流通和交换，所处网络中的公司也会获得程度不一的好处。

信息不对称使债券投资者往往无法作出最准确的投资判断。因此，考虑到风险收益比，债券投资人要求风险溢价以弥补潜在的信用风险。在这种情况下，市场信息的有效传输可以减轻信息的不对称性（Rauch and Casella，2003）。以往的很多论文研究了连锁网络如何促进公司之间的信息交流（Bizjak et al.，2009；Burt，1980）。由于连锁成员的职位和工作内容，他们是公司之间自然的纽带，可以通过直接和间接关系将公司联系起来。网络中每个成员的位置不同，在金融财务领域的学术研究中，中心度是衡量网络位置最典型的指标（陈运森，2011；El - Khatib et al.，2015；Skousen et al.，2018）。其中，点度中心度、中介中心度和特征向量中心度是最常用的。高管连锁网络点度中心度是指本公司所有高管在外兼职的其他公司的总和，高管连锁网络点度中心度衡量了公司在高管连锁网络中的直接关联的数量。若 A 上市公司和 B 上市公司恰好都有 10 位高管在其他上市公司有兼职的职位，其中 A 公司的 10 位连锁高管分别分布在 4 家兼职公司，而 B 公司的 10 位连锁高管则只聚集在 2 家公司中兼职。在这个例子中，A 公司的高管连锁网络点度中心度的值为 4，而 B 公司的高管连锁网络点度中心度的值为 2。在人力成本相同的情况下（连锁高管人数都是 10 人），A 公司直接关联的公司多于 B 公司。作为一种低成本的信息资源，连锁关系通过连锁的成员在公司之间提供稳定的沟通和联络（Allen，1974），并且连锁关系提供的信息质量也更高。格兰·诺维特（Granovetter，2005）认为，由于公众可获得的许多信息是微妙的且难以验证真假，因此人们更愿意通过他们的社会关系获取信息，因为识别起来相对简单。所以连锁网络比其他来源提供了更可信和更有影响力的信息（Haunschild and Beckman，1998）。

除了信息的流通，大量研究表明，连锁关系是公司获取外部资源的一种策略（Singh and Delios，2017）。根据资源依赖理论，连锁成员有助于在公司之间建立协作关系，从而促进关键资源的共享并增强公司获取更多资源的确定性。正如资源依赖理论所指出的那样，连锁旨在消除公司的市场约束。资金是限制公司发展的关键因素，持续的资本供给比任何其他资源都更为重要（Eisenbeis and Mccall，1978）。布斯和德利（Booth and Deli，1999）发现，董事会中存在银行家有助于公司获得银行贷款。恩格尔伯格等（Engelberg et al.，2012）研究发现 CEO 与银行的社会关系大大降低了公司借贷成本。公司雇用具有商业资源的连锁高管人员可以拓宽融资渠道，减少与资金提供方之间的信息不对称。高管连锁网络点度中心度越高，公司相关联的公司越多，从相关联的公司获得信息来源和人力资源的支持就越多，并且公司本身的信息被传播得越广，减轻企业内部和外部的信息不对称，从而减少资金成本。

高管连锁网络中介中心度和特征向量中心度衡量的是连锁网络中间接关系的质量。继续使用小例子进行阐述，假如 A 公司的 5 位连锁高管分别分布在 B、D、E 和 F 公司 4 家公司兼职，B 公司的 5 位连锁高管分别分布在 D 和 G 公司 2 家公司兼职。A 公司虽然直接关联的公司较多，却没有在之前与公司当前业务的重要潜在客户 G 公司建立直接的连锁关系。而 A 公司与 B 公司有直接连接，B 公司与目标 G 公司有直接的连接，因此，最终通过 B 公司的"桥"的角色，A 公司与目标 G 公司建立了间接关联的关系。由于连锁成员的职位和工作内容，他们对公司的真实情况有更详细的了解，通过连锁成员的关系获得的消息质量高于市场的公开信息。此外，商业信任是促进合作的根本因素。经济活动需要一定的安全环境，尤其是在欠发达地区，信任关系是法律体系最重要的替代机制。科恩等（2008）认为，社会网络是建立信任的最简单方法。建立信任关系需要时间，而现有的网络成员之间有足够的机会和联系来了解彼此，因此更容易建立信任关系（Lyon，2000）。因此，A 公司与目标 G 公司通过连锁高管成员建立的间接关联的关系有助于两者之间促成合作关系。而 B 公司在其中担任"桥"的角色，分享了合作中的重要信息，并且在此事中具有控制地位。扮演中介位置的角色可以通过控制、隐瞒或者扭曲传播路径中的信息来控制其他成员之间的交流和行动（陈运森和谢德仁，2011）。高管连锁网络中介中心度就是衡量在网络中中介角色的大小。在这个例子中，虽然 B 的点度中心度大小不如 A，但其中介位置的优势可以弥补不足。在网络中，中介中心度越高，其网络地位越高，公司所获取的资源和机会越多，越容易被资本市场认可，从而降低资本成本。

特征向量中心度是网络中所有与当前个体有连接的各个节点的中心度的加权值（Bonacich，1987），即网络中"邻居"的综合地位。与越接近网络中心的个体连接，特征向量中心度越高（Chuluun et al.，2014）。继续前面的例子，A 公司的 5 位连锁高管分别分布在 B、D、E 和 F 公司 4 家公司兼职，B 公司的 5 个连锁高管分别分布在 D 和 G 公司 2 家公司兼职。其中与 A 公司直接相连的 4 家公司除 B 公司外，D、E 和 F 公司都位于网络边缘，都只有 A 公司一个"邻居"，而与 B 公司之间相连的 D 和 G 公司的网络位置很中心，分别有 4 家和 6 家相连的公司。因此，B 公司的"邻居"的综合网络位置优于 A 公司"邻居"在网络中的位置。网络伙伴的中心位置越高，公司的特征向量中心度越大，通过伙伴传递的信息质量越高，本公司在资本市场的可见度越高（Chuluun et al.，2014），并且高地位的伙伴某种程度上可以充当公司声誉的担保人。特征向量中心度越高，个体在网络中的个人影响力和权益就越大（Mizruchi and Potts，1998）。能享有更优质的信息通道和更高的声誉，使得潜在的债券投资者对本公司的信心更足，因此会有助于公司债的合理定价。资源在网络中不是均匀分布的，而是随着位置的不同随机分布，识别网络位置的优劣是复杂的过程。从上文的小例子中可以看到，A 公司的点度中心度比 B 公司高，但中介中心度和特征向量中心度却低于 B 公司。为了从整体角度考察公司的网络位置，本书通过对三类中心度变量进行主成分分析，构建了综合中心度。综合中心度越高，公司的网络地位越高，债券市场的潜在投资者对公司的认可度越高，因此债券成本也就越低。本书提出以下假设：

假设 3 - 1：高管连锁网络中心度与公司债融资成本负相关。

并将假设 3 - 1 细化为：

假设 3 - 1a：高管连锁网络中的点度中心度越高，公司债信用利差越低。

假设 3 - 1b：高管连锁网络中的中介中心度越高，公司债信用利差越低。

假设 3 - 1c：高管连锁网络中的特征向量中心度越高，公司债信用利差越低。

假设 3 - 1d：高管连锁网络中的综合中心度越高，公司债信用利差越低。

3.1.2　高管连锁网络与公司债融资成本的中介效应

接下来，本书进一步考察高管连锁网络影响公司债融资成本的渠道。首先是信息渠道。公司与外界的信息不对称的程度会影响潜在债券投资人对公司未来的偿债能力的判断，出于稳健性考虑，在信息不充分时，投资人会要求更高的回报率来应对可能的违约情况。高管连锁构建的网络可以提供一个信息流通的环境，缓解公司内部与外部资本市场的信息不对称程度。此外，在外兼职的高管群体，社会名望较高。朱伦等（Chuluun et al.，2014）认为公司雇用连锁董事是有利的，没有社会名气但努力工作的董事会成员不会使董事会变得强大。热衷于兼职并且已经在商界取得地位的人会为公司带来资源和声望。有社会名望和地位的高管有更多机会被上市公司邀请兼职，而在多家大公司兼职反而容易获取名望。有名望的高管的一举一动容易被媒体捕捉，公司有更多机会被媒体正面报道。媒体作为重要的信息中介，加快信息在市场中的传播，减少公司内外部的信息摩擦，从而影响公司债的发行定价。因此本书提出假设：

假设3-2：信息通道（媒体报道）是高管连锁网络与公司债融资成本的中介渠道。

其次是资源渠道。大量研究表明，连锁是公司获取外部资源的一种策略（Horton et al.，2012；Singh and Delios，2017）。根据资源依赖理论，连锁成员有助于在公司之间建立协作关系，从而促进关键资源的共享并增强公司获取更多资源的确定性。正如资源依赖理论所指出的那样，连锁旨在消除公司的市场约束。资金是限制公司发展的关键因素，持续的资本供给比任何其他资源都更为重要（Eisenbeis and Mccall，1978）。具有财务背景的连锁成员可以为公司提供专业建议、信用评估、投资和融资策略以及投融资的渠道。布斯和德利（1999）发现，与银行有任职关系有利于获得更多的贷款。恩格尔伯格等（2012）证明了CEO类高管与银行的联系大大降低了公司利率。因此，通过减少债权人面临的监督成本和信用风险，金融关联对公司很重要，从而降低了债权人的收益要求。认识到连锁高管重要性的公司会致力于寻找聘用拥有资本背景的高管。此外，公司在高管连锁网络的位置越中心，越能吸引有金融背景的人士。因此高管连锁网络中心度与公司的金融背景高管人数呈正比。本书提出假设：

假设3-3：资源通道（金融关联）是高管连锁网络与公司债融资成本的中介渠道。

最后是信任渠道的检验。信任是促进合作的根本因素。经济活动需要一定的安全环境，尤其是在欠发达地区。信任关系是法律体系最重要的替代机制（Lyon，2000）。正如科恩等（2008）认为的，现有的社会网络是建立信任的最简单方法。建立信任关系需要时间，而现有的网络成员之间有足够的机会和联系来了解彼此，因此更容易建立信任关系。在网络中接触的成员越多，位置越好，越容易建立信任关系。高管连锁网络中心度越高，越容易获得市场参与者的信任。本书用公司的主体信用评级来作为信任关系的代理变量。投资者对被投资者的信任程度越高，要求的风险溢价越低，因此公司债融资成本越低。因此，本书提出假设：

假设 3 - 4：信任通道（公司信用评级）是高管连锁网络与公司债融资成本的中介渠道。

3.1.3 高管连锁网络与公司债融资成本产权性质的异质性分析

国有企业与非国有企业并存是我国经济的特色，并且中国的国有经济在国民经济中长期占有主导地位。国有企业除追求经济效益外，还承担着增加就业、保税等国家赋予的社会任务，公司经营并不完全以股东财富最大化为前提。因此当国有企业陷入经营危机，政府往往会出手救助（方红星等，2013）。债券投资者对国有企业发行的公司债有很大的信心，因为政府提供了隐性担保，因此不需要承担过高的风险溢价（赵晓琴和万迪昉，2011）。

转型期的中国，民营企业也在迅速发展壮大，民营经济在中国经济中的作用越来越重要。但与国有企业相比，民营企业普遍面临着更大的融资困境。由于缺乏政府的支持以及市场信息不对称的摩擦，资本市场对民营企业发行的公司债认可度较低，通常会要求更高的风险溢价，因此民营企业的融资资本成本更高。中国是一个典型的关系型社会，作为社会网络的一种，高管连锁网络可以作为信息通道，缓解公司内外部的信息不对称程度。另外，高管连锁网络的资源效应和声誉机制也提高了公司在资本市场的认可度。因此，民营企业可以借助改善高管连锁网络的位置，在很大程度上改善融资困境。而由于国有企业的融资环境较好，相对来说，高管连锁网络中心度所带来的效果并不明显。因此本书提出假设：

假设 3 - 5：相对于国有企业，非国企的高管连锁网络中心度对公司债融资成本的影响更大。

3.2　实证研究设计

3.2.1　样本选择与数据来源

本章所使用的数据包括高管连锁网络数据、公司债发行数据和上市公司财务数据。由于首支公司债在 2007 年 9 月发行，因此样本区间取 2007～2018 年。本章从 Wind 金融终端数据库中获得了所有上市公司高管成员的信息，包括名字、性别、职位、入职时间、离职时间和教育背景等信息。为了建立高管连锁网络，我们为 2007～2018 年约 10 万位上市公司高管成员创建了独特的 ID。连锁高管指同时在两家或两家以上的上市公司工作的高管。由于 Wind 数据库中关于高管的信息分别在现任高管文件和离职高管文件中，关于高管的任职时间，只披露了高管的就职时间和离职时间。因此需要手工整理每年度的高管人员及高管在公司的兼职情况。根据整理的高管年度兼职情况，接下来利用 MATLAB 编程，建立每年度的高管连锁的邻接矩阵。然后基于每年度的邻接矩阵计算了各个公司的网络中心度。最后，我们获得 37416 个高管连锁网络中心度的观测数据。除了高管连锁数据，本章实证分析的数据还包括公司债的数据和公司财务数据。公司债的数据来源于同花顺 iFinD 数据库，上市公司财务指标来源于 CSMAR 数据库。用高管数据合并公司债发行数据和公司财务数据后，按照以下原则清理样本：

（1）非上市公司的财务数据披露制度不完善，财务数据有很大的缺失，因此，删除由非上市公司发行的公司债样本；

（2）剔除 B 股、H 股等非 A 股上市公司发行的公司债样本；

（3）删除债券发行时主体的评级缺失的样本；

（4）由于主体评级为 A 的公司债的数量上仅有一只，并且其利率为低于 AAA 级的平均利率的异常情况，会对整体样本造成极端值的影响，因此删除该样本；

（5）删除国债收益率曲线缺失的样本，中债登网站上披露的银行间中债国债收益率曲线较为完整，对应的样本不予剔除。而同花顺中公布的国债收益率曲线的数据是始于 2008 年，因此与本章公司债样本匹配时，有 2007 年的两个样本缺失了国债收益率数据，对应的样本应剔除这两只缺失国债收益率的公司债样本；

（6）剔除金融行业样本；

（7）删除关键财务指标缺失的样本。

经上述处理，本章中的实证样本总数为 1116 个，样本数据筛选过程见表 3 – 1 的 Panel A。表 3 – 1 的 Panel B 和 Panel C 分别为样本的年度分布情况和行业分布情况。从 Panel B 中可以看到，在 1116 只一般公司债样本分布在 838 家上市公司之间。公司债的发行数量和公司债发行主体数量的变动趋势一致，都随年份呈波动性递增。2007 年作为公司债发行元年，其发行数量和发行主体最少，5 只一般公司债分别来自 3 家上市公司。2016 年和 2018 年的发行量最大，分别为 223 只（151 家）和 222 只（124 家）。这是因为在 2015 年 1 月，证监会发布了公司债的版本，废除了试运行版本，管理上的规范极大地促进了公司债的发展。2015 ~ 2018 年四年间发行的一般公司债的数量高达 704 只，约占 2007 ~ 2018 年 12 年的总样本量的 63%。从 Panel C 中可以发现，一般公司债的发行数量和主体数量在各行业分布中有较大差异。本章根据 2012 年版证监会行业分类，将制造业在大类上分类为制造业 1 ~ 制造业 4 四类，除制造业外的其他行业采用门类行业分类，一共为 19 个行业分类。从数量分布上，制造业拔得头筹，样本量和公司数量为 471 只和 391 家，占比分别高达 42.2% 和 46.7%，制造业是我国经济发展的重要动力。除制造业外，数量上有优势的还有房地产业和电力行业，占比分别为 13.26%（11.58%）和 9.32%（8.71%）。其他行业分布较少，尤其是餐饮业、文娱业、卫生文化业等服务行业的数量都呈个位数。因此，公司债的行业分布与我国建设发展的需要相吻合，可以说公司债的发展确实体现了金融支持实业的国家政策方针。

表 3 - 1   样本筛选过程

Panel A：样本筛选过程

	样本量
一般公司债包括已到期和未到期公司债（2007~2018）	（3035）
已到期公司债	949
未到期公司债	2086
减去以下样本：	
非上市公司发行的公司债样本：	
非上市公司发行的已到期公司债	（294 -）
非上市公司发行的未到期公司债	（1376 -）
非 A 股上市公司发行的公司债	（167 -）
主体评级缺失的公司债样本	（66 -）
主体评级为 A 的公司债样本	（1 -）
中债国债收益率曲线缺失的样本/同花顺国债收益率缺失的样本	（0 -）/（2 -）
财务数据缺失的公司债样本	（9 -）
金融保险业的样本	（6 -）
最终保留样本	1116/1114

Panel B：年份分布

年份	样本数量	比例（%）	公司数量	比例（%）
2007	5	0.45	3	0.36
2008	2	0.18	2	0.24
2009	9	0.81	9	1.07
2010	9	0.81	6	0.72
2011	66	5.91	59	7.04
2012	164	14.70	134	15.99
2013	86	7.71	75	8.95
2014	71	6.36	67	8.00
2015	127	11.38	105	12.53
2016	223	19.98	151	18.02

续表

Panel B：年份分布

年份	样本数量	比例（%）	公司数量	比例（%）
2017	132	11.83	103	12.29
2018	222	19.89	124	14.80
共计	1116	100.00	838	100.00

Panel C：行业分布

行业	样本数量	比重（%）	公司数量	比重（%）
农、林、牧、渔业	7	0.63	6	0.72
采矿业	92	8.24	57	6.80
制造业1	45	4.03	39	4.65
制造业2	147	13.17	126	15.04
制造业3	264	23.66	211	25.18
制造业4	15	1.34	15	1.79
电力、热力、燃气及水生产和供应业	104	9.32	73	8.71
建筑业	80	7.17	45	5.37
批发和零售业	56	5.02	42	5.01
交通运输、仓储和邮政业	81	7.26	60	7.16
住宿和餐饮业	1	0.09	1	0.12
信息传输、软件和信息技术服务业	28	2.51	27	3.22
房地产业	148	13.26	97	11.58
租赁和商务服务业	22	1.97	14	1.67
科学研究和技术服务业	1	0.09	1	0.12
水利、环境和公共设施管理业	7	0.63	7	0.84
卫生和社会工作	3	0.27	3	0.36
文化、体育和娱乐业	6	0.54	6	0.72
综合	9	0.81	8	0.95
共计	1116	100.00	838	100.00

3.2.2 变量的设置及定义

1. 被解释变量

本章的被解释变量是公司债融资资本成本，即公司债一级市场的信用利差。公司债属于信用债，所有的信用债定价都包括无风险收益和风险收益两个部分。其中，风险收益是投资者所要求的风险的补偿，通常被称为信用利差。在债券发行市场，合理的定价是促成债券发行成功的关键。而合理的定价的基础是有合理的定价标杆，国债由于有国家信用的兜底，通常被看作是无风险利率。以往的文献通常用票面利率减去无风险利率的方法来衡量公司债的资本成本，并且用国债利率衡量无风险利率水平。在成熟的资本市场，国债收益率曲线包含了财富总量、通货膨胀率、预期利率和财政状况等大量的宏观经济市场信息。国债收益率曲线是一条趋势曲线，纵向上的变化反映了各期限国债流动性和无风险利率的总体水平变化，而收益率曲线斜率上的变化反映了资金在市场上对长短期资金的供求关系。

我国的债券市场被分割成银行间市场和交易所市场，中央国债登记结算公司和同花顺 iFinD 金融数据终端分别编制并公布了中债国债到期收益率曲线和国债到期收益率曲线来衡量我国债券市场无风险利率。因此本章的被解释变量公司债资本成本包括两个代理变量：中债利差（Spread1）和国债利差（Spread2）。其中，中债利差（Spread1）的计算是根据公司债的发行时间（具体到年月日）和发行期限，用中债国债到期收益率曲线的数据匹配每一只公司债得到的收益率数据作为无风险利率，用公司债的票面利率减去该无风险利率的数据则得到该只公司债的中债利差。国债利差（Spread2）的计算类似，除了具体数据上的差别，两者的样本量也不同。中债登网上的中债国债收益率曲线的数据是始于 2002 年，包含了整个公司债样本区间，因此中债利差的样本没有损失。而 iFinD 金融数据公布的国债收益率曲线数据是从 2008 年 7 月 1 日开始，而样本中的最早公司债的发行时间是 2007 年 9 月 24 日的 07 长电债，这近 10 个月间的国债收益率缺失，因此损失了部分样本量。

2. 主要解释变量

本章的解释变量是高管连锁网络的 8 个中心度指标。基于图论理论，本章分年度构造所有 A 股上市公司的高管连锁网络，且设定为无向网络。为了更全面、更准确地研究连锁网络的作用，本章分别构建了单值网络和加权后的多值网络。使用 2007 ~ 2018 年样本期间的高管任职数据，建立年度高管连锁邻接矩阵 $A_t(n*n)$，其中 t 是年度，n 为每年度的上市公司数量。对于单值网络，如果上市公司 i 和上市公司 j 有共享高管，则 $A_{ij} = 1$，否则 $A_{ij} = 0$。对于加权网络，如果上市公司 i 和上市公司 j 有 x 个共享高管，则 $A_{ij} = x$，如果没有共享高管，则 $A_{ij} = 0$。作为社会网络分析技术的一部分，中心度可以描述网络中节点的重要性。通过每个年度的上市公司邻接矩阵，计算得到了每年度每家公司的中心度数据。参考弗里曼（Freeman，1978）和博纳西奇（Bonacich，1987）的研究，本章使点度中心度、中介中心度和特征向量中心度三种中心度来度量各个公司在高管连锁网络的网络地位。

对于单值网络，点度中心度的计算公式为：$Degree_i = \sum_j A_{ij}$，其中 $\sum_j A_{ij}$ 是高管连锁网络邻接矩阵。如果上市公司 i 和上市公司 j 有共享高管，则 $A_{ij} = 1$，否则 $A_{ij} = 0$。点度中心度衡量与本公司直接相连的公司数目。拥有高点度中心度的公司有更多的机会交换资源，并有更大的知名度。

中介中心度的计算公式为：$Betweenness_i = \sum_i g_{jk}(n_i)/g_{jk}$，其中，$g_{jk}$ 指连接上市公司 i 和上市公司 j 的最短路径的数量；$g_{jk}(n_i)$ 指所有连接上市公司 i 和上市公司 j 的最短路径的数量中经过当前公司的路径数量。因此，中介中心度衡量的是在整个网络中，本公司扮演不可替代的中介角色的程度。关于最短路径的概念举例如下：A 公司和 B 公司之间没有共享的高管，但是可以有几条线路通过间接的高管连锁获得连接：路径 1 是 A - C - B，路径 2 是 A - D - E - B，路径 3 是 A - F - B，路径 4 是 A - F - E - B。这当中，路径 1 和路径 3 经过一个节点，路径 2 和路径 4 经过两个节点。因此，路径 1 和路径 3 是 A 公司和 B 公司之间的最短路径，其中一条路径通过 C 公司，因此 C 公司扮演 AB 公司连结中的桥梁角色的概率是 1/2，加总 C 公司在所有其他两两公司之间的桥梁的角色的概率就得到了 C 公司在网络中的桥梁的角色，即中介中心度。具有高度中介中心度的公司被认为通过在网络中扮演重要的中间角色而具有控制能力（Freeman，1978）。能够控制别人意味着有更多的机会获取更多的信息和资源，并取得更大的成功。

博纳西奇（1987）提出了特征向量中心度的概念，$Eigenvector_i = \frac{1}{\lambda} \sum_j A_{ij} e_j$，其中，$A_{ij}$ 是邻接矩阵，e_j 是邻接矩阵的特征向量，λ 是相应的最大特征值，特征向量中心度衡量与公司直接相连的那些公司的总体网络地位。当公司与位于网络核心的公司直接相连时本公司的中心度更高，当公司与位于网络边缘的公司相连本公司的中心度更低。举例说明：A 公司和 B 公司在同一个连锁网络中，A 公司只有一位连锁高管，在 C 公司任职，并且 C 公司没有任何高管在外兼职；与 A 公司类似，B 公司只有一位连锁高管，在 D 公司任职，但 D 公司的高管分别在 7 家公司任职。在这个案例模型中，A 公司和 B 公司都只有一个直接相连的公司，人力资本是相同的，但相连的对象不同。B 公司的对象 D 公司比 A 公司的对象 C 拥有更高的网络地位和更多的网络资源，因此在这个案例中，B 公司比 A 公司的网络地位更高，获得的资源也会更多。

由于点度中心度、中介中心度和特征向量中心度之间高度相关，参考埃尔哈提卜等（El – Khatib et al.，2015）的做法，本章用主成分分析法，提取最大公因子，构建了综合中心度指标来研究高管连锁网络中心度对公司债融资成本的影响。并且由于每年网络大小不完全相同，不同年度之间的网络中心度直接混为一谈有规模上的干扰。为了使不同年度的网络中心度之间具有可比性，我们参考福格尔等（Fogel et al.，2018）的做法，并将每年的中心度数据除以当年最大值作为标准化的手段。

关于多值网络，中心度的计算公式的思路与单值网络一致。邻接矩阵由二元矩阵换成多值矩阵，数值代表两两公司间的具体共享的高管人数。在多值点度中心度、多值中介中心度和多值特征向量中心度计算过程中对邻接矩阵进行数值加权。至于网络规模，与单值网络处理一致，参考福格尔等（Fogel et al.，2018）的做法将每年的中心度数据除以当年最大值。根据综上所述的计算方法，本章一共有以下 8 个主要解释变量：高管连锁网络单值中心度（LSPc1_d、LSDegree_d、LSBetween_d 和 LSEigen_d）和高管连锁网络多值中心度（LSPc1_w、LSDegree_w、LSBetween_w 和 LSEigen_w）。

3. 控制变量

本章在实证模型中加入债券层面的控制变量和公司层面的控制变量。其中包括：

债券主体评级（Credit1）：相对于公众投资者，评级机构有能力获得更多关于公司有价值的信息，因此信用评级一直被认为是信用风险的代理（Jiang，2008；Mansi et al.，2011）。发行债券前，各信用评级会对发行主体进行信用评级。本章的主体评级及赋值具体如下：AAA级为 5，AA + 级为 4，AA 级为 3，AA − 级为 2，A + 级为 1。主体信用评级越高公司的实力越强，越不可能违约。因此，本章认为主体信用评级越高，公司债融资成本越低。

债项评级（Credit）：除了主体评级，债项的评级也是公司债信用风险的重要组成部分。《公司债券发行交易与管理办法》第十八条规定，公开发行的公司债的债券信用评级需要达到 AAA 级。本章的债项评级及赋值具体如下：AAA 级债券为 4，AA + 级债券为 3，AA 级债券为 2，AA − 级债券为 1。公司债项评级与公司债融资成本负相关。

发行规模（Amount）：公司债的发行额度，由于金额数据的不平稳性，取对数处理。发行量越大，流动性越高，并且发行量越大的公司债其公司主体的财务状况往往越健康。因此，我们预期公司债的发行规模越大，公司债融资成本越低。

发行期限（Maturity）：债务期限是影响债务风险的一个重要因素。取值为公司债的发行期限，以年为单位，并取对数进行平稳性处理。

回售条款（Put）：虚拟变量，当发行的公司有回售条款时，取值为 1，否则为 0。对于可回售的债券，债券持有人可以选择在债券触发回售条件时以预定的回售价格出售债券，所以回售条款是对债券持有人的一种保护。因此本章认为有回售条款的公司债融资成本更低。

盈利能力（ROA）：本章用净资产收益率来衡量公司的盈利能力。公司的盈利越多，偿还债务的能力就越强。因此，ROA 数值越大，公司债融资成本越低。

资产负债率（Lev）：资产负债率是总负债与总资产的比值，反映了公司的经营风险和偿债能力，因此资产负债率理论上与公司债融资成本呈正向关系。

公司规模（Size）：参考一般文献的做法，格式规模取公司总资产的自然对数。通常情况下，大公司有条件实现规模效应，对市场风险有更强的抵御能力，公司的盈利和绩效也更好。并且公司规模越大，治理机制越好，信息不对称水平越低。因此本章预期公司规模越大，公司债融资成本越低。

分析师跟踪（Analysts）：如加西亚梅加（Garcíameca，2011）所认为的，分析师带来了额外的信息渠道，这对债券持有人选择正确的投资目标有很大的参考性。因此，本章认为分析师跟踪与公司债利差之间存在负相关关系。该数据来源于 CASMAR 数据库，为年度分析师（个人或团队）数量，并对此进行对数处理。

产权性质（State）：虚拟变量，当公司债券发行主体为国企时，取值为 1，否则为 0。国企背景的公司主体发行债券时，政府可以为债务提供隐性担保，这有助于提高债券持有人的信心，从而降低债务成本。因此，本章预期当公司为国企时，公司债融资成本更低。

经济政策不确定性（EPU_1）：在经济政策不确定性指数较高的时期，投资者对风险的感知比平时更敏感，对风险的定价更高。因此，作为信用债，在经济政策不确定性的环境下，公司债融资成本更高。

3.2.3 模型设定

为了验证假设 3-1，本章构建了模型（3-1）：

$$\text{Spread}_{it} = \beta_0 + \beta_1 \text{TMT Network centrality}_{it} + \beta_2 \text{Amount}_{it} + \beta_3 \text{Maturity}_{it}$$
$$+ \beta_4 \text{Credit}_{it} + \beta_5 \text{Credit1}_{it} + \beta_6 \text{Put}_{it} + \beta_7 \text{ROA}_{it} + \beta_8 \text{Lev}_{it}$$

$$+ \beta_9 Sise_{it} + \beta_{10} State_{it} + \beta_{11} EPU_{it} + \sum Industry + \sum Year + \varepsilon_{it}$$

$$(3-1)$$

其中，Spread1 是公司债利差，TMT Network centrality 是高管连锁网络中心度，包括：高管连锁网络单值中心度（LSPc1_d、LSDegree_d、LSBetween_d 和 LSEigen_d）和高管连锁网络多值中心度（LSPc1_w、LSDegree_w、LSBetween_w 和 LSEigen_w）。当 β_1 显著为负时，说明高管连锁网络中心度能显著降低公司债融资成本。

为了检验中介效应，验证假设 3-2：信息通道（媒体报道）是高管连锁网络与公司债融资成本的中介渠道，本章添加了模型（3-2）和模型（3-3）：

$$Media_{it} = \alpha_0 + \alpha_1 TMT\ Network\ centrality_{it} + \alpha_2 Amount_{it} + \alpha_3 Maturity_{it}$$
$$+ \alpha_4 Credit_{it} + \alpha_5 Credit1_{it} + \alpha_6 Put_{it} + \alpha_7 ROA_{it} + \alpha_8 Lev_{it}$$
$$+ \alpha_9 Sise_{it} + \alpha_{10} State_{it} + \alpha_{11} EPU_{it} + \sum Industry + \sum Year + \varepsilon_{it}$$
$$(3-2)$$

$$Spread_{it} = \lambda_0 + \lambda_1 TMT\ Network\ centrality_{it} + \lambda_2 Media_{it} + \lambda_3 Amount_{it}$$
$$+ \lambda_4 Maturity_{it} + \lambda_5 Credit_{it} + \lambda_6 Credit1_{it} + \lambda_7 Put_{it}$$
$$+ \lambda_8 ROA_{it} + \lambda_9 Lev_{it} + \lambda_{10} Sise_{it} + \lambda_{11} State_{it} + \lambda_{12} EPU_{it}$$
$$+ \sum Industry + \sum Year + \varepsilon_{it}$$
$$(3-3)$$

模型（3-2）中的被解释变量是信息中介变量（Media），主要解释变量是 TMT Network centrality，其他控制变量与模型（3-1）一致。当 α_1 显著为正时，说明高管连锁网络中心度可以显著增加媒体正面报道数量。中介效应检验第三步，将中介变量 Media 加入模型（3-1）得到模型（3-3），考察加入中介变量后，主要解释变量及中介变量对公司债利差的回归系数的表现。当 λ_2 显著为负时，λ_1 不显著时，说明中介变量充当了完全中介作用。当 λ_2 显著为负时，λ_1 也显著为负，但是显著性或者系数小于模型（3-1）中的 β_1 时，说明 Media 有部分中介作用。

为了检验高管连锁网络与公司债融资成本的资源渠道，验证假设 3-3，本章添加了模型（3-4）和模型（3-5）：

$$
\begin{aligned}
\text{Financial ties}_{it} = {}& \alpha_0 + \alpha_1 \text{TMT Network centrality}_{it} + \alpha_2 \text{Amount}_{it} \\
& + \alpha_3 \text{Maturity}_{it} + \alpha_4 \text{Credit}_{it} + \alpha_5 \text{Credit1}_{it} + \alpha_6 \text{Put}_{it} \\
& + \alpha_7 \text{ROA}_{it} + \alpha_8 \text{Lev}_{it} + \alpha_9 \text{Sise}_{it} + \alpha_{10} \text{State}_{it} \\
& + \alpha_{11} \text{EPU}_{it} + \sum \text{Industry} + \sum \text{Year} + \varepsilon_{it}
\end{aligned}
$$

$$(3-4)$$

$$
\begin{aligned}
\text{Spread}_{it} = {}& \lambda_0 + \lambda_1 \text{TMT Network centrality}_{it} + \lambda_2 \text{Financial ties}_{it} \\
& + \lambda_3 \text{Amount}_{it} + \lambda_4 \text{Maturity}_{it} + \lambda_5 \text{Credit}_{it} + \lambda_6 \text{Credit1}_{it} \\
& + \lambda_7 \text{Put}_{it} + \lambda_8 \text{ROA}_{it} + \lambda_9 \text{Lev}_{it} + \lambda_{10} \text{Sise}_{it} + \lambda_{11} \text{State}_{it} \\
& + \lambda_{12} \text{EPU}_{it} + \sum \text{Industry} + \sum \text{Year} + \varepsilon_{it}
\end{aligned}
$$

$$(3-5)$$

模型（3-4）中的被解释变量是资源中介变量（Financial ties），主要解释变量是 TMT Network centrality，其他控制变量与模型（3-1）一致。当 α_1 显著为正时，说明高管连锁网络中心度能显著增加公司的金融关联。中介效应检验第三步，将中介变量 Financial ties 加入模型（3-1）得到模型（3-5），考察加入中介变量后，主要解释变量及中介变量对公司债利差的回归系数的表现。当 λ_2 显著为负时，λ_1 不显著时，说明中介变量充当了完全中介作用。当 λ_2 显著为负时，λ_1 也显著为负，但是显著性或者系数小于模型（3-1）中的 β_1 时，说明 Financial ties 有部分中介作用。

为了检验高管连锁网络与公司债融资成本的信任渠道，验证假设3-4：信任通道（公司评级）是高管连锁网络与公司债融资成本的中介渠道，本章添加了模型（3-6）和模型（3-7）：

$$
\begin{aligned}
\text{Credit}_{it} = {}& \alpha_0 + \alpha_1 \text{TMT Network centrality}_{it} + \alpha_2 \text{Amount}_{it} \\
& + \alpha_3 \text{Maturity}_{it} + \alpha_4 \text{Credit1}_{it} + \alpha_5 \text{Put}_{it} + \alpha_6 \text{ROA}_{it} \\
& + \alpha_7 \text{Lev}_{it} + \alpha_8 \text{Sise}_{it} + \alpha_9 \text{State}_{it} + \alpha_{10} \text{EPU}_{it} \\
& + \sum \text{Industry} + \sum \text{Year} + \varepsilon_{it}
\end{aligned}
$$

$$(3-6)$$

$$
\begin{aligned}
\text{Spread}_{it} = {}& \lambda_0 + \lambda_1 \text{TMT Network centrality}_{it} + \lambda_2 \text{Credit}_{it} \\
& + \lambda_3 \text{Amount}_{it} + \lambda_4 \text{Maturity}_{it} + \lambda_5 \text{Credit1}_{it} + \lambda_6 \text{Put}_{it} \\
& + \lambda_7 \text{ROA}_{it} + \lambda_8 \text{Lev}_{it} + \lambda_9 \text{Sise}_{it} + \lambda_{10} \text{State}_{it} \\
& + \lambda_{11} \text{EPU}_{it} + \sum \text{Industry} + \sum \text{Year} + \varepsilon_{it}
\end{aligned}
$$

$$(3-7)$$

模型（3－6）中的被解释变量是信任中介变量（Credit），主要解释变量是 TMT Network centrality，其他控制变量与模型（3－1）一致。当 α_1 显著为正时，说明高管连锁网络中心度能显著增加公司的信用评级。中介效应检验第三步，将中介变量 Credit 加入模型（3－1）得到模型（3－7），考察加入中介变量后，主要解释变量及中介变量对公司债利差的回归系数的表现。当 λ_2 显著为负时，λ_1 不显著时，说明中介变量充当了完全中介作用。当 λ_2 显著为负时，λ_1 也显著为负，但是显著性或者系数小于模型（3－1）中的 β_1 时，说明 Credit 有部分中介作用。

为了验证假设 3－5，本章构建了异质性分析模型（3－8）：

$$
\begin{aligned}
\text{Spread}_{it} = {} & \beta_0 + \beta_1 \text{State}_{it} + \beta_2 \text{TMT Network centrality}_{it} \times \text{State}_{it} \\
& + \beta_3 \text{TMT Network centrality}_{it} + \beta_4 \text{Amount}_{it} + \beta_5 \text{Maturity}_{it} \\
& + \beta_6 \text{Credit}_{it} + \beta_7 \text{Credit1}_{it} + \beta_8 \text{Put}_{it} + \beta_9 \text{ROA}_{it} + \beta_{10} \text{Lev}_{it} \\
& + \beta_{11} \text{Sise}_{it} + \beta_{12} \text{EPU}_{it} + \sum \text{Industry} + \sum \text{Year} + \varepsilon_{it}
\end{aligned}
$$

$$(3-8)$$

在模型（3－1）中加入了产权性质和高管连锁网络中心度的交互项，交互项的回归系数 β_2 显著为正时，说明相对于国有企业，非国有企业的高管连锁网络中心度对公司债利差的影响更大。本章的变量定义表见表 3－2。

表 3－2　　　　　　　　　　变量定义表

变量	变量描述
Spread1	中债利差，公司债票面利率减去与公司债发行日期和发行期限相匹配的中债国债收益率
Spread2	国债利差，公司债票面利率减去与公司债发行日期和发行期限相匹配的国债收益率
LSPc1_d	高管连锁网络单值综合中心度
LSDegree_d	高管连锁网络单值点度中心度
LSBetween_d	高管连锁网络单值中介中心度

续表

变量	变量描述
LSEigen_d	高管连锁网络多值特征向量中心度
LSPc1_w	高管连锁网络多值综合中心度
LSDegree_w	高管连锁网络多值点度中心度
LSBetween_w	高管连锁网络多值中介中心度
LSEigen_w	高管连锁网络多值特征向量中心度
Credit	公司债主体评级，数值介于 1（A +）和 5（AAA）之间
Credit1	公司债债项评级，数值介于 1（AA −）和 4（AAA）之间
Maturity	债券发行期限的自然对数
Amount	债券发行金额的自然对数
Put	虚拟变量，可回售公司债 1，不可回售的公司债为 0
Lev	资产负债率，总负债/总资产
SOE	虚拟变量，发债主体为国企时赋值为，否则为 0
Size	公司规模，取公司总资产的自然对数
ROA	净资产收益率，净利润/总资产
Media	上市公司全部正面新闻总数的对数
Analysts	当年公司分析师跟踪人数的对数
Financial ties	公司拥有金融背景的高管的人数，并进行对数处理
EPU_1	公司债发行的当月及前三月的经济政策不确定性的平均数，并取对数进行平稳处理

3.3　描述性统计与相关性分析

3.3.1　描述性统计表

表 3 - 3 是连锁网络的主要回归变量描述性统计表，为了控制离群值的影响，对所有连续变量进行了在 1% 水平上的 Winsorize 处理。本章的主要解释变量包括高管连锁网络的单值中心度和多值中心度 8 个

中心度变量。由上文定义可知，连锁网络的单值网络是指，不区别两两相连公司之间具体有多少的连锁高管，只考虑公司之间是否有关系，单值矩阵由 0 和 1 二值构成；而多值网络则考虑了关联公司之间具体共有的连锁高管的人数，多值矩阵的数值由高管人数构成。从理论上考虑，多值网络比单值网络更符合现实情况。从数值上看，单值网络的中心度 LSPc1_d、LSDegree_d、LSBetween_d 和 LSEigen_d 的平均值分别是 0.031、0.218、0.084 和 0.031，多值连锁网络中心度 LSPc1_w、LSDegree_w、LSBetween_w 和 LSEigen_w 的平均值分别是 0.046、0.209、0.087 和 0.005。从均值上看，相对于单值连锁网络，多值连锁网络的综合中心度和中介中心度更大，点度中心度和特征向量中心度更小。单值网络中心度中位数分别是 0.010、0.189、0.046 和 0.012，多值网络中心度中位数分别是 0.017、0.179、0.046 和 0.000。从中位数上看，相对于单值连锁网络，多值连锁网络综合中心度略大，点度中心度和特征向量中心度略小，而中介中心度一致。单值网络中心度最大值分别是 0.553、0.741、0.816 和 1.000，多值网络中心度最大值分别是 0.785、1.000、0.893 和 0.926。综合以上两种网络数值上的比较，初步认为连锁高管的多值网络相比单值网络没有绝对的优势，三类主要中心度各有相应的优势和劣势，高管在同两家公司连锁的人数不是越多越好，应视具体情况而定。

表 3 – 3　　高管连锁网络与公司债融资成本主要回归变量描述性统计表

变量	样本量	平均值	标准差	中位数	最小值	最大值
Spread1（%）	1116	2.266	1.102	2.066	0.356	5.027
LSPc1_d	1116	0.031	0.077	0.010	− 0.037	0.553
LSDegree_d	1116	0.218	0.150	0.189	0.000	0.741
LSBetween_d	1116	0.084	0.119	0.046	0.000	0.816
LSEigen_d	1116	0.031	0.071	0.012	0.000	1.000
LSPc1_w	1116	0.046	0.105	0.017	− 0.056	0.785
LSDegree_w	1116	0.209	0.149	0.179	0.000	1.000

续表

变量	样本量	平均值	标准差	中位数	最小值	最大值
LSBetween_w	1116	0.087	0.127	0.046	0.000	0.893
LSEigen_w	1116	0.005	0.035	0.000	0.000	0.926
Amount（亿）（取对数前）	1116	12.58	11.14	10.00	1.000	60.000
Amount（亿）（取对数后）	1116	2.333	0.747	2.398	0.693	4.263
Maturity（取对数前）	1116	4.972	1.664	5.000	2.000	10.000
Maturity（取对数后）	1116	1.751	0.267	1.792	1.099	2.398
Credit	1116	3.769	0.992	4.000	1.000	5.000
Credit1	1116	3.030	0.889	3.000	1.000	4.000
Put	1116	0.331	0.471	0.000	0.000	1.000
ROA（%）	1116	0.032	0.031	0.027	−0.073	0.134
Lev	1116	0.593	0.146	0.603	0.255	0.862
Size	1116	24.04	1.587	23.79	21.28	28.41
State	1116	0.540	0.499	1.000	0.000	1.000
Analysts	1116	2.155	1.021	2.303	0.000	3.761
EPU_1	1116	4.968	0.386	4.852	4.455	5.836

3.3.2 相关性分析

表 3-4 报告了连锁网络的主要变量相关性分析结果。Panel A 呈现的是高管连锁单值网络的相关性分析，Panel B 呈现的是高管连锁多值网络的相关性分析。表中对角线以上汇报的是 Spearman 的相关系数，对角线以下汇报 Person 的相关系数。单值网络中，公司债利差与综合中心度、点度中心度、中介中心度和特征向量中心度的 Person 相关系数（左下矩阵）分别为 −0.211、−0.172、−0.176 和 −0.139，且全在 1% 水平上显著。Spearman 的相关系数（右上矩阵）分别为 −0.200、−0.156、−0.163 和 −0.203，也都在 1% 水平上显著。Panel B 中，公司债利差与加权网络的相关系数结果与 Panel A 的结果一致。相关性分析结果初步表明，高管连锁网络中心度与公司债

融资成本呈负相关关系。其次，我们观察中心度之间相关性，以单值高管连锁网络为例。综合中心度与其他三类中心度相应的 Person 相关系数分别为 0.904、0.935 和 0.622，且全在 1% 水平上显著。说明各中心度之间的相关性很强，在同一个模型中，可能会引起严重的多重共线性问题，因此在下面的回归分析中，每个中心度都单独列在不同模型中。

表 3 - 4　　　　　　高管连锁网络与公司债利差的相关性分析

Panel A：高管连锁单值网络

	Spread1	LSPc1_d	LSDegree_d	LSBetween_d	LSEigen_d
Spread1		- 0.200 ***	- 0.156 ***	- 0.163 ***	- 0.203 ***
LSPc1_d	- 0.211 ***		0.965 ***	0.940 ***	0.616 ***
LSDegree_d	- 0.172 ***	0.904 ***		0.911 ***	0.531 ***
LSBetween_d	- 0.176 ***	0.935 ***	0.853 ***		0.496 ***
LSEigen_d	- 0.139 ***	0.622 ***	0.441 ***	0.404 ***	

Panel B：高管连锁多值网络

	Spread1	LSPc1_w	LSDegree_w	LSBetween_w	LSEigen_w
Spread1		- 0.180 ***	- 0.182 ***	- 0.170 ***	- 0.111 *
LSPc1_w	- 0.197 ***		0.965 ***	0.954 ***	0.232 ***
LSDegree_w	- 0.195 ***	0.905 ***		0.876 ***	0.223 ***
LSBetween_w	- 0.180 ***	0.959 ***	0.803 ***		0.238 ***
LSEigen_w	- 0.110 *	0.119 ***	0.151 ***	0.045	

注：*** 代表在 1% 的水平下显著；** 表示在 5% 的水平下显著；* 表示在 10% 的水平下显著。全书同。

3.3.3　高管连锁网络与公司债融资成本单变量检验

表 3 - 5 报告了高管连锁网络中心度与公司债融资成本的单变量分析。按中心度前 1/3 的数值为分组的标准，分别在高低两组中心度间对公司债发行利差进行均值 T 检验。Panel A 和 Panel B 分别为高管连

锁单值网络和多值网络的均值 T 检验结果。从表 3－5 中可见，对 Panel A 和 Panel B 中的所有中心度变量，中心度低的组公司债发行利差的均值都显著高于中心度高的组，结果初步表明高管连锁网络中心度的提高有助于降低公司债券发行的成本，初步支持了假设 3－1。

表 3－5   **高管连锁网络与公司债利差单变量检验结果**

Panel A：单值网络

变量	低中心度组		高中心度组		
	样本量	Spread1 均值	样本量	Spread1 均值	差异
LSPc1_d	744	2.383	372	2.032	0.351 ***
LSDegree_d	744	2.330	372	2.137	0.193 **
LSBetween_d	744	2.330	372	2.137	0.193 **
LSEigen_d	744	2.393	372	2.012	0.380 ***
LSPc1_w	744	2.358	372	2.081	0.277 ***
LSDegree_w	744	2.361	372	2.074	0.287 ***
LSBetween_w	744	2.348	372	2.101	0.247 ***
LSEigen_w	744	2.215	372	2.375	0.160 *

3.4　高管连锁网络与公司债融资成本基本回归

表 3－6 报告了高管连锁网络与公司债融资成本的多元回归结果。为了避免表格篇幅过长的情况，在本节中统一只使用中债利差作为公司债融资成本的代理变量。在稳健性部分，使用国债利差作为因变量进行检验。因此，在表 3－6 中，列（1）~列（8）的因变量都为 Spread1。表中左边部分为单值网络的回归结果，表中右边部分为多值网络的回归结果。

表 3 - 6　　高管连锁网络与公司债融资成本基本回归

单值网络	Spread1 (1)	Spread1 (2)	Spread1 (3)	Spread1 (4)	多值网络	Spread1 (5)	Spread1 (6)	Spread1 (7)	Spread1 (8)
LSpc1_d	-0.993*** (-3.704)				LSpc1_w	-0.536*** (-2.884)			
LSDegree_d		-0.344** (-2.378)			LSDegree_w		-0.383** (-2.556)		
LSBetween_d			-0.447*** (-2.886)		LSBetween_w			-0.422*** (-2.909)	
LSEigen_d				-1.376*** (-6.045)	LSEigen_w				0.221 (0.493)
Amount	-0.101** (-2.477)	-0.101** (-2.453)	-0.103** (-2.511)	-0.096** (-2.355)	Amount	-0.102** (-2.496)	-0.102** (-2.482)	-0.103** (-2.497)	-0.102** (-2.461)
Maturity	-0.346*** (-3.964)	-0.351*** (-4.023)	-0.345*** (-3.961)	-0.349*** (-4.030)	Maturity	-0.347*** (-3.990)	-0.350*** (-4.023)	-0.345*** (-3.965)	-0.362*** (-4.196)
Credit	-0.352*** (-7.322)	-0.363*** (-7.557)	-0.362*** (-7.528)	-0.352*** (-7.325)	Credit	-0.361*** (-7.507)	-0.360*** (-7.500)	-0.362*** (-7.531)	-0.378*** (-7.898)
Credit1	-0.331*** (-8.565)	-0.333*** (-8.571)	-0.328*** (-8.474)	-0.327*** (-8.441)	Credit1	-0.330*** (-8.520)	-0.333*** (-8.587)	-0.327*** (-8.463)	-0.323*** (-8.341)

续表

	单值网络				多值网络			
	Spread1	Spread1	Spread1	Spread1	Spread1	Spread1	Spread1	Spread1
	(1)	(2)	(3)	(4)	(5)	(6)	(7)	(8)
Put	-0.066 (-1.072)	-0.069 (-1.128)	-0.062 (-1.019)	-0.071 (-1.166)	-0.064 (-1.049)	-0.070 (-1.143)	-0.063 (-1.025)	-0.066 (-1.082)
ROA	-2.691*** (-3.665)	-2.735*** (-3.722)	-2.753*** (-3.745)	-2.635*** (-3.552)	-2.746*** (-3.734)	-2.742*** (-3.731)	-2.749*** (-3.735)	-2.719*** (-3.663)
Lev	0.902*** (4.412)	0.907*** (4.442)	0.900*** (4.412)	0.910*** (4.457)	0.900*** (4.408)	0.907*** (4.439)	0.902*** (4.423)	0.915*** (4.510)
Size	0.077** (2.522)	0.076** (2.499)	0.080*** (2.611)	0.074** (2.430)	0.079** (2.591)	0.076** (2.495)	0.080*** (2.605)	0.081*** (2.664)
Analysts	-0.081*** (-3.580)	-0.078*** (-3.442)	-0.078*** (-3.411)	-0.092*** (-4.080)	-0.078*** (-3.418)	-0.079*** (-3.474)	-0.078*** (-3.397)	-0.078*** (-3.437)
State	-0.679*** (-12.517)	-0.666*** (-12.268)	-0.676*** (-12.370)	-0.696*** (-12.790)	-0.673*** (-12.335)	-0.665*** (-12.248)	-0.677*** (-12.366)	-0.675*** (-12.361)
EPU_1	0.746*** (4.256)	0.753*** (4.257)	0.746*** (4.236)	0.765*** (4.401)	0.748*** (4.245)	0.759*** (4.307)	0.742*** (4.212)	0.782*** (4.389)
Constant	1.181 (1.078)	1.132 (1.040)	1.108 (1.022)	1.340 (1.205)	1.080 (0.996)	1.104 (1.015)	1.143 (1.053)	0.942 (0.882)
Year/Industry	Yes	Yes	Yes	Yes	Yes	Yes	Yes	Yes
N	1116	1116	1116	1116	1116	1116	1116	1116
R-squared	0.631	0.629	0.629	0.634	0.629	0.629	0.629	0.628

列（1）为单值网络的综合中心度与公司债利差的回归结果。综合中心度的回归系数显著为负（β = − 0.993，p < 0.01），表明综合中心度与公司债融资成本负相关。综合中心度是点度中心度、中介中心度和特征向量中心度三种中心度通过主成分分析计算而得的综合值，在总体纬度上衡量上市公司的网络中心位置。该系数结果说明综合中心度越大，网络位置越处于中心，公司债融资成本越低。从描述性统计表可知，单值综合中心度的标准差为 0.077。计算综合中心度的经济意义，单值综合中心度提高一个标准差，公司债利差将减少 7.65 个基点（− 0.993 × 0.077）。列（2）是单值网络的点度中心度与公司债利差的回归结果。点度中心度的回归系数显著为负（β = − 0.344，p < 0.05），表明点度中心度与公司债融资成本负相关。点度中心度描述的是与当前公司有直接共享高管关联的公司数量，因此该系数结果说明与越多的公司建立共享高管的链接公司所获得好处越大，比如更多的信息通道、更多的人脉关系等，在公司债发行事件上就体现为公司债融资成本越低。从描述性统计表可知，单值点度中心度的标准差为 0.150。经济意义的计算，单值点度中心度提高一个标准差，公司债利差将减少 5.16 个基点（− 0.344 × 0.150）。列（3）为单值网络的中介中心度与公司债利差的回归结果。点度中心度的回归系数显著为负（β = − 0.447，p < 0.01），表明中介中心度与公司债融资成本负相关。中介性衡量的是上市公司在网络中的桥梁地位。桥梁的角色作为网络的中心，可以为其他公司之间建立连接提供通道。因此，其具有较为优势的网络地位，在网络中，拥有一定的控制力，享受更多的信息和资源。中介中心度系数说明在网络中扮演的"桥"角色越强，越容易受到市场的认可，公司债融资成本就越低。因此，高管连锁的目标公司不应该是随意性的，而是应该根据公司目前的状况和现有的网络情况有策略性地选择共享高管的目标公司，此举可以为公司谋求更多的控制性的位置，从而有助于公司的发展。经济意义的计算，单值中介中心度提高一个标准差，公司债利差将减少 5.32 个基点（− 0.447 × 0.119）。列（4）为单值网络特征向量中心度与公司债利差的回归结果。特征向量中心度的回归系数显著为负（β = − 1.376，p < 0.01），表明特征向量中心

度与公司债融资成本负相关。特征向量中心度衡量上市公司在网络中相连的"邻居"公司的位置情况。"邻居"越强大，当前公司受益越多。特征向量中心度的系数表明，与当前公司相连的公司的网络位置越好，当前公司能借用的信息通道和资源优势越明显，公司债融资成本越低。经济意义的计算，单值特征向量中心度提高一个标准差，公司债利差将减少 9.77 个基点（-1.376×0.071）。因此，在选择共享高管的公司的目标时又多了一条可参考的原则：选择那些已经享有良好网络位置的公司。

列（5）~列（8）是多值网络中心度与公司债利差的回归结果。列（1）~列（4）回归的数据中，只考虑了公司之间是否有共享高管的关系，用 0~1 刻画的矩阵计算出的中心度来衡量网络位置。而多值网络考虑了两两相连的公司的具体共享高管人数，以具体的连锁高管的人数构建的矩阵计算得到的中心度数值来衡量网络位置。因此，多值网络在某种程度上更符合现实，并且可能与单值网络得出的结论和建议不完全一致。关于多值网络的回归结果，列（5）是综合中心度与公司债利差的回归结果。系数在 1% 水平上显著为负（$\beta = -0.536$，$p < 0.01$），表明多值综合中心度与公司债融资成本呈负相关。通过主成分分析计算得到的多值综合值为多值点度中心度、多值中介中心度和多值特征向量中心度三种类型的多值中心度，在总体上衡量当前公司在整体多值 A 股网络中的网络位置。关于经济意义，多值综合中心度提高一个标准差，公司债利差将减少 5.63 个基点（-0.536×0.105），比单值网络综合中心度的经济意义少了 2.02 个基点，这说明在缓解债务资本成本的情况上，单值网络比多值网络的整体网络表现好。因此，公司通过安排高管去其他上市公司任职，建立网络关系这个行为虽然有益于公司的发展，但是数据上的表现说明，建立关系很重要，但具体的人数不是越多越好。公司的人力资本是有限的，在布局时应该权衡数量与质量的关系，达到人力资源最大化的目标。列（6）是多值点度中心度与公司债利差的回归。系数在 5% 水平上显著为负（$\beta = -0.383$，$p < 0.05$），表明多值点度中心度与公司债利差呈负相关。多值点度中心度指在上市公司连锁行为链接的网络中，所有与当

前公司有连锁关联的公司和本公司共享的高管的个数的加总，即人数加总。经济意义的计算，多值点度中心度提高一个标准差，公司债利差将减少 5.71 个基点（ - 0.383 × 0.149）。相对单值网络点度中心度的经济效益增加了 0.55 个基点，这说明即使与当前公司有直接连锁关系的公司的数量相同，但具体的连锁人数的数量也是个重要的因素。在两两相连的公司中，多于一个共享高管比只有一个共享高管的直接关联的效果更好，更能提高公司在资本市场的认可度，获得更低成本的融资。列（7）是多值中介中心度与公司债利差的回归结果。点度中心度回归系数为负值（β = - 0.422，p < 0.01），说明中介中心度与公司债务资本成本呈负相关。中介指标反映了上市公司在网络中的桥梁地位。由于"桥"可以为其他公司提供连接渠道，甚至是不可替代的通道，因此中介中心度在网络上不仅享有信息和资源优势，还能在一定程度上控制信息和资源。中介性中枢性质表明，网络中"桥梁"的作用越强，越容易被市场所接受，公司债融资成本也就越低。经济意义的计算，多值中介中心度提高一个标准差，公司债利差将减少 5.36 个基点（ - 0.422 × 0.127），只比单值网络的中介中心度效果好 0.04 个基点，多值比单值的优势不明显。列（8）是多值网络特征向量中心度与公司债利差的回归结果。其回归系数为正（β = 0.221，T = 0.493），在统计学上不显著，因此没有证据认为多值网络特征向量中心度与公司债融资成本有关。

3.5 稳健性检验

3.5.1 内生性检验之倾向得分匹配法（PSM）

为了控制遗漏变量和反向因果的影响，本章使用 PSM 方法重新选择样本。对模型（3 - 1）进行检验。由于 PSM 匹配需要依据解释变量的二值变量，因此参考后青松等（2016）的方法，将 LSPc1_d 按值的排序分成三等分，取最大值组赋值二元变量 LSPc1_dum 为 1，其他为

0。在 PSM 的第一阶段的 Probit 回归中，以 LSPc1_dum 为因变量，解释变量为年度和行业以及一系列公司特征的变量。根据第一阶段获得的倾向得分值进行 1：1 的最近邻匹配。图 3 − 1 为配对前后样本的平衡性检验示意图，图中黑色点为匹配前各控制变量偏差，星号为 PSM 后各控制变量的偏差。黑点或星点离中间的中轴越近，说明标准化偏差越小。从图 3 − 1 中可以看到，除了 Analysts 和 Maturity 处理后的标准化偏差略微偏大、Size 不变之外，其他的变量处理组和控制组的标准化偏差显著的变小了。说明 PSM 的结果通过平衡性检验，匹配效果较好。

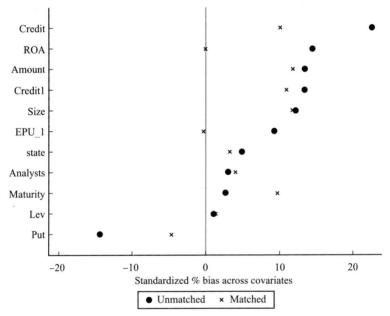

图 3 − 1　高管连锁网络与公司债融资成本 PSM 平衡性检验

倾向得分匹配法的第二阶段是基于匹配后的样本对模型（3 − 1）进行多元回归分析。结果报告在表 3 − 7 中，高管连锁网络的 8 个中心度中除了多值特征向量中心度不显著外，其他 7 个都在 1% 水平上与公司债利差显著负相关。表明 PSM 回归结果与基本回归一致，支持假设 3 − 1。

表 3－7　高管连锁网络与公司债融资成本 PSM 样本回归

单值网络	Spread1 (1)	Spread1 (2)	Spread1 (3)	Spread1 (4)	多值网络	Spread1 (5)	Spread1 (6)	Spread1 (7)	Spread1 (8)
LSPc1_d	-1.045*** (-3.802)				LSPc1_w	-0.626*** (-3.224)			
LSDegree_d		-0.453*** (-2.789)			LSDegree_w		-0.493*** (-2.986)		
LSBetween_d			-0.515*** (-3.243)		LSBetween_w			-0.478*** (-3.228)	
LSEigen_d				-1.148*** (-4.824)	LSEigen_w				-11.834 (-0.788)
Amount	-0.137*** (-2.680)	-0.134*** (-2.625)	-0.139*** (-2.723)	-0.133*** (-2.617)	Amount	-0.138*** (-2.703)	-0.137*** (-2.681)	-0.138*** (-2.697)	-0.138*** (-2.696)
Maturity	-0.303*** (-2.841)	-0.305*** (-2.871)	-0.301*** (-2.832)	-0.303*** (-2.865)	Maturity	-0.305*** (-2.867)	-0.306*** (-2.875)	-0.301*** (-2.837)	-0.310*** (-2.958)
Credit	-0.422*** (-7.102)	-0.434*** (-7.336)	-0.432*** (-7.311)	-0.415*** (-6.970)	Credit	-0.431*** (-7.284)	-0.430*** (-7.286)	-0.433*** (-7.320)	-0.446*** (-7.643)
Credit1	-0.358*** (-7.581)	-0.362*** (-7.691)	-0.355*** (-7.540)	-0.361*** (-7.638)	Credit1	-0.357*** (-7.580)	-0.361*** (-7.690)	-0.355*** (-7.529)	-0.357*** (-7.577)

续表

单值网络 / 多值网络	Spread1 (1)	Spread1 (2)	Spread1 (3)	Spread1 (4)	Spread1 (5)	Spread1 (6)	Spread1 (7)	Spread1 (8)
Put	-0.078 (-1.090)	-0.084 (-1.171)	-0.074 (-1.038)	-0.086 (-1.197)	-0.077 (-1.073)	-0.084 (-1.181)	-0.076 (-1.053)	-0.081 (-1.128)
ROA	-3.712*** (-3.757)	-3.730*** (-3.774)	-3.764*** (-3.815)	-3.535*** (-3.500)	-3.766*** (-3.805)	-3.730*** (-3.762)	-3.775*** (-3.821)	-3.726*** (-3.703)
Lev	0.160 (0.610)	0.172 (0.656)	0.155 (0.595)	0.204 (0.777)	0.156 (0.596)	0.170 (0.647)	0.157 (0.600)	0.185 (0.713)
Size	0.229*** (4.839)	0.229*** (4.810)	0.231*** (4.884)	0.217*** (4.649)	0.231*** (4.877)	0.228*** (4.802)	0.231*** (4.884)	0.227*** (4.868)
Analysts	-0.085*** (-3.131)	-0.082*** (-2.989)	-0.080*** (-2.915)	-0.095*** (-3.484)	-0.080*** (-2.933)	-0.082*** (-3.014)	-0.080*** (-2.903)	-0.079*** (-2.873)
State	-0.669*** (-10.698)	-0.652*** (-10.414)	-0.663*** (-10.530)	-0.684*** (-10.843)	-0.658*** (-10.486)	-0.651*** (-10.426)	-0.664*** (-10.508)	-0.650*** (-10.362)
EPU_1	0.718*** (3.323)	0.728*** (3.327)	0.721*** (3.318)	0.757*** (3.522)	0.722*** (3.320)	0.741*** (3.401)	0.715*** (3.288)	0.771*** (3.486)
Constant	-3.280** (-2.153)	-3.196** (-2.079)	-3.384** (-2.226)	-3.181** (-2.107)	-3.355** (-2.201)	-3.239** (-2.110)	-3.354** (-2.207)	-3.540** (-2.333)
Year	Yes	Yes	Yes	Yes	Yes	Yes	Yes	Yes
Industry	Yes	Yes	Yes	Yes	Yes	Yes	Yes	Yes
N	744	744	744	744	744	744	744	744
R-squared	0.651	0.649	0.649	0.652	0.649	0.649	0.648	0.645

3.5.2　内生性检验之工具变量法回归

为了解决自选择和遗漏变量等内生性问题造成的估计偏误，我们构造工具变量，使用两阶段回归法（2SLS）对本章的基本假设进行回归。工具变量的选择原则为：与解释变量相关而与被解释变量无关。参考王栋和吴德胜（2016）和陈大鹏等（2019）选择工具变量的思路，本书取同行业同年度上市公司高管连锁网络的均值（LSPc1_行业）和同省份同年度上市公司高管连锁网络的均值（LSPc1_省份）作为工具变量。理论上，同行业公司的中心度均值和同省份公司中心度的均值应该与本公司的中心度数值具有相关性，但对本公司的公司债融资成本没有直接影响。

如表3-8所示，Panel A 为第一阶段的回归，用两个工具变量分别对高管连锁网络的八个中心度进行回归。Panel A 的结果显示，LSPc1_行业和LSPc1_省份的系数都显著为正，说明工具变量与解释变量显著相关。Panel B 是第二阶段的回归的结果，用工具变量拟合值代替解释变量对公司债融资成本进行回归，Panel B 的结果表明，高管连锁网络中心度对公司债融资成本显著负相关。工具变量的检验结果中，Kleibergen-Paap rk LM 统计量的P值显著为0，通过了识别不足检验；Kleibergen-Paap rk Wald F 值均远大于10，也明显地通过了弱工具变量检验。

3.5.3　内生性检验之滞后项回归

由于上一年度的高管连锁网络中心度数据不太可能受到当年发行公司债的影响。为了减轻内生性的干扰，本书使用滞后一年的高管连锁网络中心度作为回归的主要解释变量进行稳健性检验。从表3-9的回归结果来看。列（1）~列（7）中的各个高管连锁网络中心度均在1%水平上对公司债利差有显著的负向影响，列（8）中的高管连锁网络多值特征向量中心度的系数不显著，说明了本章中的基本回归分析具有可靠性。

表 3 - 8　　高管连锁网络与公司债融资成本工具变量法回归

Panel A: 第一阶段

单值网络	Pc1_d (1)	Degree_d (2)	Between_d (3)	Eigen_d (4)	多值网络	Pc1_w (5)	Degree_w (6)	Between_w (7)	Eigen_w (8)
LSPc1_行业	0.579 *** (5.028)	0.894 *** (4.715)	0.904 *** (5.008)	0.075 (0.994)	LSPc1_行业	0.616 *** (5.298)	0.606 *** (5.118)	0.692 *** (5.149)	-0.029 (-1.240)
LSPc1_省份	0.805 *** (13.625)	1.482 *** (12.771)	1.035 *** (11.531)	0.698 *** (6.340)	LSPc1_省份	0.795 *** (14.436)	1.197 *** (13.785)	0.873 *** (13.197)	0.052 *** (3.437)
Amount	0.002 (0.502)	0.006 (0.736)	-0.000 (-0.033)	0.005 (1.626)	Amount	0.002 (0.354)	0.003 (0.460)	0.002 (0.281)	-0.001 (-0.589)
Maturity	0.005 (0.581)	-0.002 (-0.102)	0.015 (1.058)	-0.002 (-0.215)	Maturity	0.006 (0.481)	-0.003 (-0.167)	0.013 (0.872)	-0.005 * (-1.648)
Credit	0.022 *** (5.558)	0.039 *** (4.266)	0.030 *** (5.040)	0.017 *** (3.174)	Credit	0.029 *** (5.446)	0.044 *** (5.043)	0.034 *** (5.250)	-0.000 (-0.250)
Credit1	-0.008 *** (-2.733)	-0.027 *** (-3.859)	-0.007 * (-1.648)	-0.005 (-1.492)	Credit1	-0.012 *** (-2.874)	-0.028 *** (-4.074)	-0.008 * (-1.715)	-0.005 * (-1.648)
Put	-0.001 (-0.157)	-0.014 (-1.418)	0.004 (0.583)	-0.004 (-0.980)	Put	0.001 (0.117)	-0.014 (-1.444)	0.004 (0.550)	0.001 (0.298)

续表

Panel A: 第一阶段

单值网络 / 多值网络	Pc1_d	Degree_d	Between_d	Eigen_d	Pc1_w	Degree_w	Between_w	Eigen_w
	(1)	(2)	(3)	(4)	(5)	(6)	(7)	(8)
ROA	0.147*** (2.633)	0.302** (2.250)	0.199** (2.302)	0.135* (1.698)	0.183** (2.343)	0.262* (1.879)	0.225** (2.464)	0.049 (0.652)
Lev	0.024 (1.611)	0.068* (1.809)	0.033 (1.339)	0.026 (1.628)	0.029 (1.342)	0.062* (1.691)	0.038 (1.486)	-0.007 (-0.956)
Size	-0.004* (-1.823)	-0.015*** (-2.690)	-0.004 (-1.141)	-0.005* (-1.916)	-0.005 (-1.430)	-0.013** (-2.547)	-0.005 (-1.244)	0.001 (1.523)
Analysts	-0.001 (-0.509)	0.003 (0.661)	0.003 (0.933)	-0.009** (-2.540)	0.001 (0.459)	-0.001 (-0.134)	0.003 (0.709)	0.001 (0.967)
State	-0.006 (-1.120)	0.016* (1.741)	-0.010 (-1.243)	-0.016** (-2.038)	-0.002 (-0.286)	0.017* (1.829)	-0.014 (-1.558)	0.003 (0.622)
EPU_1	-0.014 (-0.904)	-0.024 (-0.786)	-0.030 (-1.256)	0.000 (0.005)	-0.015 (-0.727)	0.005 (0.169)	-0.034 (-1.311)	-0.003 (-0.308)
Year/Industry	Yes	Yes	Yes	Yes	Yes	Yes	Yes	Yes
N	1116	1116	1116	1116	1116	1116	1116	1116
R-squared	0.419	0.345	0.328	0.242	0.394	0.378	0.335	0.028

续表

Panel A：第二阶段

单值网络

单值网络	Spread1 (1)	Spread1 (2)	Spread1 (3)	Spread1 (4)
LSPc1_d	-1.643*** (-3.103)			
LSDegree_d		-0.978*** (-3.351)		
LSBetween_d			-1.129*** (-2.909)	
LSEigen_d				-2.950*** (-3.632)
Amount	-0.101** (-2.514)	-0.099** (-2.434)	-0.104*** (-2.582)	-0.090** (-2.224)
Maturity	-0.343*** (-3.962)	-0.351*** (-3.996)	-0.335*** (-3.853)	-0.348*** (-3.984)
Credit	-0.335*** (-6.761)	-0.334*** (-6.770)	-0.337*** (-6.751)	-0.323*** (-6.395)

多值网络

多值网络	Spread1 (5)	Spread1 (6)	Spread1 (7)	Spread1 (8)
LSPc1_w	-0.955** (-2.488)			
LSDegree_w		-0.818*** (-2.914)		
LSBetween_w			-0.855** (-2.460)	
LSEigen_w				-33.980** (-2.556)
Amount	-0.103** (-2.548)	-0.102** (-2.521)	-0.103** (-2.552)	-0.147* (-1.765)
Maturity	-0.345*** (-4.005)	-0.350*** (-4.038)	-0.339*** (-3.933)	-0.508*** (-4.080)
Credit	-0.347*** (-7.066)	-0.340*** (-6.919)	-0.346*** (-6.988)	-0.401*** (-5.613)

续表

Panel A: 第二阶段

单值网络	Spread1 (1)	Spread1 (2)	Spread1 (3)	Spread1 (4)	多值网络	Spread1 (5)	Spread1 (6)	Spread1 (7)	Spread1 (8)
Credit1	-0.334*** (-8.764)	-0.345*** (-8.916)	-0.330*** (-8.682)	-0.328*** (-8.485)	Credit1	-0.333*** (-8.707)	-0.341*** (-8.821)	-0.329*** (-8.646)	-0.278*** (-4.717)
Put	-0.067 (-1.118)	-0.081 (-1.318)	-0.062 (-1.019)	-0.081 (-1.331)	Put	-0.065 (-1.082)	-0.078 (-1.284)	-0.063 (-1.038)	-0.035 (-0.270)
ROA	-2.591*** (-3.571)	-2.533*** (-3.466)	-2.614*** (-3.609)	-2.395*** (-3.151)	ROA	-2.670*** (-3.684)	-2.626*** (-3.604)	-2.652*** (-3.660)	-1.141 (-0.467)
Lev	0.907*** (4.486)	0.931*** (4.551)	0.908*** (4.489)	0.929*** (4.539)	Lev	0.904*** (4.489)	0.921*** (4.536)	0.910*** (4.520)	0.620* (1.936)
Size	0.074** (2.431)	0.066** (2.129)	0.077** (2.506)	0.064** (2.106)	Size	0.077** (2.540)	0.070** (2.272)	0.077** (2.545)	0.118*** (2.854)
Analysts	-0.082*** (-3.700)	-0.078*** (-3.450)	-0.077*** (-3.396)	-0.108*** (-4.500)	Analysts	-0.077*** (-3.453)	-0.079*** (-3.541)	-0.076*** (-3.399)	-0.037 (-0.778)
State	-0.684*** (-12.900)	-0.660*** (-12.365)	-0.685*** (-12.765)	-0.726*** (-12.922)	State	-0.674*** (-12.644)	-0.660*** (-12.377)	-0.684*** (-12.749)	-0.591*** (-4.157)

续表

Panel A：第二阶段

单值网络	Spread1 (1)	Spread1 (2)	Spread1 (3)	Spread1 (4)	多值网络	Spread1 (5)	Spread1 (6)	Spread1 (7)	Spread1 (8)
EPU_1	0.735*** (4.281)	0.735*** (4.218)	0.722*** (4.176)	0.767*** (4.469)	EPU_1	0.737*** (4.253)	0.756*** (4.373)	0.722*** (4.152)	0.674* (1.897)
Year/Industry	Yes	Yes	Yes	Yes	Year/Industry	Yes	Yes	Yes	Yes
N	1116	1116	1116	1116	N	1116	1116	1116	1116
R - squared	0.629	0.622	0.624	0.624	R - squared	0.627	0.626	0.627	-0.506
Kleibergen - Paap rk LM statistic	97.198	145.619	94.525	38.185	Kleibergen - Paap rk LM statistic	122.155	133.887	116.755	14.106
P - value	0.000	0.000	0.000	0.000	P - value	0.000	0.000	0.000	0.001
Kleibergen - Paap rk Wald F statistic	142.915	109.864	105.444	33.723	Kleibergen - Paap rk Wald F statistic	144.176	135.815	116.803	6.821

表3-9　高管连锁网络与公司债融资成本滞后项回归

单值网络 / 多值网络	Spread1 (1)	Spread1 (2)	Spread1 (3)	Spread1 (4)	Spread1 (5)	Spread1 (6)	Spread1 (7)	Spread1 (8)
LSPc1_dlag	-0.993*** (-3.704)							
LSDegree_dlag		-0.344** (-2.378)						
LSBetween_dlag			-0.447*** (-2.886)					
LSEigen_dlag				-1.376*** (-6.045)				
LSPc1_wlag					-0.536*** (-2.884)			
LSDegree_wlag						-0.383** (-2.556)		
LSBetween_wlag							-0.422*** (-2.909)	
LSEigen_wlag								0.221 (0.493)
Amount	-0.101** (-2.477)	-0.101** (-2.453)	-0.103** (-2.511)	-0.096** (-2.355)	-0.102** (-2.496)	-0.102** (-2.482)	-0.103** (-2.497)	-0.102** (-2.469)
Maturity	-0.346*** (-3.964)	-0.351*** (-4.023)	-0.345*** (-3.961)	-0.349*** (-4.030)	-0.347*** (-3.990)	-0.350*** (-4.023)	-0.345*** (-3.965)	-0.350*** (-4.038)
Credit	-0.352*** (-7.322)	-0.363*** (-7.557)	-0.362*** (-7.528)	-0.352*** (-7.325)	-0.361*** (-7.507)	-0.360*** (-7.500)	-0.362*** (-7.531)	-0.378*** (-7.889)
Credit1	-0.331*** (-8.565)	-0.333*** (-8.571)	-0.328*** (-8.474)	-0.327*** (-8.441)	-0.330*** (-8.520)	-0.333*** (-8.587)	-0.327*** (-8.463)	-0.326*** (-8.407)
Put	-0.066 (-1.072)	-0.069 (-1.128)	-0.062 (-1.019)	-0.071 (-1.166)	-0.064 (-1.049)	-0.070 (-1.143)	-0.063 (-1.025)	-0.063 (-1.031)

续表

	Spread1	Spread1	Spread1	Spread1	Spread1	Spread1	Spread1	Spread1
	(1)	(2)	(3)	(4)	(5)	(6)	(7)	(8)
ROA	-2.691***	-2.735***	-2.753***	-2.635***	-2.746***	-2.742***	-2.749***	-2.855***
	(-3.665)	(-3.722)	(-3.745)	(-3.552)	(-3.734)	(-3.731)	(-3.735)	(-3.863)
Lev	0.902***	0.907***	0.900***	0.910***	0.900***	0.907***	0.902***	0.896***
	(4.412)	(4.442)	(4.412)	(4.457)	(4.408)	(4.439)	(4.423)	(4.398)
Size	0.077**	0.076**	0.080***	0.074**	0.079***	0.076**	0.080***	0.082***
	(2.522)	(2.499)	(2.611)	(2.430)	(2.591)	(2.495)	(2.605)	(2.688)
Analysts	-0.081***	-0.078***	-0.078***	-0.092***	-0.078***	-0.079***	-0.078***	-0.079***
	(-3.580)	(-3.442)	(-3.411)	(-4.080)	(-3.418)	(-3.474)	(-3.397)	(-3.456)
State	-0.679***	-0.666***	-0.676***	-0.696***	-0.673***	-0.665***	-0.677***	-0.671***
	(-12.517)	(-12.268)	(-12.370)	(-12.790)	(-12.335)	(-12.248)	(-12.366)	(-12.229)
EPU_1	0.746***	0.753***	0.746***	0.765***	0.748***	0.759***	0.742***	0.763***
	(4.256)	(4.257)	(4.236)	(4.401)	(4.245)	(4.307)	(4.212)	(4.297)
Constant	1.181	1.132	1.108	1.340	1.080	1.104	1.143	1.617
	(1.078)	(1.040)	(1.022)	(1.205)	(0.996)	(1.015)	(1.053)	(1.572)
Year	Yes	Yes	Yes	Yes	Yes	Yes	Yes	Yes
Industry	Yes	Yes	Yes	Yes	Yes	Yes	Yes	Yes
N	1116	1116	1116	1116	1116	1116	1116	1116
R-squared	0.631	0.629	0.629	0.634	0.629	0.629	0.629	0.627

（左侧 (1)—(4) 为单值网络，右侧 (5)—(8) 为多值网络）

3.5.4 加权样本稳健性检验

公司债的发行主体在同一年可能发行多期公司债，参考安德森等（Anderson et al.，2004）的做法，本书以公司债的发行额度为权重，对同家公司同一年的多只公司债进行加权处理，并对加权后的公司债样本进行回归检验。加权处理并删除重复样本后，每家公司每年只剩下一个观测值，样本量从原来的 1116 个下降到 838 个，样本量的变化较大。表 3 - 10 报告了加权公司债样本的回归结果。高管连锁网络中心度除了多值特征向量中心度，其他 7 列都与公司债利差显著负相关，说明高管连锁网络对公司债利差的影响较为稳健。

3.5.5 双聚类回归方法稳健性检验

本章的基本回归分析中使用的回归方法是普通最小二乘法（OLS）。由于一个公司有多个样本，为得到更为稳健的结论，用 STA-TA 中的 Cluster2 命令对样本同时在公司和年度层面上进行双聚类回归，该方法参考自彼得森（Petersen，2009）。得到的回归结果如表 3 - 11 所示，从数据上看，除了显著性相比基本回归分析中略有下降外，回归结论与基本回归分析一致，说明了高管连锁网络中心度能显著降低公司债融资成本。

3.5.6 被解释变量替代变量回归稳健性检验

本章前面内容中的回归中，均使用中债利差（Spread1）作为公司债融资成本的代理变量。为了结果的稳健性，本书使用国债利差（Spread2）作为替代变量进行稳健性检验。表 3 - 12 报告了高管连锁网络中心度对国债利差的回归结果，结论与前文一致，表明本章的基本回归的结果具有可靠性。

表3-10 高管连锁网络与加权公司债融资成本回归

单值网络 / 多值网络	Spread1 (1)	Spread1 (2)	Spread1 (3)	Spread1 (4)	Spread1 (5)	Spread1 (6)	Spread1 (7)	Spread1 (8)
LSPc1_d	-0.862** (-2.504)							
LSDegree_d		-0.321* (-1.844)						
LSBetween_d			-0.394* (-1.879)					
LSEigen_d				-1.111*** (-3.696)				
LSPc1_w					-0.463* (-1.874)			
LSDegree_w						-0.362** (-2.036)		
LSBetween_w							-0.328* (-1.667)	
LSEigen_w								0.123 (0.261)
Amount	-0.107* (-1.919)	-0.107* (-1.908)	-0.107* (-1.921)	-0.103* (-1.859)	-0.107* (-1.921)	-0.109* (-1.943)	-0.106* (-1.900)	-0.106* (-1.893)
Maturity	-0.375*** (-3.282)	-0.379*** (-3.313)	-0.373*** (-3.271)	-0.378*** (-3.315)	-0.377*** (-3.298)	-0.378*** (-3.312)	-0.375*** (-3.283)	-0.378*** (-3.330)
Credit	-0.413*** (-7.403)	-0.420*** (-7.571)	-0.419*** (-7.513)	-0.414*** (-7.416)	-0.418*** (-7.522)	-0.417*** (-7.531)	-0.420*** (-7.536)	-0.430*** (-7.738)
Credit1	-0.303*** (-7.280)	-0.304*** (-7.286)	-0.300*** (-7.201)	-0.298*** (-7.146)	-0.302*** (-7.241)	-0.305*** (-7.308)	-0.299*** (-7.186)	-0.298*** (-7.126)
Put	-0.072 (-1.083)	-0.076 (-1.133)	-0.071 (-1.062)	-0.074 (-1.109)	-0.072 (-1.075)	-0.076 (-1.132)	-0.072 (-1.068)	-0.072 (-1.070)

续表

单值网络	Spread1 (1)	Spread1 (2)	Spread1 (3)	Spread1 (4)	多值网络	Spread1 (5)	Spread1 (6)	Spread1 (7)	Spread1 (8)
ROA	-2.669*** (-3.434)	-2.692*** (-3.460)	-2.702*** (-3.469)	-2.633*** (-3.366)	ROA	-2.700*** (-3.465)	-2.690*** (-3.453)	-2.712*** (-3.477)	-2.756*** (-3.516)
Lev	0.592** (2.540)	0.597** (2.564)	0.596** (2.566)	0.602*** (2.594)	Lev	0.593** (2.549)	0.596** (2.556)	0.597** (2.571)	0.606*** (2.612)
Size	0.124*** (3.008)	0.124*** (2.994)	0.124*** (3.017)	0.121*** (2.957)	Size	0.125*** (3.024)	0.125*** (3.006)	0.124*** (3.010)	0.123*** (3.021)
Analysts	-0.083*** (-3.274)	-0.081*** (-3.184)	-0.082*** (-3.190)	-0.089*** (-3.500)	Analysts	-0.081*** (-3.183)	-0.082*** (-3.212)	-0.081*** (-3.178)	-0.082*** (-3.190)
State	-0.609*** (-10.228)	-0.601*** (-10.089)	-0.608*** (-10.154)	-0.619*** (-10.394)	State	-0.605*** (-10.124)	-0.599*** (-10.057)	-0.608*** (-10.135)	-0.606*** (-10.081)
EPU_1	0.799*** (3.959)	0.797*** (3.928)	0.789*** (3.897)	0.807*** (4.017)	EPU_1	0.792*** (3.909)	0.804*** (3.979)	0.785*** (3.871)	0.784*** (3.846)
Constant	0.711 (0.558)	0.744 (0.582)	0.742 (0.584)	0.750 (0.592)	Constant	0.724 (0.567)	0.695 (0.544)	0.778 (0.612)	0.770 (0.607)
Year	Yes	Yes	Yes	Yes	Year	Yes	Yes	Yes	Yes
Industry	Yes	Yes	Yes	Yes	Industry	Yes	Yes	Yes	Yes
N	838	838	838	838	N	838	838	838	838
R-squared	0.630	0.629	0.629	0.632	R-squared	0.629	0.630	0.629	0.628

表3-11 高管连锁网络与公司债融资成本的双聚类回归

单值网络	Spread1 (1)	Spread1 (2)	Spread1 (3)	Spread1 (4)	多值网络	Spread1 (5)	Spread1 (6)	Spread1 (7)	Spread1 (8)
LSPc1_d	-1.343** (-2.384)				LSPc1_w	-0.773** (-2.025)			
LSDegree_d		-0.502** (-1.976)			LSDegree_w		-0.553** (-2.020)		
LSBetween_d			-0.649* (-1.933)		LSBetween_w			-0.607** (-1.998)	
LSEigen_d				-1.644*** (-3.936)	LSEigen_w				0.261 (0.637)
Amount	-0.154** (-2.479)	-0.155** (-2.478)	-0.158** (-2.558)	-0.148** (-2.428)	Amount	-0.157** (-2.530)	-0.156** (-2.468)	-0.157** (-2.555)	-0.159*** (-2.667)
Maturity	-0.389*** (-3.051)	-0.397*** (-3.049)	-0.388*** (-3.017)	-0.394*** (-3.107)	Maturity	-0.392*** (-3.026)	-0.396*** (-3.058)	-0.389*** (-3.010)	-0.399*** (-2.911)
Credit1	-0.465*** (-6.229)	-0.473*** (-6.429)	-0.465*** (-6.083)	-0.461*** (-6.236)	Credit1	-0.468*** (-6.228)	-0.472*** (-6.391)	-0.465*** (-6.143)	-0.472*** (-6.270)
Put	-0.072 (-1.316)	-0.078 (-1.417)	-0.068 (-1.182)	-0.079 (-1.413)	Put	-0.071 (-1.266)	-0.079 (-1.456)	-0.069 (-1.192)	-0.069 (-1.182)

续表

	单值网络				多值网络			
	Spreadl (1)	Spreadl (2)	Spreadl (3)	Spreadl (4)	Spreadl (5)	Spreadl (6)	Spreadl (7)	Spreadl (8)
ROA	-2.901*** (-3.565)	-2.958*** (-3.499)	-2.985*** (-3.526)	-2.861*** (-3.193)	-2.975*** (-3.491)	-2.968*** (-3.418)	-2.981*** (-3.556)	-3.148*** (-3.279)
Lev	1.232*** (4.036)	1.252*** (4.083)	1.240*** (4.109)	1.244*** (4.161)	1.239*** (4.065)	1.248*** (4.074)	1.244*** (4.091)	1.257*** (4.196)
Size	-0.042 (-1.292)	-0.048 (-1.387)	-0.043 (-1.330)	-0.047 (-1.394)	-0.043 (-1.327)	-0.047 (-1.368)	-0.043 (-1.331)	-0.048 (-1.432)
Analysts	-0.095*** (-3.572)	-0.092*** (-3.414)	-0.091*** (-3.360)	-0.108*** (-3.887)	-0.091*** (-3.397)	-0.092*** (-3.526)	-0.091*** (-3.345)	-0.093*** (-3.524)
State	-0.726*** (-6.243)	-0.710*** (-6.528)	-0.724*** (-6.379)	-0.746*** (-5.992)	-0.719*** (-6.423)	-0.708*** (-6.474)	-0.726*** (-6.392)	-0.719*** (-6.590)
EPU_1	0.678* (1.736)	0.684* (1.766)	0.675* (1.734)	0.702* (1.904)	0.678* (1.735)	0.694* (1.813)	0.669* (1.705)	0.694* (1.895)
Constant	3.860* (1.679)	3.909* (1.676)	3.867* (1.691)	4.039* (1.765)	3.814* (1.671)	3.840* (1.662)	3.920* (1.691)	4.062* (1.794)
Year	Yes	Yes	Yes	Yes	Yes	Yes	Yes	Yes
Industry	Yes	Yes	Yes	Yes	Yes	Yes	Yes	Yes
N	1116	1116	1116	1116	1116	1116	1116	1116
R-squared	0.612	0.609	0.609	0.615	0.609	0.609	0.609	0.605

表 3 – 12　　高管连锁网络对国债利差的回归

单值网络	Spread2 (1)	Spread2 (2)	Spread2 (3)	Spread2 (4)	多值网络	Spread2 (5)	Spread2 (6)	Spread2 (7)	Spread2 (8)
LSPc1_d	-0.995*** (-3.682)				LSPc1_w	-0.534*** (-2.866)			
LSDegree_d		-0.338** (-2.339)			LSDegree_w		-0.378** (-2.518)		
LSBetween_d			-0.444*** (-2.865)		LSBetween_w			-0.420*** (-2.893)	
LSEigen_d				-1.381*** (-6.013)	LSEigen_w				0.193 (0.415)
Amount	-0.100** (-2.446)	-0.100** (-2.432)	-0.102** (-2.487)	-0.095** (-2.325)	Amount	-0.102** (-2.470)	-0.101** (-2.460)	-0.102** (-2.474)	-0.101** (-2.455)
Maturity	-0.348*** (-3.989)	-0.354*** (-4.060)	-0.348*** (-3.996)	-0.351*** (-4.056)	Maturity	-0.350*** (-4.023)	-0.354*** (-4.059)	-0.348*** (-4.000)	-0.353*** (-4.083)
Credit	-0.349*** (-7.212)	-0.360*** (-7.464)	-0.359*** (-7.433)	-0.348*** (-7.210)	Credit	-0.357*** (-7.407)	-0.357*** (-7.407)	-0.359*** (-7.435)	-0.375*** (-7.797)
Credit1	-0.331*** (-8.556)	-0.333*** (-8.561)	-0.328*** (-8.468)	-0.327*** (-8.430)	Credit1	-0.330*** (-8.513)	-0.333*** (-8.576)	-0.327*** (-8.457)	-0.326*** (-8.403)
Put	-0.066 (-1.075)	-0.070 (-1.136)	-0.063 (-1.026)	-0.072 (-1.169)	Put	-0.065 (-1.055)	-0.071 (-1.149)	-0.064 (-1.033)	-0.064 (-1.043)

续表

单值网络	Spread2 (1)	Spread2 (2)	Spread2 (3)	Spread2 (4)	多值网络	Spread2 (5)	Spread2 (6)	Spread2 (7)	Spread2 (8)
ROA	-2.640*** (-3.569)	-2.698*** (-3.644)	-2.714*** (-3.664)	-2.580*** (-3.454)	ROA	-2.704*** (-3.649)	-2.704*** (-3.653)	-2.710*** (-3.654)	-2.825*** (-3.790)
Lev	0.915*** (4.430)	0.918*** (4.447)	0.911*** (4.419)	0.924*** (4.477)	Lev	0.911*** (4.419)	0.918*** (4.446)	0.913*** (4.431)	0.905*** (4.396)
Size	0.074** (2.395)	0.074** (2.394)	0.078** (2.500)	0.071** (2.299)	Size	0.077** (2.475)	0.074** (2.389)	0.077** (2.494)	0.080*** (2.591)
Analysts	-0.082*** (-3.641)	-0.080*** (-3.498)	-0.079*** (-3.468)	-0.094*** (-4.142)	Analysts	-0.079*** (-3.476)	-0.080*** (-3.530)	-0.079*** (-3.453)	-0.080*** (-3.508)
State	-0.678*** (-12.523)	-0.666*** (-12.272)	-0.676*** (-12.375)	-0.696*** (-12.795)	State	-0.672*** (-12.340)	-0.665*** (-12.252)	-0.677*** (-12.371)	-0.670*** (-12.231)
EPU_1	0.740*** (4.225)	0.747*** (4.226)	0.740*** (4.205)	0.759*** (4.370)	EPU_1	0.742*** (4.214)	0.753*** (4.274)	0.736*** (4.181)	0.756*** (4.263)
Constant	1.473 (1.430)	1.407 (1.355)	1.298 (1.261)	1.501 (1.473)	Constant	1.350 (1.310)	1.406 (1.355)	1.298 (1.261)	1.121 (1.089)
Year	Yes	Yes	Yes	Yes	Year	Yes	Yes	Yes	Yes
Industry	Yes	Yes	Yes	Yes	Industry	Yes	Yes	Yes	Yes
N	1114	1114	1114	1114	N	1114	1114	1114	1114
R-squared	0.630	0.628	0.628	0.633	R-squared	0.628	0.628	0.628	0.626

3.6 高管连锁网络与公司债融资成本中介效应分析

3.6.1 高管连锁网络的信息渠道检验

表 3-13 是高管连锁网络信息渠道检验的结果。列（2）和列（5）的被解释变量是信息渠道的中介变量（Media），其余 4 列的被解释变量都是公司债利差（Spread1）。从列（2）和列（5）可以看出，高管连锁网络中心度对媒体报道的回归系数显著为正，说明高管连锁网络中心度能增加媒体对公司的正面报道数量。从列（3）和列（6）可以看到，高管连锁网络中心度和中介变量（Media）都与公司债利差显著负相关，并且相对于列（1）和列（4），高管连锁网络的单值中心度和多值中心度的系数明显变小，且显著性也有下降。此外，Sobel 检验也都在 10% 水平上通过检验。因此，媒体报道起到了部分中介作用，高管连锁网络信息渠道得到了验证。

表 3-13　　　高管连锁网络与公司债融资成本的信息渠道回归

单值网络	Spread1 (1)	Media (2)	Spread1 (3)	多值网络	Spread1 (4)	Media (5)	Spread1 (6)
LSPc1_d	−0.993 *** (−3.388)	59.189 ** (2.209)	−0.937 *** (−3.198)	LSPc1_w	−0.536 ** (−2.510)	41.652 ** (2.136)	−0.494 ** (−2.314)
Media			−0.001 *** (−3.383)	Media			−0.001 *** (−3.440)
Amount	−0.101 ** (−2.399)	−0.838 (−0.217)	−0.103 ** (−2.449)	Amount	−0.102 ** (−2.417)	−0.773 (−0.200)	−0.104 ** (−2.466)
Maturity	−0.346 *** (−3.826)	21.302 ** (2.578)	−0.327 *** (−3.615)	Maturity	−0.347 *** (−3.834)	21.341 *** (2.582)	−0.328 *** (−3.617)

续表

单值网络	Spread1	Media	Spread1	多值网络	Spread1	Media	Spread1
	(1)	(2)	(3)		(4)	(5)	(6)
Credit	−0.352 ***	−21.210 ***	−0.378 ***	Credit	−0.361 ***	−21.020 ***	−0.387 ***
	(−7.419)	(−4.887)	(−7.905)		(−7.599)	(−4.854)	(−8.093)
Credit1	−0.331 ***	11.584 ***	−0.318 ***	Credit1	−0.330 ***	11.587 ***	−0.316 ***
	(−8.407)	(3.209)	(−8.034)		(−8.356)	(3.209)	(−7.976)
Put	−0.066	5.507	−0.064	Put	−0.064	5.446	−0.063
	(−1.156)	(1.062)	(−1.136)		(−1.128)	(1.050)	(−1.107)
ROA	−2.691 ***	178.917 **	−2.472 ***	ROA	−2.746 ***	180.479 **	−2.521 ***
	(−3.284)	(2.392)	(−3.022)		(−3.345)	(2.413)	(−3.077)
Lev	0.902 ***	−74.562 ***	0.827 ***	Lev	0.900 ***	−74.498 ***	0.823 ***
	(4.226)	(−3.825)	(3.866)		(4.205)	(−3.822)	(3.839)
Size	0.077 **	43.910 ***	0.127 ***	Size	0.079 **	43.840 ***	0.130 ***
	(2.433)	(15.159)	(3.647)		(2.492)	(15.139)	(3.725)
Analysts	−0.081 ***	18.147 ***	−0.063 **	Analysts	−0.078 ***	17.951 ***	−0.060 **
	(−3.249)	(7.954)	(−2.464)		(−3.122)	(7.868)	(−2.336)
State	−0.679 ***	−10.696 **	−0.688 ***	State	−0.673 ***	−11.027 **	−0.682 ***
	(−13.460)	(−2.317)	(−13.628)		(−13.319)	(−2.391)	(−13.499)
EPU_1	0.746 ***	51.871 ***	0.794 ***	EPU_1	0.748 ***	51.998 ***	0.798 ***
	(4.530)	(3.451)	(4.817)		(4.532)	(3.458)	(4.828)
Constant	1.181	−1.2e +03 ***	−0.018	Constant	1.080	−1.2e +03 ***	−0.129
	(0.914)	(−10.750)	(−0.014)		(0.835)	(−10.733)	(−0.100)
Year	Yes	Yes	Yes	Year	Yes	Yes	Yes
Industry	Yes	Yes	Yes	Industry	Yes	Yes	Yes
N	1116	1113	1113	N	1116	1113	1113
R − squared	0.631	0.513	0.635	R − squared	0.629	0.513	0.633
Sobel (Z)			−1.849 *	Sobel (Z)			−1.815 *

3.6.2　高管连锁网络的资源渠道检验

表 3 – 14 是高管连锁网络资源渠道检验的结果。列（2）和列（5）的被解释变量是信息渠道的中介变量（Financial ties），其余 4 列的被解释变量都是公司债利差（Spread1）。从列（2）和列（5）可以看出，高管连锁网络中心度对金融关联的回归系数显著为正，说明高管连锁网络中心度能促进公司的金融背景人员的数量的增长。从列（3）和列（6）可以看到，高管连锁网络中心度和中介变量（Financial ties）都与公司债利差显著负相关，并且相对于列（1）和列（4），高管连锁网络的单值中心度和多值中心度的系数和显著性都明显下降。此外，Sobel检验也都在 10% 水平上通过检验。因此，Financial ties 在高管连锁网络与公司债利差的关系中起到了部分中介作用，高管连锁网络资源渠道得到了验证。

表 3 – 14　　　　高管连锁网络与公司债融资成本的资源渠道回归

单值网络	Spread1	Financial ties	Spread1	多值网络	Spread1	Financial ties	Spread1
	（1）	（2）	（3）		（4）	（5）	（6）
LSPc1_d	− 0. 993 *** （− 3. 388）	8. 592 *** （23. 313）	− 0. 604 * （− 1. 682）	LSPc1_w	− 0. 679 *** （− 3. 219）	5. 550 *** （19. 988）	− 0. 407 * （− 1. 650）
Financial ties			− 0. 045 * （− 1. 867）	Financial ties			− 0. 049 ** （− 2. 119）
Amount	− 0. 101 ** （− 2. 399）	− 0. 071 （− 1. 334）	− 0. 105 ** （− 2. 476）	Amount	− 0. 103 ** （− 2. 434）	− 0. 058 （− 1. 048）	− 0. 106 ** （− 2. 504）
Maturity	− 0. 346 *** （− 3. 826）	0. 178 （1. 570）	− 0. 338 *** （− 3. 737）	Maturity	− 0. 350 *** （− 3. 871）	0. 215 * （1. 803）	− 0. 340 *** （− 3. 755）
Credit	− 0. 352 *** （− 7. 419）	− 0. 036 （− 0. 608）	− 0. 354 *** （− 7. 461）	Credit	− 0. 357 *** （− 7. 552）	0. 018 （0. 293）	− 0. 357 *** （− 7. 545）
Credit1	− 0. 331 *** （− 8. 407）	0. 067 （1. 354）	− 0. 328 *** （− 8. 332）	Credit1	− 0. 329 *** （− 8. 347）	0. 046 （0. 879）	− 0. 326 *** （− 8. 301）

续表

单值网络	Spread1	Financial ties	Spread1	多值网络	Spread1	Financial ties	Spread1
	（1）	（2）	（3）		（4）	（5）	（6）
Put	-0.066 （-1.156）	-0.065 （-0.905）	-0.069 （-1.208）	Put	-0.064 （-1.121）	-0.082 （-1.092）	-0.068 （-1.193）
ROA	-2.691*** （-3.284）	-0.273 （-0.265）	-2.704*** （-3.303）	ROA	-2.734*** （-3.336）	0.148 （0.137）	-2.727*** （-3.333）
Lev	0.902*** （4.226）	-0.275 （-1.024）	0.890*** （4.171）	Lev	0.894*** （4.185）	-0.203 （-0.721）	0.884*** （4.144）
Size	0.077** （2.433）	0.113*** （2.826）	0.082*** （2.588）	Size	0.081** （2.545）	0.082* （1.957）	0.085*** （2.671）
Analysts	-0.081*** （-3.249）	-0.003 （-0.087）	-0.081*** （-3.257）	Analysts	-0.079*** （-3.179）	-0.018 （-0.544）	-0.080*** （-3.219）
State	-0.679*** （-13.460）	-0.220*** （-3.478）	-0.689*** （-13.597）	State	-0.670*** （-13.292）	-0.298*** （-4.488）	-0.684*** （-13.478）
EPU_1	0.746*** （4.530）	-0.017 （-0.080）	0.745*** （4.531）	EPU_1	0.732*** （4.443）	0.084 （0.385）	0.736*** （4.474）
Constant	1.181 （0.914）	-0.099 （-0.061）	1.177 （0.912）	Constant	1.142 （0.884）	0.346 （0.204）	1.159 （0.898）
Year	Yes	Yes	Yes	Year	Yes	Yes	Yes
Industry	Yes	Yes	Yes	Industry	Yes	Yes	Yes
N	1116	1116	1116	N	1116	1116	1116
R-squared	0.631	0.418	0.631	R-squared	0.630	0.361	0.631
Sobel（Z）			-1.861*	Sobel（Z）			-2.253**

3.6.3　高管连锁网络的信任渠道检验

表 3-15 是高管连锁网络信任渠道检验的结果。列（2）和列（5）的被解释变量是信任渠道的中介变量（Credit），其余 4 列的被解释变量都是公司债利差（Spread1）。从列（2）和列（5）可以看出，高管

连锁网络中心度对公司评级的回归系数显著为正，说明高管连锁网络中心度能显著提升公司的评级等级。从列（3）和列（6）可以看到，高管连锁网络中心度和中介变量（Credit）都与公司债利差显著负相关，并且相对于列（1）和列（4），高管连锁网络的单值中心度和多值中心度的系数明显下降，并且多值中心度的显著性也有所下降。此外，Sobel 检验也都在 10% 水平上通过检验。因此，Credit 在高管连锁网络与高管连锁网络的关系中起到了部分中介作用，高管连锁网络信任渠道得到了验证。

表 3 – 15　　　高管连锁网络与公司债融资成本的信任渠道回归

单值网络	Spread1	Credit	Spread1	多值网络	Spread1	Credit	Spread1
	（1）	（2）	（3）		（4）	（5）	（6）
LSPc1_d	− 1.343***	0.993***	− 0.993***	LSPc1_w	− 0.773***	0.655***	− 0.536**
	（− 4.530）	（5.346）	（− 3.388）		（− 3.563）	（4.827）	（− 2.510）
Credit			− 0.352***	Credit			− 0.361***
			（− 7.419）				（− 7.599）
Amount	− 0.154***	0.148***	− 0.101**	Amount	− 0.157***	0.150***	− 0.102**
	（− 3.594）	（5.525）	（− 2.399）		（− 3.650）	（5.579）	（− 2.417）
Maturity	− 0.389***	0.122**	− 0.346***	Maturity	− 0.392***	0.124**	− 0.347***
	（− 4.207）	（2.111）	（− 3.826）		（− 4.226）	（2.131）	（− 3.834）
Credit1	− 0.465***	0.381***	− 0.331***	Credit1	− 0.468***	0.382***	− 0.330***
	（− 12.978）	（16.953）	（− 8.407）		（− 13.007）	（16.982）	（− 8.356）
Put	− 0.072	0.019	− 0.066	Put	− 0.071	0.018	− 0.064
	（− 1.240）	（0.508）	（− 1.156）		（− 1.208）	（0.479）	（− 1.128）
ROA	− 2.901***	0.596	− 2.691***	ROA	− 2.975***	0.633	− 2.746***
	（− 3.456）	（1.132）	（− 3.284）		（− 3.533）	（1.200）	（− 3.345）
Lev	1.232***	− 0.936***	0.902***	Lev	1.239***	− 0.940***	0.900***
	（5.758）	（− 6.983）	（4.226）		（5.769）	（− 6.990）	（4.205）

续表

单值网络	Spread1 (1)	Credit (2)	Spread1 (3)	多值网络	Spread1 (4)	Credit (5)	Spread1 (6)
Size	-0.042 (-1.502)	0.339*** (19.276)	0.077** (2.433)	Size	-0.043 (-1.529)	0.339*** (19.238)	0.079** (2.492)
Analysts	-0.095*** (-3.718)	0.039** (2.441)	-0.081*** (-3.249)	Analysts	-0.091*** (-3.558)	0.036** (2.248)	-0.078*** (-3.122)
State	-0.726*** (-14.158)	0.134*** (4.164)	-0.679*** (-13.460)	State	-0.719*** (-13.981)	0.129*** (3.999)	-0.673*** (-13.319)
EPU_1	0.678*** (4.023)	0.193* (1.829)	0.746*** (4.530)	EPU_1	0.678*** (4.008)	0.195* (1.841)	0.748*** (4.532)
Constant	3.860*** (3.036)	-7.604*** (-9.542)	1.181 (0.914)	Constant	3.814*** (2.989)	-7.574*** (-9.483)	1.080 (0.835)
Year	Yes	Yes	Yes	Year	Yes	Yes	Yes
Industry	Yes	Yes	Yes	Industry	Yes	Yes	Yes
N	1116	1116	1116	N	1116	1116	1116
R-squared	0.612	0.812	0.631	R-squared	0.609	0.811	0.629
Sobel (Z)			-4.337***	Sobel (Z)			-4.074***

3.7　高管连锁网络的产权性质异质性分析

表 3-16 是产权性质与高管连锁网络 8 个中心度的交互回归结果。State 表示产权性质，State 等于 1 是国企，State 为 0 是非国企。从表 3-16 中可以看到，产权性质在所有列中都显著为负，说明国企比非国企的资本成本更低。中心度变量在 7 列中显著为负，说明高管连锁网络中心度有助于增加债券投资者信心。这两项结论都与前文相符。中心度与产权性质的交互项在 8 列中有 6 列显著为正，说明相对国企，非国企的高管连锁网络中心度对降低公司债融资成本的作用更大。

表 3—16　高管连锁网络与公司债融资成本的产权性质异质性回归

单值网络	Spread1 (1)	Spread1 (2)	Spread1 (3)	Spread1 (4)	多值网络	Spread1 (5)	Spread1 (6)	Spread1 (7)	Spread1 (8)
State	-0.681*** (-12.612)	-0.669*** (-12.402)	-0.677*** (-12.450)	-0.696*** (-12.782)	State	-0.674*** (-12.413)	-0.669*** (-12.392)	-0.678*** (-12.429)	-0.682*** (-12.301)
LSPc1_d	-1.639*** (-4.525)				LSPc1_w	-0.952*** (-3.701)			
LSPc1_d × State	1.499*** (2.903)				LSPc1_w × State	0.951** (2.494)			
LSDegree_dBFB		-0.735*** (-3.368)			LSDegree_wBFB		-0.766*** (-3.444)		
LSDegree_dBFB × State		0.784*** (2.794)			LSDegree_wBFB × State		0.736*** (2.658)		
LSBetween_dBFB			-0.848*** (-4.076)		LSBetween_wBFB			-0.740*** (-3.897)	
LSBetween_dBFB × State			0.927*** (2.851)		LSBetween_wBFB × State			0.771** (2.519)	
LSEigen_dBFB				-1.511*** (-6.613)	LSEigen_wBFB				0.729* (1.678)

续表

	Spread1 (1)	Spread1 (2)	Spread1 (3)	Spread1 (4)	Spread1 (5)	Spread1 (6)	Spread1 (7)	Spread1 (8)
LSEigen_dBFB × State （单值网络）				0.489 (0.879)				
LSEigen_wBFB × State （多值网络）								-3.725 (-1.474)
Amount	-0.106*** (-2.585)	-0.105** (-2.562)	-0.107*** (-2.606)	-0.098** (-2.384)	-0.106** (-2.580)	-0.106** (-2.578)	-0.107*** (-2.598)	-0.101** (-2.467)
Maturity	-0.336*** (-3.866)	-0.345*** (-3.983)	-0.343*** (-3.979)	-0.346*** (-3.984)	-0.343*** (-3.955)	-0.344*** (-3.967)	-0.344*** (-3.977)	-0.352*** (-4.063)
Credit	-0.349*** (-7.193)	-0.362*** (-7.494)	-0.357*** (-7.369)	-0.351*** (-7.291)	-0.359*** (-7.418)	-0.359*** (-7.436)	-0.358*** (-7.391)	-0.379*** (-7.916)
Credit1	-0.328*** (-8.470)	-0.331*** (-8.492)	-0.325*** (-8.386)	-0.327*** (-8.447)	-0.327*** (-8.420)	-0.333*** (-8.556)	-0.324*** (-8.356)	-0.324*** (-8.415)
Put	-0.072 (-1.182)	-0.078 (-1.280)	-0.070 (-1.142)	-0.072 (-1.178)	-0.069 (-1.135)	-0.078 (-1.282)	-0.069 (-1.128)	-0.064 (-1.046)
ROA	-2.687*** (-3.658)	-2.756*** (-3.750)	-2.769*** (-3.761)	-2.632*** (-3.550)	-2.748*** (-3.729)	-2.748*** (-3.726)	-2.756*** (-3.742)	-2.869*** (-3.872)
Lev	0.899*** (4.413)	0.893*** (4.385)	0.900*** (4.424)	0.912*** (4.472)	0.897*** (4.403)	0.897*** (4.400)	0.900*** (4.425)	0.899*** (4.409)

续表

单值网络	Spread1	Spread1	Spread1	Spread1	多值网络	Spread1	Spread1	Spread1	Spread1
	(1)	(2)	(3)	(4)		(5)	(6)	(7)	(8)
Size	0.077 ** (2.528)	0.079 *** (2.586)	0.078 ** (2.573)	0.073 ** (2.423)	Size	0.079 *** (2.608)	0.078 ** (2.563)	0.079 *** (2.587)	0.083 *** (2.709)
Analysts	-0.078 *** (-3.493)	-0.075 *** (-3.306)	-0.075 *** (-3.287)	-0.092 *** (-4.076)	Analysts	-0.075 *** (-3.312)	-0.077 *** (-3.397)	-0.075 *** (-3.301)	-0.078 *** (-3.410)
EPU_1	0.750 *** (4.276)	0.760 *** (4.286)	0.745 *** (4.217)	0.763 *** (4.390)	EPU_1	0.751 *** (4.251)	0.767 *** (4.336)	0.740 *** (4.189)	0.768 *** (4.318)
Constant	1.122 (1.041)	1.119 (1.041)	1.069 (1.001)	1.332 (1.205)	Constant	1.008 (0.943)	1.111 (1.034)	1.093 (1.021)	0.974 (0.899)
Year	Yes	Yes	Yes	Yes	Year	Yes	Yes	Yes	Yes
Industry	Yes	Yes	Yes	Yes	Industry	Yes	Yes	Yes	Yes
N	1116	1116	1116	1116	N	1116	1116	1116	1116
R – squared	0.632	0.631	0.630	0.634	R – squared	0.630	0.631	0.630	0.627

3.8　本 章 小 结

高管连锁网络作为个体层面的公司网络,在经济活动中扮演着积极的角色。在高管连锁网络中处于较好网络位置的公司,享有网络带来的信息、资源、权利和声誉等好处。本章研究了高管连锁网络中心度与公司债融资成本的关系,并使用了 2007～2018 年的一般公司债的发行数据进行了一系列的实证检验。包括基本回归和内生性检验在内的一系列稳健性检验。在进一步分析中,对高管连锁网络与公司债融资成本之间的关系进行了中介检验和异质性分析。

研究发现:除高管连锁多值特征向量中心度的系数不显著外,其他七个高管连锁网络中心度变量显著能降低公司债发行利差。在进一部分析中的中介检验部分,我们得出结论:高管连锁网络对公司债融资成本的影响通过了信息渠道、资源渠道和信任渠道,分别对应检验了媒体报道、金融关联和公司评级在高管连锁网络与公司债融资成本的关系中起到的部分中介作用,并且通过了 Sobel 检验。产权性质异质性分析部分,发现相对国企,非国企的高管连锁网络中心度对降低公司债融资成本的作用更大。

第4章

连锁高管分层网络与公司债融资成本

基于锦标赛理论，公司的高层管理团队是具有层级结构的（Lazear，1999）。在高管团队中，董事长、CEO 和 CFO 等成员对组织的影响更大。朱伦等（Chuluun et al.，2014）的研究显示董事会网络中心度与公司债利差之间存在显著负相关关系。艾尔－哈蒂布等（El－Khatib et al.，2015）发现 CEO 网络中心度影响公司的并购行为。福格尔（Fogel，2018）发现，当公司 CFO 拥有较高社会资本时，公司债利差较低，债务契约也较宽松。为了研究高管连锁网络中具体的哪些高管的连锁活动构建的网络有助于降低公司债融资成本，本章构建并计算了董事网络中心度、CEO 网络中心度和 CEO 网络中心度等细分变量，并进行了一系列实证分析。董事网络中的成员包括所有董事会成员。由于公司的行业性质不同，职位的安排和职位的头衔都有一定的差异。CEO 类高管是掌握公司最高运营决策权限的高管，剔除副职等职位后将 CEO 网络的成员定义为具有以下头衔的高管人员：总经理、首席执行官、CEO 等职位的高管成员。CFO 类高管则是对公司财务政策具有最高决策权的高管，同样剔除副职职位后，CFO 网络成员包括 CFO、首席财务官、首席投资官、财务总监、财务负责人、首席投资者官、投融资总监、财务部部长等。

本章的结构安排如下：首先在第 1 节分别对董事网络、CEO 网络和 CFO 网络与公司债融资成本的机理进行推演，提出假设分析；由于样本选择模型设置等与第 3 章差别不大，第 2 节直接进行实证的结果分析；第 3 节进行稳健性检验；第 4 节对本章进行总结。

4.1　理论分析与研究假设

4.1.1　董事网络与公司债融资成本

董事会连锁任职是近年来的研究热点，国内外很多学者研究了董事连锁对公司治理的影响。公司通过董事的连锁关系与外部取得联系，获得重要的资源和信息。塞尔托（Certo，2003）指出拥有知名连锁董事的无形好处，投资者根据董事会的总体人力资本和社会资本，形成对公司质量的认识，增加对公司的认可度。在董事连锁任职活动中，企业之间形成了各种直接或间接的联系，从而形成了董事会连锁网络。已有的文献验证了董事连锁网络对公司的各方面都有影响，比如对股价联动（陆贤伟等，2013）、信息披露（陈运森，2012）、股票期权（比齐亚克等，2009）、债券信用评级（本森等，2018）等的影响。本书关注董事会网络对公司债定价的影响。

从资源角度，获取低成本的关键性资源对企业的生存和发展至关重要。连锁董事在不同的公司管理层兼职，可以顺利接触到其他公司的核心人物，能够起到桥梁作用，为不同的公司牵线搭桥，促进企业间物质资源、战略资源等优质资源的合作，增强企业在市场上的竞争力。从信任角度，连锁董事是公司内部的一员，在工作中有许多机会与董事会和公司其他成员进行沟通和互动，他们彼此比较熟悉，也更容易建立信任关系。通过连锁董事公司之间建立的信任关系有助于缓解融资约束。从治理角度，董事网络有声誉和监督效应，拥有更大网络的董事由于其信息和专业优势而成为更好的监督者和顾问，在高管任命中做出更准确的决策（科尔斯等，2015）。有良好的社会关系的董事会在公司收购中的表现也更好（施恩劳和辛格，2009），并对公司的价值产生积极的影响。此外，本森等（Benson et al.，2018）研究了董事会网络与公司债券评级的关系。信用评级机构致力于在管理层和评级机构之间存在信息不对称的情况下，正确预测公司的违约风险并给予准确评级。评级机构用来弥补这种信息差距的一个工具是目标的管理层和董事会的质量和资格。董事会连锁网络的规模和特征，是关乎董事会质量的重要信息。董事网络越大、影响力越大，公司的社会资本就越大。因此评级公司会给予拥有良好社会资本董事会的公司更高的信用评级，而对更高的信用等级的公司债，债券投资人普遍要求较低的信用价差。

从网络结构角度，点度中心度衡量的是直接关联，连锁董事点度中心度越大，与当前公司有直接关联的公司数量越多，可以获取的信息和资源就越多。连锁网络的中介中心度代表了公司在网络中扮演的"桥梁"的地位，成为促成其他公司合作的中介，从中得到的控制和影响力能带来更多的社会资本。特征向量中心度代表了与当前公司直接相连的公司在网络中的实力，"邻居"的能量越强，所能借助的社会资本越多。公司债投资者将识别到网络位置带来的社会资本差异，并反映到公司债定价中。基于以上假设，我们提出：

假设4-1：董事会的网络可以显著降低债务资本成本。

并将假设4-1分解为：

假设4-1a：董事会网络点度中心度可以显著降低债务资本成本。

假设4-1b：董事会网络中介中心度可以显著降低债务资本成本。

假设4-1c：董事会网络特征向量中心度可以显著降低债务资本成本。

假设4-1d：董事会网络综合中心度可以显著降低债务资本成本。

4.1.2 CEO网络与公司债融资成本

CEO作为公司事务的重要决策者，也有很多学者将注意力聚焦在CEO的社会关系对公司的影响上。艾尔-哈蒂布等（El-Khatib et al.，2015）的研究发现，CEO网络中心度为CEO带来的权力优势会促进CEO的私利行为，破坏公司并购的价值。斯库森等（Skousen et al.，2018）的研究考察了CEO网络中心地位对公司债券评级的影响，发现CEO网络中心度与债券评级之间存在显著的正相关关系。因此，理论上CEO的连锁网络既可能对破坏公司治理格局、对公司价值造成负面影响，也可能发挥资源优势，增加公司价值。本书关注 CEO 连锁网络对公司债融资成本的影响，考虑到斯库森等（2018）的研究对象公司信用等级与本书的研究对象公司资本成本的相近的特点。本书倾向于 CEO 连锁网络的有利证据，提出以下假设：

假设 4 - 2：CEO 的网络可以显著降低债务资本成本。

并将假设 4 - 2 分解为：

假设 4 - 2a：CEO 网络点度中心度可以显著降低债务资本成本。

假设 4 - 2b：CEO 网络中介中心度可以显著降低债务资本成本。

假设 4 - 2c：CEO 网络特征向量中心度可以显著降低债务资本成本。

假设 4 - 2d：CEO 网络综合中心度可以显著降低债务资本成本。

4.1.3　CFO 网络与公司债融资成本

CFO 网络相对前两者，研究文献的数量上有明显地减少，但是 CFO 作为公司的财务执行官，对公司的投融资业务有重要的影响。在由 CFO 类高管组成的连锁网络中，由于专业背景，交流的信息会更精准，有助于 CFO 在公司融资活动中作出有利决策。CFO 点度中心度尤其体现了信息优势，CFO 在更多的公司找到了连锁机会，可以直接收到并释放更多的真实有效的信息，投放到资本市场，从而有利于企业的债务融资行为。其次，CFO 类网络中网络位置好的高管拥有更高的社会资本，在公司发行公司债的过程中会发挥资源效益，减少公司债融资成本。并且在网络中，CFO 类高管之间有学习效应，可以获取网络其他成员的成功的融资策略和经验。尤其是中心度高的网络成员，能获取更多有益的支持和分享。在公司债融资发行工作中，CFO 作为公司的财务负责人个人的能力有着决定性的作用，技能越强、经验越足的 CFO 高管，公司的债务资本成本越低。CFO 的高中介中心度和高特征向量中心度地位充分地发挥了上述的学习效应和资源效应。福格尔（Fogel et al., 2018）研究了 CFO 的连通性和私人债务的成本。他们发现，与关联度较低的首席财务官相比，关联度较高的首席财务官的贷款利差显著更低。因此，本书预测，拥有更大、更有影响力的

CFO 网络，意味着公司拥有社会资本更多，有利于降低公司债信用利差。

假设 4 - 3：CFO 的网络可以显著降低债务资本成本。

并将假设 4 - 3 分解为：

假设 4 - 3a：CFO 网络点度中心度可以显著降低债务资本成本。

假设 4 - 3b：CFO 网络中介中心度可以显著降低债务资本成本。

假设 4 - 3c：CFO 网络特征向量中心度可以显著降低债务资本成本。

假设 4 - 3d：CFO 网络综合中心度可以显著降低债务资本成本。

4.2 实证结果分析

4.2.1 描述性统计

表 4 - 1 是董事网络、CEO 网络和 CFO 网络各个中心度变量的描述性统计。从整体上看，董事网络的中心度数值最大，其次是 CFO 网络。以点度中心度的均值为例，董事网络的单值点度中心度与多值点度中心度的均值分别为 0.219 和 0.215，CFO 网络的单值点度中心度与多值点度中心度的均值分别都为 0.028，CEO 网络的单值点度中心度与多值点度中心度的均值都为 0.019。但是在 4 类中心度中，特征向量中心度的排序与其他中心度相反。对均值特征向量中心度进行排序，CEO 网络最高、CFO 网络次之，董事网络最低。

表 4 - 1 高管分层网络描述性统计

变量	N	mean	SD	p50	min	max
Spread1	1116	2.266	1.102	2.066	0.356	5.027
董事 Pc1_d	1116	0.027	0.065	0.010	- 0.034	0.404
董事 Dgree_d	1116	0.219	0.152	0.200	0.000	0.773

续表

变量	N	mean	SD	p50	min	max
董事 Between_d	1116	0.074	0.103	0.041	0.000	0.716
董事 Eigen_d	1116	0.039	0.062	0.018	0.000	0.604
董事 Pc1_w	1116	0.038	0.088	0.014	−0.051	0.576
董事 Dgree_w	1116	0.215	0.153	0.185	0.000	0.957
董事 Between_w	1116	0.078	0.108	0.042	0.000	0.769
董事 Eigen_w	1116	0.010	0.042	0.001	0.000	0.913
CEOPc1_d	1116	0.000	0.017	−0.004	−0.005	0.294
CEODgree_d	1116	0.019	0.081	0.000	0.000	1.000
CEOBetween_d	1116	0.001	0.014	0.000	0.000	0.429
CEOEigen_d	1116	0.765	0.059	0.793	0.116	1.000
CEOPc1_w	1116	0.000	0.017	−0.005	−0.005	0.315
CEODgree_w	1116	0.019	0.079	0.000	0.000	1.000
CEOBetween_w	1116	0.001	0.014	0.000	0.000	0.420
CEOEigen_w	1116	0.723	0.053	0.701	0.106	0.970
CFOPc1_d	1116	0.003	0.032	−0.003	−0.003	0.299
CFODgree_d	1116	0.028	0.102	0.000	0.000	1.000
CFOBetween_d	1116	0.004	0.042	0.000	0.000	0.500
CFOEigen_d	1116	0.688	0.029	0.683	0.256	0.896
CFOPc1_w	1116	0.000	0.032	−0.003	−0.003	0.299
CFODgree_w	1116	0.028	0.102	0.000	0.000	1.000
CFOBetween_w	1116	0.004	0.042	0.000	0.000	0.500
CFOEigen_w	1116	0.688	0.029	0.683	0.256	0.896

4.2.2　相关性分析

表 4 - 2 报告了高管分层网络中心度的相关性分析。Panel A 是董事网络中心度与公司债融资成本的相关性分析，Panel B 是 CEO 类高管网络中心度与公司债融资成本的相关性分析，Panel C 是 CFO 网络中心度

与公司债融资成本的相关性分析。各分表中，上三角的数值报告了
Spearman 的相关系数，而下三角数值为 Person 相关性系数。以 Panel A
为例，董事网络单值综合中心度、点度中心度、中介中心度和特征向
量中心度与公司债利差的 Person 相关性系数分别为 −0.196、−0.180、
−0.153 和 −0.256，Spearman 系数分别为 −0.181、−0.166、−0.154
和 −0.291，且都在 1% 水平上显著。董事多值网络中，除了董事特征
向量中心度与公司债利差的 Person 相关系数为负，但不显著外。其
他的中心度的 Person 相关性系数和 Spearman 系数都与单值网络相关
性数值特征类似，只是在数值大小上有略小的变动。因此从董事网络
的相关性系数上可以初步表明董事网络中心度与公司债利差呈负相关
关系。

表 4 – 2　　　　　　　　　　高管分层网络相关性分析

Panel A：董事网络

单值网络				
	Spread1	Pc1_d	Degree_d	Between_d	Eigen_d
Spread1		− 0. 181 ***	− 0. 166 ***	− 0. 154 ***	− 0. 291 ***
Pc1_d	− 0. 196 ***		0. 959 ***	0. 934 ***	0. 619 ***
Degree_d	− 0. 180 ***	0. 895 ***		0. 898 ***	0. 559 ***
Between_d	− 0. 153 ***	0. 937 ***	0. 825 ***		0. 479 ***
Eigen_d	− 0. 256 ***	0. 651 ***	0. 540 ***	0. 485 ***	

多值网络				
	Spread1	Pc1_w	Degree_w	Between_w	Eigen_w
Spread1		− 0. 162 ***	− 0. 160 ***	− 0. 163 ***	− 0. 074 **
Pc1_w	− 0. 177 ***		0. 957 ***	0. 956 ***	0. 279 ***
Degree_w	− 0. 178 ***	0. 895 ***		0. 877 ***	0. 212 ***
Between_w	− 0. 163 ***	0. 956 ***	0. 805 ***		0. 263 ***
Eigen_w	− 0. 049	0. 159 ***	0. 208 ***	0. 112 ***	

续表

Panel B：CEO 类高管网络

单值

	Spread1	Pc1_d	Degree_d	Between_d	Eigen_d
Spread1		0.032	−0.183***	0.034	0.221***
Pc1_d	−0.076**		0.544***	0.094***	−0.121***
Degree_d	−0.091***	0.975***		0.170***	−0.031
Between_d	0.040	0.565***	0.385***		0.097***
Eigen_d	0.233***	0.185***	0.175***	0.154***	

多值

	Spread1	Pc1_w	Degree_w	Between_w	Eigen_w
Spread1		0.032	−0.185***	0.015	0.151***
Pc1_w	−0.077**		0.544***	0.121***	−0.229***
Degree_w	−0.098***	0.970***		0.219***	−0.027
Between_w	0.037	0.607***	0.409***		0.062**
Eigen_w	0.115***	0.197***	0.200***	0.170***	

Panel C：CFO 网络

单值

	Spread1	Pc1_d	Degree_d	Between_d	Eigen_d
Spread1		0.090***	−0.113***	−0.050*	0.073**
Pc1_d	−0.093***		0.521***	0.189***	−0.019
Degree_d	−0.104***	0.838***		0.359***	0.116***
Between_d	−0.049	0.892***	0.543***		0.194***
Eigen_d	−0.041	0.574***	0.354***	0.602***	

多值

	Spread1	Pc1_w	Degree_w	Between_w	Eigen_w
Spread1		0.090***	−0.113***	−0.050*	0.073**
Pc1_w	−0.093***		0.521***	0.189***	−0.019
Degree_w	−0.104***	0.838***		0.359***	0.116***
Between_w	−0.049	0.893***	0.543***		0.194***
Eigen_w	−0.041	0.574***	0.354***	0.602***	

在 Panel B 中，CEO 类高管与单值网络综合中心度与 Spread1 的 Person 相关性系数为 −0.076，在 5% 水平上显著，Spearman 系数为 0.032 但不显著。CEO 类高管多值网络综合中心度与公司债利差的 Person 相关性系数为 −0.077，在 5% 水平上显著，Spearman 系数也为 0.032 但不显著。因此，CEO 类高管网络综合中心度与公司债融资成本的相关性比较模糊，无法确切的下判断。CEO 类高管网络的单值点度中心度与公司债利差负相关，Person 和 Spearman 系数都显著为负，分别为 −0.091 和 −0.183。多值的 Person 系数和 Spearman 系数分别为 −0.098 和 −0.185，也都在 1% 水平上显著。因此，从相关性上可以得出 CEO 类高管网络点度中心度与公司债融资成本负相关的结论。CEO 类高管网络的单值与多值中介中心度与公司债利差的相关系数都为正，且不显著，因此本章认为从相关性上，CEO 类高管中介中心度与公司债融资成本没有显著相关关系。CEO 类高管单值特征向量中心度与公司债利差的相关系数为正，Person 系数和 Spearman 系数分别为 0.233 和 0.221，且在 1% 水平上显著。多值的 Person 系数和 Spearman 系数分别为 0.115 和 0.151 也在 1% 水平上显著。因此，从相关性上可以得出 CEO 类高管网络特征向量中心度与公司债融资成本正相关的结论。

Panel C 中是 CFO 网络的相关性系数，各中心度都与公司债利差呈负相关，但显著性情况不如董事网络。CFO 综合中心度和点度中心度与公司债利差的 Person 系数和 Spearman 系数都在 1% 水平上显著为负，而中介中心度和特征向量中心度与公司债利差的相关性只有 Spearman 系数分别在 5% 水平和 10% 水平上显著，Person 系数都不显著。因此，CFO 网络与公司债融资成本的关系仍需进一步进行多元回归分析。

4.2.3　董事网络与公司债融资成本基本回归

表 4 −3 为董事网络中心度与公司债利差的多元回归结果。模型因变量为公司债融资成本的代理变量中债利差，主要解释变量为董事网络的 8 个中心度指标。表 4 −3 中左边部分为单值董事网络的回归结果，表 4 −3 中右边部分为多值董事网络的回归结果。列（1）为单值网络的综合中心度与公司债利差的回归结果。综合中心度的回归系数

显著为负（β = − 0. 934，T = − 3. 166），说明了董事网络单值综合中心度与公司债融资成本负相关。由表 4 − 1 可知，单值综合中心度的标准差为 0. 065，因此单值综合中心度提高 1 个标准差，公司债利差将减少 6. 07 个基点（ − 0. 934 × 0. 065）。比总体单值高管连锁网络综合中心度的经济意义少了 1. 58 个基点。列（2）是董事单值网络的点度中心度与公司债利差的回归结果。点度中心度的回归系数显著为负（β = − 0. 302，T = − 2. 092），表明点度中心度与公司债融资成本负相关。从描述性统计表可知，单值点度中心度的标准差为 0. 152。经济意义的计算，单值点度中心度提高 1 个标准差，公司债利差将减少 4. 59 个基点（ − 0. 302 × 0. 152）。比总体单值高管连锁网络综合中心度的经济意义少了 0. 57 个基点。董事点度中心度描述的是与当前公司有直接共享董事的公司数量，因此该系数结果说明与越多的公司建立共享董事的连接公司所获得好处越大。董事会成员通过董事会网络相互交流信息，缓解了企业与外部投资者之间的信息不对称。其次，在多家公司任职的董事，其本身的社会名望很高，因此会为增加公司的声誉。列（3）为单值网络的中介中心度与公司债利差的回归结果。点度中心度的回归系数显著为负（β = − 0. 481，T = − 2. 624），表明中介中心度与公司债融资成本负相关。董事网络中介中心度衡量上市公司在董事网络中作为中介角色的程度。经济意义的计算，单值中介中心度提高一个标准差，公司债利差将减少 4. 95 个基点（ − 0. 481 × 0. 103）。比总体单值高管连锁网络综合中心度的经济意义少了 0. 37 个基点。列（4）为单值网络的特征向量中心度与公司债利差的回归结果。特征向量中心度的回归系数显著为负（β = − 1. 435，T = − 4. 816），表明特征向量中心度与公司债融资成本负相关。董事网络特征向量中心度是指当前公司的董事连锁的上市公司在网络中的地位。与本公司有共享董事的伙伴公司的地位越高，资源越多，公司本身所获得的好处越大。经济意义的计算，单值特征向量中心度提高一个标准差，公司债利差将减少 8. 90 个基点（ − 1. 435 × 0. 062）。比总体单值高管连锁网络综合中心度的经济意义少了 0. 87 个基点。因此，在选择共享董事的公司目标时又多了一条可参考的原则：选择那些已经享有良好网络位置的公司。

表 4-3

董事网络与公司债融资成本基本回归

单值网络	Spread1 (1)	Spread1 (2)	Spread1 (3)	Spread1 (4)	多值网络	Spread1 (5)	Spread1 (6)	Spread1 (7)	Spread1 (8)
董事 Pc1_d	-0.934 *** (-3.166)				董事 Pc1_w	-0.590 *** (-2.626)			
董事 Degree_d		-0.302 ** (-2.092)			董事 Degree_w		-0.308 ** (-2.113)		
董事 Between_d			-0.481 *** (-2.624)		董事 Between_w			-0.455 ** (-2.570)	
董事 Eigen_d				-1.435 *** (-4.816)	董事 Eigen_w				0.437 (1.289)
Amount	-0.102 ** (-2.488)	-0.102 ** (-2.468)	-0.103 ** (-2.509)	-0.101 ** (-2.471)	Amount	-0.103 ** (-2.498)	-0.103 ** (-2.493)	-0.102 ** (-2.495)	-0.102 ** (-2.464)
Maturity	-0.350 *** (-4.016)	-0.352 *** (-4.038)	-0.346 *** (-3.979)	-0.356 *** (-4.101)	Maturity	-0.350 *** (-4.015)	-0.352 *** (-4.041)	-0.347 *** (-3.990)	-0.347 *** (-4.008)
Credit	-0.362 *** (-7.515)	-0.365 *** (-7.583)	-0.365 *** (-7.572)	-0.364 *** (-7.571)	Credit	-0.364 *** (-7.547)	-0.364 *** (-7.556)	-0.366 *** (-7.589)	-0.377 *** (-7.864)
Credit1	-0.330 *** (-8.512)	-0.332 *** (-8.535)	-0.328 *** (-8.470)	-0.319 *** (-8.221)	Credit1	-0.330 *** (-8.515)	-0.332 *** (-8.540)	-0.328 *** (-8.463)	-0.327 *** (-8.417)
Put	-0.065 (-1.056)	-0.069 (-1.124)	-0.063 (-1.030)	-0.065 (-1.069)	Put	-0.065 (-1.058)	-0.070 (-1.138)	-0.063 (-1.031)	-0.063 (-1.027)

续表

	单值网络				多值网络			
	Spread1 (1)	Spread1 (2)	Spread1 (3)	Spread1 (4)	Spread1 (5)	Spread1 (6)	Spread1 (7)	Spread1 (8)
ROA	-2.723*** (-3.702)	-2.747*** (-3.732)	-2.756*** (-3.754)	-2.667*** (-3.575)	-2.757*** (-3.750)	-2.771*** (-3.763)	-2.754*** (-3.749)	-2.884*** (-3.899)
Lev	0.902*** (4.409)	0.911*** (4.451)	0.898*** (4.397)	0.923*** (4.508)	0.901*** (4.407)	0.908*** (4.437)	0.899*** (4.405)	0.893*** (4.392)
Size	0.079*** (2.585)	0.076** (2.497)	0.080*** (2.614)	0.081*** (2.673)	0.079*** (2.587)	0.076** (2.497)	0.080*** (2.620)	0.082*** (2.685)
Analysts	-0.076*** (-3.334)	-0.077*** (-3.353)	-0.076*** (-3.324)	-0.079*** (-3.455)	-0.076*** (-3.315)	-0.076*** (-3.340)	-0.076*** (-3.317)	-0.080*** (-3.489)
State	-0.670*** (-12.301)	-0.665*** (-12.242)	-0.673*** (-12.303)	-0.671*** (-12.367)	-0.670*** (-12.278)	-0.664*** (-12.225)	-0.673*** (-12.289)	-0.673*** (-12.241)
EPU_1	0.752*** (4.271)	0.755*** (4.267)	0.751*** (4.260)	0.764*** (4.358)	0.750*** (4.253)	0.759*** (4.291)	0.748*** (4.237)	0.761*** (4.291)
Constant	1.828* (1.771)	1.810* (1.746)	1.806* (1.754)	1.145 (1.127)	1.196 (1.171)	1.795* (1.731)	1.812* (1.760)	0.985 (0.968)
Year	Yes	Yes	Yes	Yes	Yes	Yes	Yes	Yes
Industry	Yes	Yes	Yes	Yes	Yes	Yes	Yes	Yes
N	1116	1116	1116	1116	1116	1116	1116	1116
R-squared	0.629	0.628	0.628	0.632	0.629	0.628	0.628	0.627

列（5）~列（8）是董事多值网络中心度与公司债利差的回归结果。列（1）~列（4）回归的数据中，考虑的是公司间由董事会成员连锁组成的公司间的0－1关系，而不考虑两两公司间具体共享的董事数目，而列（5）~列（8）的多值网络考虑了两两相连的公司的具体共享董事的人数，以具体的连锁董事的人数构建的矩阵计算得到的中心度数值来衡量网络位置，因此，多值网络考虑的情况更具体。关于多值网络的回归结果，列（5）是综合中心度与公司债利差的回归结果。系数在1%水平上显著为负（β = −0.590，T = −2.626）。在描述性统计中，董事多值综合中心度的标准差为0.088，因此当多值综合中心度提高1个标准差时，公司债利差将减少5.19个基点（−0.590×0.088），这个数值比董事单值网络综合中心度的经济意义少了0.88个基点。说明了单值网络比多值网络的整体网络表现好。比全部高管连锁网络多值综合中心度的经济意义少了0.44个基点。列（6）是董事网络多值点度中心度与公司债利差的回归。系数在5%水平上显著为负（β = −0.308，T = 2.113），表明董事网络多值点度中心度与公司债利差呈负相关。多值点度中心度指在上市公司董事成员连锁构成的网络中，公司所有在外连锁的董事的人数及连锁公司数量的加总。经济意义的计算，多值点度中心度提高1个标准差，公司债利差将减少4.71个基点（−0.308×0.153）。相对单值网络点度中心度的经济效益增加了0.12个基点，这说明，即使与当前公司有连锁关系的公司的数量相同，但具体的连锁人数的数量也是个重要的因素。在两两相连的公司中，多于一个共享董事比只有一个共享董事的效果更好，更能提高公司在资本市场的认可度，获得更低成本的融资。然而董事多值网络点度中心度的经济意义比全部高管连锁网络多值综合中心度的经济意义小了1个基点。列（7）是董事网络多值中介中心度与公司债利差的回归结果。董事网络中介中心度回归系数为负值（β = −0.455，T = −2.570），说明董事网络中介中心度与公司债务资本成本呈负相关。中介指标反映了上市公司在网络中的桥梁地位。由于"桥"可以为其他公司提供连接渠道，甚至是不可替代的通道，因此中介中心度在网络上不仅享有信息和资源优势，还能在一定程度上控制信息和资源。经济意义的计算，董事多值中介中心度提高一个标准差，公司债利差将减少4.91

个基点（−0.455×0.108），比单值网络的中介中心度效果差0.04%。说明公司有两个以上的连锁董事在同一家公司连锁为公司构建"桥梁"的效果反而弱于一家连锁公司只有一个连锁董事的情况。董事多值网络中介中心度比全部高管连锁网络多值中介中心度的经济意义小了0.45个基点。列（8）是董事多值网络特征向量中心度与公司债利差的回归结果。其回归系数为负值（$\beta=0.437$，$T=1.289$），但在统计学上不显著，因此没有足够的证据表明多值特征向量中心度与公司债融资成本呈负相关。

4.2.4　CEO类高管网络与公司债融资成本基本回归

表4−4为CEO类高管网络中心度与公司债利差的多元回归结果。模型因变量为公司债融资成本的代理变量中债利差，主要解释变量为CEO类高管网络的8个中心度指标。表4−4中左边部分为单值CEO网络的回归结果，表4−4中右边部分为多值CEO网络的回归结果。列（1）为CEO类高管单值网络的综合中心度与公司债利差的回归结果。综合中心度的回归系数为−3.739，在10%水平上显著。经济意义的计算，单值点度中心度提高一个标准差，公司债利差将减少6.35个基点（−3.739×0.017）。比全部高管连锁网络单值综合中心度的经济意义少了1.3个基点。列（2）中是CEO类高管单值网络的点度中心度与公司债利差的回归结果。CEO类高管点度中心度的回归系数显著为负（$\beta=-0.895$，$T=-3.038$），表明CEO类高管点度中心度与公司债融资成本负相关。经济意义的计算，单值点度中心度提高1个标准差，公司债利差将减少7.25个基点（−0.895×0.081），反而比全部高管连锁网络单值点度中心度的经济意义高了2.09个基点。说明连锁高管的职位越重要，连锁为公司带来的效益越好。列（3）为CEO类高管单值网络的中介中心度与公司债利差的回归结果。点度中心度的回归系数为负但不显著（$\beta=0.850$，$T=0.908$），表明CEO类高管中介中心度与公司债融资成本不显著相关。列（4）为CEO类高管单值网络的特征向量中心度与公司债利差的回归结果。特征向量中心度的回归系数为负但不显著（$\beta=-1.083$，$T=-1.094$），表明CEO类高管特征向量中心度也与公司债融资成本不显著相关。因此，CEO类高管单值网络中心度中，只有综合中心度和点度中心度有助于降低公司债融资成本。

表4-4　CEO类高管网络与公司债融资成本基本回归

单值网络	Spread1 (1)	Spread1 (2)	Spread1 (3)	Spread1 (4)	多值网络	Spread1 (5)	Spread1 (6)	Spread1 (7)	Spread1 (8)
CEO类高管 Pc1_d	-3.739* (-1.959)				CEO类高管 Pc1_w	-3.639* (-1.839)			
CEO类高管 Degree_d		-0.895*** (-3.038)			CEO类高管 Degree_w		-0.976*** (-3.170)		
CEO类高管 Between_d			0.850 (0.908)		CEO类高管 Between_w			0.874 (0.924)	
CEO类高管 Eigen_d				-1.083 (-1.094)	CEO类高管 Eigen_w				-1.028 (-1.069)
Amount	-0.098** (-2.382)	-0.098** (-2.392)	-0.103** (-2.494)	-0.102** (-2.482)	Amount	-0.098** (-2.382)	-0.098** (-2.381)	-0.103** (-2.493)	-0.102** (-2.473)
Maturity	-0.340*** (-3.939)	-0.340*** (-3.935)	-0.351*** (-4.056)	-0.352*** (-4.067)	Maturity	-0.340*** (-3.940)	-0.338*** (-3.922)	-0.351*** (-4.056)	-0.351*** (-4.063)
Credit	-0.364*** (-7.588)	-0.362*** (-7.572)	-0.379*** (-7.907)	-0.374*** (-7.809)	Credit	-0.365*** (-7.609)	-0.361*** (-7.556)	-0.379*** (-7.908)	-0.375*** (-7.822)
Credit1	-0.328*** (-8.488)	-0.328*** (-8.503)	-0.326*** (-8.393)	-0.328*** (-8.457)	Credit1	-0.328*** (-8.492)	-0.329*** (-8.516)	-0.326*** (-8.392)	-0.328*** (-8.451)
Put	-0.067 (-1.092)	-0.067 (-1.085)	-0.062 (-1.006)	-0.062 (-1.020)	Put	-0.067 (-1.097)	-0.067 (-1.094)	-0.062 (-1.007)	-0.063 (-1.028)

续表

单值网络	Spread1 (1)	Spread1 (2)	Spread1 (3)	Spread1 (4)	多值网络	Spread1 (5)	Spread1 (6)	Spread1 (7)	Spread1 (8)
ROA	-2.693*** (-3.669)	-2.657*** (-3.618)	-2.857*** (-3.866)	-2.846*** (-3.850)	ROA	-2.697*** (-3.674)	-2.656*** (-3.619)	-2.858*** (-3.866)	-2.845*** (-3.848)
Lev	0.895*** (4.414)	0.887*** (4.374)	0.891*** (4.371)	0.911*** (4.475)	Lev	0.895*** (4.413)	0.889*** (4.380)	0.891*** (4.371)	0.910*** (4.470)
Size	0.079*** (2.596)	0.079*** (2.605)	0.083*** (2.710)	0.080*** (2.643)	Size	0.079*** (2.612)	0.079*** (2.606)	0.083*** (2.709)	0.080*** (2.641)
Analysts	-0.092*** (-4.067)	-0.094*** (-4.157)	-0.078*** (-3.383)	-0.080*** (-3.527)	Analysts	-0.092*** (-4.061)	-0.095*** (-4.199)	-0.078*** (-3.373)	-0.080*** (-3.515)
State	-0.692*** (-12.662)	-0.694*** (-12.701)	-0.668*** (-12.110)	-0.677*** (-12.390)	State	-0.691*** (-12.660)	-0.695*** (-12.733)	-0.668*** (-12.119)	-0.677*** (-12.380)
EPU_1	0.772*** (4.396)	0.763*** (4.350)	0.755*** (4.235)	0.761*** (4.304)	EPU_1	0.773*** (4.404)	0.765*** (4.370)	0.756*** (4.238)	0.762*** (4.311)
Constant	0.987 (0.978)	1.007 (0.998)	1.051 (1.029)	1.809 (1.447)	Constant	0.975 (0.965)	0.992 (0.985)	1.051 (1.029)	1.721 (1.418)
Year	Yes	Yes	Yes	Yes	Year	Yes	Yes	Yes	Yes
Industry	Yes	Yes	Yes	Yes	Industry	Yes	Yes	Yes	Yes
N	1116	1116	1116	1116	N	1116	1116	1116	1116
R-squared	0.630	0.631	0.627	0.627	R-squared	0.630	0.631	0.627	0.627

列（5）～列（8）是多值 CEO 类高管网络中心度与公司债利差的回归结果。列（5）是 CEO 类高管综合中心度与公司债利差的回归结果。系数在 10% 水平上显著为负（β = － 3.639，T = － 1.839），表明CEO 类高管多值综合中心度与公司债融资成本呈负相关。关于经济意义，多值综合中心度提高 1 个标准差，公司债利差将减少 6.19 个基点（－3.639 ×0.017），比单值网络综合中心度的经济意义略小。说明了单值网络比多值网络的整体网络表现略好。列（6）是多值点度中心度与公司债利差的回归。系数在 1% 水平上显著为负（β = 0.976，T =－3.170）。多值 CEO 类高管点度中心度指在由上市公司 CEO 类高管连锁行为构成的网络中，所有与当前公司有连锁关联的公司个数和本公司外出连锁的 CEO 类高管人数的加总。经济意义的计算，多值点度中心度提高 1 个标准差，公司债利差将减少 7.71 个基点（－0.976 ×0.079）。相对 CEO 类高管单值网络点度中心度的经济效益增加了 0.46个基点，也比全部高管连锁网络多值点度中心度的经济意义高了 2 个基点。结合 CEO 类高管单值网络点度中心度也比全部高管网络点度中心度高的情况，说明就连锁网络的点度中心度而言，CEO 类高管连锁已经为公司增加了足够的信息和资源，在这基础上增加的其他高管连锁反而会减少连锁行为的好处。列（7）是 CEO 类高管多值中介中心度与公司债利差的回归结果。中介中心度回归系数为正值（β = 0.874，T = 0.924），但是在统计学上不显著。列（8）是 CEO 类高管多值网络特征向量中心度与公司债利差的回归结果。其回归系数为负值（β =－1.028，T = － 1.069），但由于系数不显著，没有足够证据表明 CEO类高管多值网络特征向量中心度能够降低公司债融资成本。

4.2.5 CFO 类高管网络与公司债融资成本基本回归

表 4－5 为 CFO 类高管网络中心度与公司债利差的多元回归结果。模型因变量为公司债融资成本的代理变量中债利差，主要解释变量为CFO 类高管网络的 8 个中心度指标。表 4－5 中左边部分为单值 CFO 类高管网络的回归结果，表 4－5 中右边部分为多值 CFO 类高管网络的回归结果。列（1）为单值网络的综合中心度与公司债利差的回归结果。

综合中心度的回归系数显著为负（β = - 1. 386，T = - 3. 005），在 1%
水平上显著为负，表明 CFO 类高管网络单值综合中心度与公司债融资
成本负相关。由表 4 - 1 可知，单值综合中心度的标准差为 0. 032，因
此单值综合中心度提高 1 个标准差，公司债利差将减少 4. 43 个基点
（ - 1. 386 × 0. 032）。比总体单值高管连锁网络综合中心度的经济意义
少了 3. 22 个基点。列（2）是 CFO 类高管单值网络的点度中心度与公
司债利差的回归结果。点度中心度的回归系数显著为负（β = - 0. 447，
T = - 2. 601），表明点度中心度与公司债融资成本负相关。从描述性统
计表可知，单值点度中心度的标准差为 0. 102。经济意义的计算，单值点
度中心度提高 1 个标准差，公司债利差将减少 4. 56 个基点（ - 0. 447 ×
0. 102）。比总体单值高管连锁网络综合中心度的经济意义少了 0. 6 个
基点。CFO 类高管点度中心度描述的是与当前公司有直接共享 CFO 类高
管的公司数量，因此该系数结果说明与越多的公司建立共享 CFO 类高管
的连接公司所获得好处越大。CFO 类高管网络里的成员相互分享信息，
是公司的重要的信息传播渠道，缓解公司与外部投资者的信息不对称。
其次，在多家公司任职的 CFO 类高管，其本身的社会名望很高，因此会
增加公司的声誉。列（3）为单值网络的中介中心度与公司债利差的回归
结果。点度中心度的回归系数显著为负（β = - 0. 881，T = - 2. 944），表
明中介中心度与公司债融资成本负相关。CFO 类高管网络中介中心度衡
量上市公司在 CFO 类高管网络中作为中介角色的程度。经济意义的计
算，单值中介中心度提高 1 个标准差，公司债利差将减少 3. 7 个基点
（ - 0. 881 × 0. 042）。比总体单值高管连锁网络综合中心度的经济意义少
了 1. 62 个基点。列（4）为单值网络的特征向量中心度与公司债利差
的回归结果。特征向量中心度的回归系数显著为负（β = - 1. 940，T =
- 3. 193），表明特征向量中心度与公司债融资成本负相关。CFO 类高管
网络特征向量中心度是指当前公司的 CFO 类高管连锁的上市公司在网络
中的位置。与本公司有共享 CFO 类高管的伙伴公司的地位越高，资源越
多，公司本身所获得的好处越大。经济意义的计算，单值特征向量中心
度提高 1 个标准差，公司债利差将减少 5. 63 个基点（ - 1. 940 × 0. 029）。
比总体单值高管连锁网络综合中心度的经济意义少了 4. 14 个基点。

表 4 – 5

CFO 类高管网络与公司债融资成本基本回归

变量	Spread1 (1)	Spread1 (2)	Spread1 (3)	Spread1 (4)	Spread1 (5)	Spread1 (6)	Spread1 (7)	Spread1 (8)
CFO 类高管 Pc1_d	-1.386*** (-3.005)							
CFO 类高管 Degree_d		-0.447*** (-2.601)						
CFO 类高管 Between_d			-0.881*** (-2.944)					
CFO 类高管 Eigen_d				-1.940*** (-3.193)				
CFO 类高管 Pc1_w					-1.388*** (-3.005)			
CFO 类高管 Degree_w						-0.447*** (-2.601)		
CFO 类高管 Between_w							-0.881*** (-2.944)	
CFO 类高管 Eigen_w								-1.940*** (-3.193)
Amount	-0.105** (-2.553)	-0.103** (-2.505)	-0.105** (-2.559)	-0.105** (-2.549)	-0.105** (-2.553)	-0.103** (-2.505)	-0.105** (-2.559)	-0.105** (-2.549)
Maturity	-0.345*** (-3.997)	-0.351*** (-4.053)	-0.346*** (-4.005)	-0.349*** (-4.039)	-0.345*** (-3.996)	-0.351*** (-4.053)	-0.346*** (-4.005)	-0.349*** (-4.039)
Credit	-0.371*** (-7.672)	-0.373*** (-7.748)	-0.372*** (-7.707)	-0.371*** (-7.702)	-0.371*** (-7.672)	-0.373*** (-7.748)	-0.372*** (-7.707)	-0.371*** (-7.702)
Credit1	-0.323*** (-8.305)	-0.323*** (-8.309)	-0.324*** (-8.359)	-0.325*** (-8.361)	-0.323*** (-8.305)	-0.323*** (-8.309)	-0.324*** (-8.359)	-0.325*** (-8.361)
Put	-0.062 (-1.007)	-0.060 (-0.980)	-0.063 (-1.021)	-0.066 (-1.080)	-0.062 (-1.007)	-0.060 (-0.980)	-0.063 (-1.021)	-0.066 (-1.080)

续表

	单值网络				多值网络			
	Spread1	Spread1	Spread1	Spread1	Spread1	Spread1	Spread1	Spread1
	(1)	(2)	(3)	(4)	(5)	(6)	(7)	(8)
ROA	-2.771*** (-3.745)	-2.757*** (-3.732)	-2.803*** (-3.786)	-2.872*** (-3.879)	-2.771*** (-3.745)	-2.757*** (-3.732)	-2.803*** (-3.786)	-2.872*** (-3.879)
Lev	0.888*** (4.359)	0.877*** (4.296)	0.900*** (4.415)	0.918*** (4.500)	0.888*** (4.359)	0.877*** (4.296)	0.900*** (4.415)	0.918*** (4.500)
Size	0.083*** (2.707)	0.084*** (2.747)	0.082*** (2.683)	0.082*** (2.696)	0.083*** (2.707)	0.084*** (2.747)	0.082*** (2.683)	0.082*** (2.696)
Analysts	-0.079*** (-3.454)	-0.082*** (-3.556)	-0.078*** (-3.382)	-0.077*** (-3.374)	-0.079*** (-3.454)	-0.082*** (-3.556)	-0.078*** (-3.382)	-0.077*** (-3.374)
State	-0.687*** (-12.141)	-0.683*** (-12.252)	-0.683*** (-12.124)	-0.680*** (-12.275)	-0.687*** (-12.141)	-0.683*** (-12.252)	-0.683*** (-12.124)	-0.680*** (-12.275)
EPU_1	0.748*** (4.228)	0.754*** (4.258)	0.744*** (4.204)	0.746*** (4.211)	0.748*** (4.228)	0.754*** (4.258)	0.744*** (4.204)	0.746*** (4.211)
Constant	1.016 (0.997)	0.977 (0.957)	1.071 (1.052)	2.633** (2.301)	1.016 (0.997)	0.977 (0.957)	1.071 (1.052)	2.633** (2.301)
Year	Yes	Yes	Yes	Yes	Yes	Yes	Yes	Yes
Industry	Yes	Yes	Yes	Yes	Yes	Yes	Yes	Yes
N	1116	1116	1116	1116	1116	1116	1116	1116
R-squared	0.628	0.628	0.628	0.628	0.628	0.628	0.628	0.628

列（5）～列（8）是 CFO 类高管多值网络中心度与公司债利差的回归结果。列（1）～列（4）回归的数据中，考虑的是公司间由 CFO 类高管会成员连锁组成的公司间的 0 - 1 关系，而不考虑两两公司间具体共享的 CFO 类高管数目。而列（5）～列（8）的多值网络考虑了两两相连的公司的具体共享 CFO 类高管的人数，以具体的连锁 CFO 类高管的人数构建的矩阵计算得到的中心度数值来衡量网络位置。因此，多值网络考虑的情况更具体。关于多值网络的回归结果，列（5）是综合中心度与公司债利差的回归结果。系数在 1% 水平上显著为负（β = - 1. 388，T = - 3. 005）。在描述性统计中，CFO 类高管多值综合中心度的标准差为 0. 032，因此当多值综合中心度提高一个标准差时，公司债利差将减少 4. 44 个基点（ - 1. 388 × 0. 032），这个数值比 CFO 类高管单值网络综合中心度的经济意义略高。说明了 CFO 类高管多值网络比 CFO 类高管单值网络的整体网络表现略好一点。CFO 类高管多值综合中心度的经济意义比全部高管连锁网络多值综合中心度的经济意义少了 1. 19 个基点。列（6）是 CFO 类高管网络多值点度中心度与公司债利差的回归。系数在 1% 水平上显著为负（β = - 0. 447，T = - 2. 601），表明 CFO 类高管网络多值点度中心度与公司债利差呈负相关。多值点度中心度指在上市公司 CFO 类高管成员连锁构成的网络中，公司所有在外连锁的 CFO 类高管的人数几连锁公司数量的加总。经济意义的计算，多值点度中心度提高一个标准差，公司债利差将减少 4. 56 个基点（ - 0. 447 × 0. 102）。与 CFO 类单值网络点度中心度的经济效益相同，比全部高管连锁网络多值综合中心度的经济意义少了 1. 15 个基点。列（7）是 CFO 类高管网络多值中介中心度与公司债利差的回归结果。CFO 类高管网络中介中心度回归系数为负值（β = - 0. 881，T = - 2. 944），说明 CFO 类高管网络中介中心度与公司债务资本成本呈负相关。中介指标反映了上市公司在网络中的桥梁地位。由于"桥"可以为其他公司提供连接渠道，甚至是不可替代的通道，因此中介中心度在网络上不仅享有信息和资源优势，还能在一定程度上控制信息和资源。经济意义的计算，CFO 类高管多值中介中心度提高 1 个标准差，公司

债利差将减少 3.7 个基点（ -0.881×0.042），也与 CFO 类高管单值
网络的中介中心度效果相同。CFO 类高管多值网络中介中心度比全
部高管连锁网络多值中介中心度的经济意义少了 1.66 个基点。列
（8）是 CFO 类高管多值网络特征向量中心度与公司债利差的回归结
果。其回归系数为负值（β = -1.940，T = -3.193）且在 1% 水平
上显著，表明 CEO 类高管网络多值特征向量中心度与公司债融资成
本呈负相关。特征向量中心度是对上市公司与网络连接的公司的网络
位置进行度量。伙伴的网络位置越好，公司所能借用到的资源越多。
经济意义的计算，多值特征向量中心度提高一个标准差，公司债利差
将减少 5.63 个基点（ -1.940×0.029），也与 CEO 类单值网络特征
向量中心度相同，但比全部高管连锁网络多值特征向量中心度的经济
意义少了 2.52 个基点。总结上面的数据分析，CFO 类高管网络综合
中心度的多值的经济效益略比单值高一点外，CFO 类高管网络的三
类中心度的单值网络与多值网络的表现都一样。主要的原因可能是
CFO 类高管的数量相对较少，这和本章的 CEO 类高管的定义相一致。
因此在连锁活动中，同一个连锁单位大部分情况只有一位本公司的
CFO 类成员，导致 CFO 类高管连锁网络的单值网络与多值网络区别
不大。

4.3　稳健性检验

4.3.1　高管分层网络加权样本稳健性检验

公司债的发行主体在同一年可能发行多期公司债，参考安德森等
（Anderson et al.，2004）的做法，本书以公司债的发行额度为权重，
对同家公司同一年的多只公司债进行加权处理，并对加权后的公司债
样本进行回归检验。加权处理并删除重复样本后，每家公司每年只剩

下一个观测值，样本量从原来的 1116 下降到 838，样本量的变化较大。表4-6报告了高管分层网络加权公司债样本的回归结果。Panel A 中可以看到董事网络中心度除了多值特征向量中心度，其他 7 列都与公司债利差显著负相关。说明董事网络对公司债利差的影响稳健，支持原假设内容。Panel B 中是 CEO 网络中心度的回归结果，只有点度中心度在 10% 水平上显著为负，与基本回归一致，说明 CEO 网络的直接关系能减少债务成本，CEO 的间接关联对债务资本成本没有作用，原假设得到支持。Panel C 报告了 CFO 网络中心度的结果，8 列中有 6 列的中心度回归系数显著为负，说明 CFO 网络中心度位置能显著减少公司债利差，支持原假设。

4.3.2　高管分层网络双聚类回归方法稳健性检验

本章的基本回归分析中使用的回归方法是普通最小二乘法（OLS）。由于一个公司有多个样本，为得到更为稳健的结论，用 STATA 中的 Cluster2 命令对样本同时在公司和年度层面上进行双聚类回归，该方法参考自彼得森（Petersen，2009）。得到的回归结果如表4-7所示，从回归系数上看，回归结论与基本回归分析基本一致，说明了高管连锁网络中心度能显著降低公司债融资成本。Panel A 中可以看到董事网络 8 个中心度中有 7 个的系数显著为负，说明董事网络与公司债利差显著负相关，支持原假设内容。在 Panel B 中，通过对 CEO 网络中心度的双聚类回归分析发现，除单值和多值点度中心度系数在 5% 显著为负外，单值综合中心度也在 10% 水平上显著。由于综合中心度是其他三种中心度的综合值，因此说明了在该回归中，仍只有 CEO 点度中心度对资本成本有显著的负面影响，与基本假设一致。Panel C 报告了 CFO 网络中心度的结果，8 个中心度系数都在 1% 水平上显著为负，充分说明 CFO 网络中心度位置能减少公司债利差，支持原假设。

表 4 - 6　　高管分层网络与加权公司债稳健性回归

Panel A：董事网络

单值网络	Spread1 (1)	Spread1 (2)	Spread1 (3)	Spread1 (4)	多值网络	Spread1 (5)	Spread1 (6)	Spread1 (7)	Spread1 (8)
董事 Pcl_d	-0.912** (-2.427)				董事 Pcl_w	-0.575* (-1.954)			
董事 Degree_d		-0.303* (-1.740)			董事 Degree_w		-0.310* (-1.792)		
董事 Between_d			-0.476** (-1.991)		董事 Between_w			-0.431* (-1.856)	
董事 Eigen_d				-1.288*** (-3.460)	董事 Eigen_w				0.423 (1.118)
Constant	0.848 (0.669)	0.875 (0.689)	0.889 (0.703)	0.708 (0.560)	Constant	0.871 (0.687)	0.848 (0.668)	0.903 (0.714)	0.819 (0.649)
Year	Yes	Yes	Yes	Yes	Year	Yes	Yes	Yes	Yes
Industry	Yes	Yes	Yes	Yes	Industry	Yes	Yes	Yes	Yes
N	838	838	838	838	N	838	838	838	838
R - squared	0.627	0.626	0.626	0.628	R - squared	0.626	0.626	0.626	0.625

续表

Panel B: CEO 网络

单值网络	Spread1 (1)	Spread1 (2)	Spread1 (3)	Spread1 (4)	多值网络	Spread1 (5)	Spread1 (6)	Spread1 (7)	Spread1 (8)
CEO 类高管 Pcl_d	-2.528 (-1.152)				CEO 类高管 Pcl_w	-2.437 (-1.103)			
CEO 类高管 Degree_d		-0.693* (-1.801)			CEO 类高管 Degree_w		-0.779* (-1.880)		
CEO 类高管 Between_d			1.125 (1.411)		CEO 类高管 Between_w			1.122 (1.368)	
CEO 类高管 Eigen_d				-0.305 (-0.408)	CEO 类高管 Eigen_w				-0.228 (-0.315)

Panel B. CFO 网络

单值网络	Spread1 (1)	Spread1 (2)	Spread1 (3)	Spread1 (4)	多值网络	Spread1 (5)	Spread1 (6)	Spread1 (7)	Spread1 (8)
Constant	0.722 (0.574)	0.711 (0.566)	0.880 (0.694)	1.048 (0.762)	Constant	0.716 (0.569)	0.682 (0.543)	0.879 (0.694)	0.984 (0.724)
Year	Yes	Yes	Yes	Yes	Year	Yes	Yes	Yes	Yes
Industry	Yes	Yes	Yes	Yes	Industry	Yes	Yes	Yes	Yes
N	838	838	838	838	N	838	838	838	838
R - squared	0.621	0.623	0.621	0.621	R - squared	0.626	0.627	0.625	0.624

续表

Panel C: CFO 网络

单值网络	Spread1 (1)	Spread1 (2)	Spread1 (3)	Spread1 (4)	多值网络	Spread1 (5)	Spread1 (6)	Spread1 (7)	Spread1 (8)
CFO 类高管 Pcl_d	-1.336* (-1.691)				CFO 类高管 Pcl_w	-1.337* (-1.691)			
CFO 类高管 Degree_d		-0.393* (-1.766)			CFO 类高管 Degree_w		-0.393* (-1.766)		
CFO 类高管 Between_d			-1.007 (-1.577)		CFO 类高管 Between_w			-1.007 (-1.577)	
CFO 类高管 Eigen_d				-1.803** (-2.304)	CFO 类高管 Eigen_w				-1.803** (-2.304)
Constant	0.742 (0.585)	0.737 (0.581)	0.786 (0.621)	2.267 (1.567)	Constant	0.742 (0.585)	0.737 (0.581)	0.786 (0.621)	2.267 (1.567)
Year	Yes	Yes	Yes	Yes	Year	Yes	Yes	Yes	Yes
Industry	Yes	Yes	Yes	Yes	Industry	Yes	Yes	Yes	Yes
N	838	838	838	838	N	838	838	838	838
R-squared	0.625	0.626	0.625	0.626	R-squared	0.625	0.626	0.625	0.626

表 4－7　高管分层网络与公司债融资成本双聚类回归

Panel A：董事网络

变量	Spread1 (1)	Spread1 (2)	Spread1 (3)	Spread1 (4)	Spread1 (5)	Spread1 (6)	Spread1 (7)	Spread1 (8)
单值网络					多值网络			
董事 Pc1_d	-1.270** (-2.428)							
董事 Degree_d		-0.453** (-2.014)						
董事 Between_d			-0.688* (-1.939)					
董事 Eigen_d				-1.647*** (-3.610)				
董事 Pc1_w					-0.845** (-2.149)			
董事 Degree_w						-0.466* (-1.928)		
董事 Between_w							-0.640** (-1.968)	
董事 Eigen_w								0.538 (1.266)
Constant	4.202* (1.825)	4.224* (1.784)	4.205* (1.800)	4.070* (1.770)	4.198* (1.787)	4.192* (1.783)	4.220* (1.801)	4.018* (1.803)
Year	Yes	Yes	Yes	Yes	Yes	Yes	Yes	Yes
Industry	Yes	Yes	Yes	Yes	Yes	Yes	Yes	Yes
N	1116	1116	1116	1116	1116	1116	1116	1116
R-squared	0.609	0.608	0.608	0.612	0.609	0.608	0.608	0.605

续表

Panel B：CEO 网络

单值网络	Spreadl (1)	Spreadl (2)	Spreadl (3)	Spreadl (4)	多值网络	Spreadl (5)	Spreadl (6)	Spreadl (7)	Spreadl (8)
CEO 类 Pc1_d	-4.694* (-1.676)				CEO 类 Pc1_w	-4.539 (-1.613)			
CEO 类 Degree_d		-1.092** (-2.044)			CEO 类 Degree_w		-1.177** (-2.184)		
CEO 类 Between_d			0.533 (0.506)		CEO 类 Between_w			0.523 (0.511)	
CEO 类 Eigen_d				-1.450 (-0.871)	CEO 类 Eigen_w				-1.368 (-0.850)
Constant	3.930* (1.870)	3.947* (1.875)	4.090* (1.857)	5.094 (1.643)	Constant	3.919* (1.870)	3.924* (1.873)	4.090* (1.857)	4.976 (1.643)
Year	Yes	Yes	Yes	Yes	Year	Yes	Yes	Yes	Yes
Industry	Yes	Yes	Yes	Yes	Industry	Yes	Yes	Yes	Yes
N	1116	1116	1116	1116	N	1116	1116	1116	1116
R－squared	0.610	0.611	0.605	0.606	R－squared	0.609	0.611	0.605	0.606

Panel C：CFO 网络

单值网络	Spread1 (1)	Spread1 (2)	Spread1 (3)	Spread1 (4)	多值网络	Spread1 (5)	Spread1 (6)	Spread1 (7)	Spread1 (8)
CFO类Pc1_d	-1.780*** (-4.226)				CFO类Pc1_w	-1.782*** (-4.227)			
CFO类Degree_d		-0.532*** (-2.781)			CFO类Degree_w		-0.532*** (-2.781)		
CFO类Between_d			-1.186*** (-4.377)		CFO类Between_w			-1.186*** (-4.377)	
CFO类Eigen_d				-2.373*** (-3.209)	CFO类Eigen_w				-2.373*** (-3.209)
Constant	4.021* (1.787)	3.989* (1.786)	4.099* (1.820)	5.993** (2.178)	Constant	4.021* (1.787)	3.989* (1.786)	4.099* (1.820)	5.993** (2.178)
Year	Yes	Yes	Yes	Yes	Year	Yes	Yes	Yes	Yes
Industry	Yes	Yes	Yes	Yes	Industry	Yes	Yes	Yes	Yes
N	1116	1116	1116	1116	N	1116	1116	1116	1116
R-squared	0.607	0.607	0.607	0.607	R-squared	0.607	0.607	0.607	0.607

4.4　本 章 小 结

　　基于锦标赛理论，公司的高层管理团队具有层级结构（Lazear，1999）。不同层次、不同职能的高管对公司的影响方向和大小都不同。为了全面分析高管连锁网络对公司债融资成本，本章分别构造了董事网络、CEO 网络和 CFO 网络，以探讨到底是哪部分高管的连锁任职有助于降低公司债融资成本。结果表明，董事会的网络和 CFO 网络的四种中心度变量都能显著降低债务资本成本，而 CEO 网络只有描述直接关系的点度中心度有降低公司债发行利差的作用，而描述间接网络关系的中介中心度、特征向量中心度在公司债发行中都没有显著表现。通过计算各个网络的经济意义分析，发现董事网络中心度、CEO 网络中心度和 CFO 网络中心度的经济意义都低于第 3 章中的高管连锁网络中心度。并且各类型网络中心度与公司债融资成本的关系都通过了各项稳健性检验。

第5章

交叉持股网络与公司债融资成本

社会关系是组织环境的一个重要方面（Powell and Smith – Doerr, 2003）。早先的研究已经证实并强调了社会网络在信息传递和资源获取方面的重要作用（Granovetter, 1985；Freeman, 1978）。近年来，一系列研究发现，社会网络促进信任和声誉，导致更好的信息流动和监测，从而促进公司债务融资。然而，这些研究主要集中在个人层面上，如董事会关系（Chuluun et al., 2014）、CEO 网络（Skousen et al., 2018）、CFO 网络（Fogel et al., 2018）和高管网络（Engelberg et al., 2012；Qiu et al., 2019）。对于组织层面网络，如交叉持股网络的研究较少。以往的研究指出，与个人层面的网络相比，组织层面的网络具有更强的契约效应和利益约束力（Tsai, 2001；Zaheer and Bell, 2005）。

交叉持股，也称相互持股（Nyberg, 1995），是指两家或多家公司相互持有股份的现象，这意味着公司之间的利益相互捆绑，互相制约。在通过交叉持股形成的公司间联系构成的网络中，公司所处的位置越好，得到的外部资源和支持就越多（Cohen et al., 2008）。具体而言，公司间关系有助于获得合作和财务资源（Uzzi, 1996）、组织间认可（Stuart et al., 1999）以及私人信息交换（Rauch and Casella, 2003）等。本章研究了交叉持股网络中心度对公司债收益率利差的影响。本章以 2007 ~ 2018 年中国 A 股上市公司发行的一般公司债为样本，采用社会网络分析方法（SNA），并使用三个指标（点度中心度、中介中心度和特征向量中心度）以及从这三个指标中提取的主因子（综合中心度）衡量公司在交叉持股网络中的中心地位。本章发现，债券持有人对具有较高交叉持股网络中心度的公司要求较低的公司债收益率差。在进一步的分析中，本章探索了交叉持股的网络中心度如何降低公司债融资成本的影响机制，发现交叉持股的网络中心度改善了信息披露质量和公司治理，增加了资源通道，从而最终降低了公司债融资成本。此外，本章结合了地理位置的适度影响，发现在偏远地区的公司中，交叉持股网络的中心度与公司债融资成本之间的关系更为重要。

本章的结构安排如下：第 1 节分析了理论并提出了假设；第 2 节阐述实证研究的设计，样本选择、变量定义和模型设置；第 3 节进行描述性统计、相关性分析和单变量分析；第 4 节是实证结果分析；第 5 节进行一系列的稳健性测试，包括 PSM 和工具变量法等内生性检验；第 6 节和第 7 节是进一步分析的内容，其中第 6 节进行了中介效应检验，第 7 节是地理位置的调节效应检验；最后在第 8 节进行本章总结。

5.1　理论分析与研究假设

5.1.1　交叉持股网络中心度与公司债融资成本

交叉持股作为公司的一种经营策略，可以用来降低金融风险（Bøhren and Norli，1997）、防止敌意收购（Nyberg，1995）以及获得垄断利润（Clayton and Jorgensen，2005）等。在中国，上市公司交叉持股最初是为了获得更好的资本运作、更好的 IPO 机会或进行短期套利，后来逐渐成为一项重要战略选择。伴随着我国资本市场的发展，越来越多的企业开始采用交叉持股方案（Peng et al.，2019）。结合以往研究（如 Hiraki et al.，2003；Flath，1992；Dietzenbacher and Temurshoev，2008），本书以更广义的方式定义交叉持股，包括直接交叉持股（A 持有 B 的股份，则 A 与 B 直接关联）和间接交叉持股（A 持有 B 的股份，B 持有 C 的股份，则 A 和 C 间接关联）。公司之间的单向持股关系或双向持股关系，构成了交叉持股网络。本章用交叉持股网络中心度来衡量公司的交叉持股网络中的地位，中心度与网络地位呈正比例关系。根据博讷西奇（Bonacich，1987）和费里曼（Freeman，1978）的研究，从四个方面来衡量中心度：点度中心度（公司与其他网络成员之间的直接联系的数量）、中介中心度（公司作为网络中的桥梁的重要性）、特征向量中心度（公司网络关系的质量）和综合中心度（从上述三个指标中提取的综合因素）。此外，在中心度的计算中，本书分别采用了 0 ~ 1 赋值和加权赋值的方法。

交叉持股网络除了能扩大发挥交叉持股原本的优势外，作为信息和资源的聚集地，网络能为其成员带来额外有价值的资源。公司在交叉持股网络中的嵌入有利于网络成员之间的优势经济资源的结合，从而获得积极的协同效应（Peng et al.，2019）。交叉持股网络点中心度衡量的是与本公司有直接交叉持股关系的其他公司的数量。在小例子中说明具体交叉持股点度中心度的度量：A 和 B 相互持有股份，A 还单方面持有 C 的股份。在单值网络中，A 公司与两家公司直接相连，单值点度中心度赋值为 2。多值网络中心度的计量需对网络中的线进行赋值：相互持股的关系赋值为 2，单向持股的关系赋值为 1，两者都没有，赋值为 0。因此 A 公司的多值点度中心度为 3。交叉持股有助于公司缓解信息不对称程度。吉尔森和罗（Gilson and Roe，1993）发现交叉持股可以降低信息传递的成本。姜和基姆（Jiang and Kim，2000）提出交叉持股是缓解日本股市信息不对称的一个重要机制。卡讷和帕利普（Khanna and Palepu，2000）的研究指出交叉持股可以缓解代理冲突和信息不对称。杜什特和荣格（Douthett and Jung，2001）发现，交叉持股关系通过对管理者行为的监督效应提高了信息效率，从而促进了日本公司的整体经济增长。交叉持股网络的点度中心度数值越大，说明与公司有直接持股关系的公司越多，与公司相互交换信息的公司也更多。因此，交叉持股网络点度中心度越高，公司与外界的信息不对称程度越低，债券投资者要求的风险溢价越低，有助于降低公司债融资成本。

除了信息效应外，交叉持股还有公司治理效应。奥萨诺（Osano，1996）的研究发现，交叉持股可以分散控制权，促进公司之间的相互监督，从而防止管理机会主义。费里斯等（Ferris et al.，1995）指出交叉持股为公司提供了可靠的监督，发挥了外部治理的作用。杜什特等（Douthett et al.，2004 年）发现，分析师对交叉持股成员的预测准确度与交叉持股关系的强度正相关，这进一步证明交叉持股确实增加了对管理层的监督。辛哈（Sinha，1998）发现交叉持股可以减少管理者盲目扩张公司规模的低效行为。交叉持股网络的中介中心度有助于进一步发挥交叉持股的公司治理效应。在上文中举的小例子中，A 公司与 B 公司相互持股，A 公司单方面持有 C 公司的股份。由于 B 公司与 C 公司没有直接的股权关联，只能通过 A 公司构成间接关联。因此 A 公司在 B 公司和 C 公司之间扮演了"桥"的角色。交叉持股网络中介中心度衡量了公司在网络中扮演的桥梁角色的总和。由于"桥"的角色在网络中具有不可替代的重要性，因此中介中心度高的公司拥有一定的控制地位。这种控制地位可以帮助公司发挥交叉持股的治理功能。一方面，行使监督功能，改善持有股份的公司治理有助于本公司的投资收益和业绩的提升。科尔斯等（Coles et al.，2015）发现位于更好的网络位置，有助于行使监督职能。另一方面，积极参与相关公司的外部治理，有助于本公司获得更真实的市场信息。因此，公司的交叉持股网络中介中心度越高，越有利于公司的发展，更容易获得潜在债券投资者的认可，从而降低公司债融资成本。

沙和曾（Sha and Zeng，2014）发现我国上市公司的交叉持股的网络密度较低，说明网络成员之间的联系并不十分紧密。交叉持股的数量有限的情况下，持股的质量非常重要。宋等（Song et al.，2019）认为，处于交叉持股网络中心的公司有利于统筹公司内部及外部资源，增强公司抵抗风险的能力，使公司在复杂多变的市场中能够长期生存。特征向量中心度衡量的交叉持股对象的综合网络地位与越有地位的公司相关联，获得的资源越多。为了从整体角度考察交叉持股网络，本书用主成分分析法提取了交叉持股网络点度中心度、中介中心度和特征向量中心度的最大公因子作为综合中心度指标。交叉持股网络综合中心度越高，所获得的网络信息和资源越多，未来的偿债能力越强，因此公司债利差也越低。综上，本书提出以下假设：

假设 5 - 1：交叉持股网络中心度与公司债融资成本负相关。

并将假设 5 - 1 细化为：

假设 5 - 1a：交叉持股网络中的点度中心度越高，公司债信用利差越低。

假设 5 - 1b：交叉持股网络中的中介中心度越高，公司债信用利差越低。

假设 5 - 1c：交叉持股网络中的特征向量中心度越高，公司债信用利差越低。

假设 5 - 1d：交叉持股网络中的综合中心度越高，公司债一级市场信用利差越低。

5.1.2　交叉持股网络与公司债融资成本的中介效应

在进一步的分析中，我们从资源、信息和公司治理三个渠道探讨了交叉持股网络中心度在降低公司债融资成本中的作用机制。正如前面分析的那样，交叉持股网络的资源效益可以通过与其他成员的各种联系提高成员公司的财务灵活性（Singh and Delios，2017；Peng et al.，2019），这可以增强公司的偿付能力，从而降低债券资本成本。此外，交叉持股网络中更好的位置会导致更高质量的信息披露，降低内外部的信息不对称水平。森古塔（Sengupta，1998）指出，信息披露的质量越高，债券评级越高，债券收益率差就越低。因此，我们预期交叉持股网络的中心度可以提高信息披露的质量，从而降低公司债券融资的成本。公司治理对于债券评级和债券资本成本至关重要，并且有利于提高债券评级和债券资本成本（Ghouma，2018）。作为一种相互监督和分担风险的机制，交叉持股为解决管理上的短视问题和机会主义行为创造了更大的可能性（Gilson and Roe，1993；Osano，1996）。公司的交叉持股网络中心度越高，对公司的监控效果就越强，因此公司向外界发出的信号越合理。这种合理的信号可以被看作公司声誉，可以缓解公司与债权人之间的代理冲突。因此，我们期望交叉持股网络的中心度通过公司治理的渠道降低债券资本成本。我们使用现金流量（Cash）作为资源渠道的代理，使用资产周转率（Turn）作为公司治理渠道的代理。我们用盈余操纵（DA）来衡量公司信息披露的质量。盈余操纵是一个负指标，盈余操纵程度越高，公司信息披露质量越低，反之亦然。因此，本章提出以下假设：

假设 5 - 2：信息通道（盈余操控）是交叉持股网络与公司债融资成本的中介渠道。

假设 5 - 3：资源通道（现金流）是交叉持股网络与公司债融资成本的中介渠道。

假设 5 - 4：治理通道（资产周转率）是交叉持股网络与公司债融资成本的中介渠道。

5.1.3　交叉持股网络与公司债融资成本的地理位置异质性分析

上市公司的地理位置对与外界沟通的效率以及经济活动的结果有影响（Coval and Moskowitz，1999；Agarwal and Hauswald，2010；Jensen et al.，2015）。一家公司所在的地方越偏远，它所面临的信息不对称就越大。因此，地理位置越差，融资约束越大。在这种情况下，社会网络可以有效地促进信息的流动，例如，嵌入在交叉持股网络中心的公司可以在一定程度上弥补信息的不足。距离，作为公司地理位置的代理，被定义为公司与中国前十名城市之间的最小距离。具体来说，我们首先将中国每个城市的上市公司数量加起来进行排序，然后选出十大城市。接下来，我们逐一计算每家公司所在地与前十大城市市政府之间的距离，得到最小距离。为了与其他变量的单位大致一致，我们把最小距离除以 1000 公里。本章提出假设：

假设 5 - 5：相对于地理位置好的公司，地理位置偏远的高管连锁网络中心度对公司债融资成本的影响更大。

5.2　实证研究设计

5.2.1　样本选择与数据来源

本章研究交叉持股网络与公司债融资成本的关系，由于我国的第一只公司债于 2007 年发行，因此本章选择了 2007 年至 2018 年所有 A 股上市公司的所有一般公司债样本。公司债发行的数据来自 Wind 数据库，上市公司财务指标来源于 CSMAR 数据库。根据交叉持股的情况，编制了交叉持股网络的单值和多值邻接矩阵，从而计算得到上市公司每年度的交叉持股网络中心度，交叉持股基础数据来源于 Wind 数据库。根据惯例，本章对样本的处理如下：（1）删除数据不完整的样本；（2）删除金融公司样本；（3）连续变量的进行 1% 缩尾处理，以避免异常值的影响。

5.2.2 变量设置及定义

1. 解释变量

交叉持股网络中心度是本章的主要解释变量。在本章的设定中，上市公司是通过相互持有对方的股份来联结的，这包括直接关系和间接关系。公司被认为是网络中的点，公司之间的直接和间接联系是线。所有点和线形成了年度交叉持股网络。平木等（Hiraki et al., 2003）认为有必要区分单向持股和双向持股，在计算网络中心度时，我们使用两种网络：单值网络和加权网络。在单值网络中，公司之间存在单向或双向持股行为则公司之间的关系为 1，否则为 0，如此构造了每年的单值交叉持股网络邻接矩阵。在多值网络中，当两家公司之间存在单向持股行为时，两家公司的关系为 1，当两家公司之间相互持股时，公司的关联赋值为 2，既无双向持股也无单向持股时赋值为 0。从而建立了每年的交叉持股加权邻接矩阵。最后，基于两个邻接矩阵的网络中心度，计算得到交叉持股单值中心度和交叉持股单值中心度。

具体来说，单值交叉持股网络中心度包括点度中心度（JCDegree_d）、中介中心度（JCBetween_d）、特征向量中心度（JCEigen_d）和综合中心度（JCPc1_d）四个指标。多值交叉持股网络中心度包括点度中心度（JCDegree_w）、中介中心度（JCBetween_w）、特征向量中心度（JCEigen_w）和综合中心度（JCPc1_w）四个指标。中心度的计算公式参考 3.2.2 节。我们使用 Matlab 计算点度中心度、中介中心度和特征向量中心度，考虑到三者之间的高线性相关性，进而运用进行主成分分析，提取主因子作为交叉持股网络中心度的综合指标，即：JCPc1_d 和 JCPc1_w。

2. 被解释变量

本书采用一级市场的信用利差来衡量公司债的资本成本。计算过程如下：根据公司债的发行日期和发行期限，匹配相应的国债。国债的数据使用中债登网站披露的中债国债收益率曲线的数据。用公司债的票面利率减去匹配的中债国债利率得到中债利差。在稳健性回归中，用 iFinD 金融终端数据库提供的国债收益率曲线数据代替中债登网站披露的中债国债到期收益率曲线计算得到公司债国债利差作为因变量进行稳健性检验。控制变量包括公司债发行数额、发行期限、主体信用评级、债项评级、净资产收益率、负债率、公司规模、分析师跟踪和产权性质等。

3. 控制变量

本章在实证模型中加入债券层面的控制变量和公司层面的控制变量。本章的控制变量与第3章相同，为了节省篇幅，此处不再累述。

5.2.3 模型设定

为了验证假设 5–1，本章构建了模型（5–1）：

$$\begin{aligned} \text{Spread}_{it} = {} & \beta_0 + \beta_1 \text{Cross-holding centrality}_{it} + \beta_2 \text{Amount}_{it} \\ & + \beta_3 \text{Maturity}_{it} + \beta_4 \text{Credit}_{it} + \beta_5 \text{Credit1}_{it} + \beta_6 \text{Put}_{it} \\ & + \beta_7 \text{ROA}_{it} + \beta_8 \text{Lev}_{it} + \beta_9 \text{Sise}_{it} + \beta_{10} \text{State}_{it} \\ & + \beta_{11} \text{EPU}_{it} + \sum \text{Industry} + \sum \text{Year} + \varepsilon_{it} \quad (5-1) \end{aligned}$$

其中，Spread1 是公司债利差，Cross-holding centrality 是交叉持股网络中心度，包括：交叉持股网络单值中心度（JCPc1_d、JCDegree_d、JCBetween_d 和 JCEigen_d）和交叉持股网络多值中心度（JCPc1_w、JCDegree_w、JCBetween_w 和 JCEigen_w）。当 β_1 显著为负时，说明交叉持股网络中心度能显著降低公司债融资成本。

为了检验中介效应，验证假设 5–2：信息通道（盈余管理）是交叉持股网络与公司债融资成本的中介渠道，本章添加了模型（5–2）

和模型（5-3）：

$$
\begin{aligned}
DA_{it} = {} & \alpha_0 + \alpha_1 \text{Cross-holding centrality}_{it} + \alpha_2 \text{Amount}_{it} + \alpha_3 \text{Maturity}_{it} \\
& + \alpha_4 \text{Credit}_{it} + \alpha_5 \text{Credit1}_{it} + \alpha_6 \text{Put}_{it} + \alpha_7 \text{ROA}_{it} \\
& + \alpha_8 \text{Lev}_{it} + \alpha_9 \text{Sise}_{it} + \alpha_{10} \text{State}_{it} + \alpha_{11} \text{EPU}_{it} \\
& + \sum \text{Industry} + \sum \text{Year} + \varepsilon_{it}
\end{aligned} \tag{5-2}
$$

$$
\begin{aligned}
Spread_{it} = {} & \lambda_0 + \lambda_1 \text{Cross-holding centrality}_{it} + \lambda_2 DA_{it} + \lambda_3 \text{Amount}_{it} \\
& + \lambda_4 \text{Maturity}_{it} + \lambda_5 \text{Credit}_{it} + \lambda_6 \text{Credit1}_{it} + \lambda_7 \text{Put}_{it} + \lambda_8 \text{ROA}_{it} \\
& + \lambda_9 \text{Lev}_{it} + \lambda_{10} \text{Sise}_{it} + \lambda_{11} \text{State}_{it} + \lambda_{12} \text{EPU}_{it} \\
& + \sum \text{Industry} + \sum \text{Year} + \varepsilon_{it}
\end{aligned} \tag{5-3}
$$

模型（5-2）中的被解释变量是信息中介变量（DA），主要解释变量是 Cross-holding centrality，其他控制变量与模型（5-1）一致。当 α_1 显著为负时，说明交叉持股网络中心度能显著减少公司的盈余管理程度。中介效应检验第三步，将中介变量 DA 加入模型（5-1）得到模型（5-3），考察加入中介变量后，主要解释变量及中介变量对公司债利差的回归系数的表现。当 λ_2 显著为负时，λ_1 不显著时，说明中介变量充当了完全中介作用。当 λ_2 显著为负时，λ_1 也显著为负，但是显著性或者系数小于模型（5-1）中的 β_1 时，说明盈余管理有部分中介作用。

为了检验交叉持股网络与公司债融资成本的资源渠道，验证假设 5-3，本章添加了模型（5-4）和模型（5-5）：

$$
\begin{aligned}
Cash\ flow_{it} = {} & \alpha_0 + \alpha_1 \text{Cross-holding centrality}_{it} + \alpha_2 \text{Amount}_{it} \\
& + \alpha_3 \text{Maturity}_{it} + \alpha_4 \text{Credit}_{it} + \alpha_5 \text{Credit1}_{it} + \alpha_6 \text{Put}_{it} \\
& + \alpha_7 \text{ROA}_{it} + \alpha_8 \text{Lev}_{it} + \alpha_9 \text{Sise}_{it} + \alpha_{10} \text{State}_{it} \\
& + \alpha_{11} \text{EPU}_{it} + \sum \text{Industry} + \sum \text{Year} + \varepsilon_{it}
\end{aligned} \tag{5-4}
$$

$$
\begin{aligned}
Spread_{it} = {} & \lambda_0 + \lambda_1 \text{Cross-holding centrality}_{it} + \lambda_2 \text{Cash flow}_{it} \\
& + \lambda_3 \text{Amount}_{it} + \lambda_4 \text{Maturity}_{it} + \lambda_5 \text{Credit}_{it} + \lambda_6 \text{Credit1}_{it} \\
& + \lambda_7 \text{Put}_{it} + \lambda_8 \text{ROA}_{it} + \lambda_9 \text{Lev}_{it} + \lambda_{10} \text{Sise}_{it} + \lambda_{11} \text{State}_{it} \\
& + \lambda_{12} \text{EPU}_{it} + \sum \text{Industry} + \sum \text{Year} + \varepsilon_{it}
\end{aligned} \tag{5-5}
$$

模型（5-4）中的被解释变量是资源中介变量（Cash flow），主要解释变量是 Cross-holding centrality，其他控制变量与模型（5 - 1）一致。当 α_1 显著为正时，说明交叉持股网络中心度能显著提高公司的金融关联的人数。中介效应检验第三步，将中介变量 Cash flow 加入模型（5 - 1）得到模型（5 - 5），考察加入中介变量后，主要解释变量及中介变量对公司债利差的回归系数的表现。当 λ_2 显著为负时，λ_1 不显著时，说明中介变量充当了完全中介作用。当 λ_2 显著为负时，λ_1 也显著为负，但是显著性或者系数小于模型（5 - 1）中的 β_1 时，说明 Cash flow 有部分中介作用。

为了检验交叉持股网络与公司债融资成本的信任渠道，验证假设 5 - 3：治理通道（公司评级）是交叉持股网络与公司债融资成本的中介渠道，本章添加了模型（5 - 6）和模型（5 - 7）：

$$
\begin{aligned}
\text{Turnover}_{it} = {} & \alpha_0 + \alpha_1 \text{Cross-holding centrality}_{it} + \alpha_2 \text{Amount}_{it} \\
& + \alpha_3 \text{Maturity}_{it} + \alpha_4 \text{Credit1}_{it} + \alpha_5 \text{Put}_{it} + \alpha_6 \text{ROA}_{it} \\
& + \alpha_7 \text{Lev}_{it} + \alpha_8 \text{Sise}_{it} + \alpha_9 \text{State}_{it} + \alpha_{10} \text{EPU}_{it} \\
& + \sum \text{Industry} + \sum \text{Year} + \varepsilon_{it}
\end{aligned} \tag{5 - 6}
$$

$$
\begin{aligned}
\text{Spread}_{it} = {} & \lambda_0 + \lambda_1 \text{Cross-holding centrality}_{it} + \lambda_2 \text{Turnover}_{it} \\
& + \lambda_3 \text{Amount}_{it} + \lambda_4 \text{Maturity}_{it} + \lambda_5 \text{Credit}_{it} + \lambda_6 \text{Credit1}_{it} \\
& + \lambda_7 \text{Put}_{it} + \lambda_8 \text{ROA}_{it} + \lambda_9 \text{Lev}_{it} + \lambda_{10} \text{Sise}_{it} + \lambda_{11} \text{State}_{it} \\
& + \lambda_{12} \text{EPU}_{it} + \sum \text{Industry} + \sum \text{Year} + \varepsilon_{it}
\end{aligned} \tag{5 - 7}
$$

模型（5 - 6）中的被解释变量是信任中介变量（Turnover），主要解释变量是 Cross-holding centrality，其他控制变量与模型（5 - 1）一致。当 α_1 显著为正时，说明交叉持股网络中心度能显著增加公司的信用评级。中介效应检验第三步，将中介变量 Turnover 加入模型（5 - 1）得到模型（5 - 6），考察加入中介变量后，主要解释变量及中介变量对公司债利差的回归系数的表现。当 λ_2 显著为负时，λ_1 不显著时，说明中介变量充当了完全中介作用。当 λ_2 显著为负时，λ_1 也显著为负，但是显著性或者系数小于模型（5 - 1）中的 β_1 时，说明 Turnover 有部分中介作用。

为了验证假设 5 - 5，本章构建了异质性分析模型（5 - 8）：

$$
\begin{aligned}
\text{Spread}_{it} = {} & \beta_0 + \beta_1 \text{State}_{it} + \beta_2 \text{Cross-holding centrality}_{it} \times \text{State}_{it} \\
& + \beta_3 \text{TMT Network centrality}_{it} + \beta_4 \text{Amount}_{it} + \beta_5 \text{Maturity}_{it} \\
& + \beta_6 \text{Credit}_{it} + \beta_7 \text{Credit1}_{it} + \beta_8 \text{Put}_{it} + \beta_9 \text{ROA}_{it} + \beta_{10} \text{Lev}_{it} \\
& + \beta_{11} \text{Sise}_{it} + \beta_{12} \text{EPU}_{it} + \sum \text{Industry} + \sum \text{Year} + \varepsilon_{it}
\end{aligned}
$$

$$(5-8)$$

在模型（5 - 1）中加入了地理位置和交叉持股网络中心度的交互项，交互项的回归系数 β_2 显著为正时，说明相对于地理位置好的公司，地理位置偏远的公司的交叉持股网络中心度对公司债利差的影响更大。本章的变量定义见表 5 - 1。

表 5 - 1　　　　　　　　　　　　变量定义

变量	变量描述
Spread1	中债利差，公司债票面利率减去与公司债发行日期和发行期限相匹配的中债国债收益率
Spread2	国债利差，公司债票面利率减去与公司债发行日期和发行期限相匹配的国债收益率
JCPc1_d	交叉持股网络单值综合中心度
JCDegree_d	交叉持股网络单值点度中心度
JCBetween_d	交叉持股网络单值中介中心度
JCEigen_d	交叉持股网络多值特征向量中心度
JCPc1_w	交叉持股网络多值综合中心度
JCDegree_w	交叉持股网络多值点度中心度
JCBetween_w	交叉持股网络多值中介中心度
JCEigen_w	交叉持股网络多值特征向量中心度
Credit	公司债主体评级，数值介于 1（A +）和 5（AAA）之间
Credit1	公司债债项评级，数值介于 1（AA -）和 4（AAA）之间
Maturity	债券发行期限的自然对数
Amount	债券发行金额的自然对数

续表

变量	变量描述
Put	虚拟变量，可回售公司债1，不可回售的公司债为0
Lev	资产负债率，总负债/总资产
SOE	虚拟变量，发债主体为国企时赋值为，否则为0
Size	公司规模，取公司总资产的自然对数
ROA	净资产收益率，净利润/总资产
Analysts	当年公司分析师跟踪人数的对数
EPU_1	公司债发行的当月及前三月的经济政策不确定性的平均数，并取对数进行平稳处理

5.3　描述性统计与相关性分析

5.3.1　描述性统计表

表 5 - 2 报告了变量的描述性统计。公司债利差的平均数为 2.266%，中位数为 2.066%。重点讨论本章的解释变量，交叉持股网络中心度。单值网络的中心度与多值网络中心度的四个变量的数值没有太大区别，平均数、标准差和中位数几乎是一样的，只有最大值体现出一些差别。单值网络的中心度 JCPc1_d、JCDegree_d、JCBetween_d 和 JCEigen_d 的平均值分别是 0.004、0.024、0.009 和 0.034，最大值分别是 0.209、0.333、0.200 和 0.281。多值网络中心度 JCPc1_w、JC-Degree_w、JCBetwee_wn 和 JCEigen_w 的平均值分别是 0.004、0.024、0.009 和 0.034，最大值分别是 0.208、0.333、0.197 和 0.265。这说明在现有的 A 股市场，主要还是单向持股，双向持股数量不显眼。其次，4 个中心度变量中，点度中心度和特征向量中心度的数值相对更大，而中介中心度和综合中心度的数值相对较小，说明在交叉持股网络里公司间的直接关联以及与位于中心的公司相关联是主要的连接方式，而

占据控制位置的公司是少数。

表 5 – 2　　　　　　交叉持股网络主要回归变量描述性统计

变量	样本量	平均值	标准差	中位数	最小值	最大值
Spread1 （%）	1116	2.266	1.102	2.066	0.356	5.027
JCPc1_d	1116	0.004	0.024	− 0.005	− 0.009	0.209
JCDegree_d	1116	0.024	0.044	0.008	0.000	0.333
JCBetween_d	1116	0.009	0.024	0.000	0.000	0.200
JCEigen_d	1116	0.034	0.035	0.031	0.000	0.281
JCPc1_w	1116	0.004	0.024	− 0.005	− 0.009	0.208
JCDegree_w	1116	0.024	0.044	0.008	0.000	0.333
JCBetween_w	1116	0.009	0.025	0.000	0.000	0.197
JCEigen_w	1116	0.034	0.035	0.031	0.000	0.265
Amount （亿）（取对数前）	1116	12.58	11.14	10.00	1.000	60.00
Amount （亿）（取对数后）	1116	2.333	0.747	2.398	0.693	4.263
Maturity （取对数前）	1116	4.972	1.664	5.000	2.000	10.00
Maturity （取对数后）	1116	1.751	0.267	1.792	1.099	2.398
Credit	1116	3.769	0.992	4.000	1.000	5.000
Credit1	1116	3.030	0.889	3.000	1.000	4.000
Put	1116	0.331	0.471	0.000	0.000	1.000
ROA （%）	1116	0.032	0.031	0.027	− 0.073	0.134
Lev	1116	0.593	0.146	0.603	0.255	0.862
Size	1116	24.04	1.587	23.79	21.28	28.41
State	1116	0.540	0.499	1.000	0.000	1.000
Analysts	1116	2.155	1.021	2.303	0.000	3.761
EPU_1	1116	4.968	0.386	4.852	4.455	5.836

5.3.2　相关性分析

对交叉持股回归中的主要变量进行相关分析。由于篇幅的限制，尤其是横向篇幅有限，因此只对回归中的主要解释变量进行相关性分析。各变量的相关系数见表 5 - 3。Panel A 呈现的是单值网络的相关性分析，Panel B 呈现的是多值网络的相关性分析。正如研究假设所预期的，交叉持股中心度变量与公司债发行利差呈显著的负相关关系。具体而言：单值网络中，公司债利差与综合中心度、点度中心度、中介中心度和特征向量中心度的 Person 相关系数（左下矩阵）分别为 - 0.244、- 0.298、- 0.240 和 - 0.174，且全在 1% 水平上显著。Spearman 的相关系数（右上矩阵）分别为 - 0.217、- 0.403、- 0.374 和 - 0.043，除了特征向量中心度外，均在 1% 水平上显著。Panel B 中，公司债利差与加权网络的相关系数结果与 Panel A 的结果一致。相关性分析结果初步表明，交叉持股网络中心度与公司债融资成本呈负相关关系。其次，我们观察中心度之间相关性，以单值交叉持股网络为例。综合中心度与点度中心度、中介中心度和特征向量中心度的 Person 相关系数分别为 0.907、0.911 和 0.729，且全在 1% 水平上显著。点度中心度与中介中心度和特征向量中心度的 Person 相关系数分别为 0.877 和 0.563，P 值小于 0，而中介中心度和特征向量中心度的 Person 相关系数为 0.502，在 1% 水平上显著。说明各中心度之间的相关性很强，在同一个模型中，可能会引起严重的多种共线性问题，因此在下面的回归分析中，每个中心度都单独列在不同模型中。

表 5 - 3　　　　交叉持股网络与公司债利差相关性分析

Panel A：交叉持股单值网络

	Spread1	JCPc1_d	JCDegree_d	JCBetween_d	JCEigen_d
Spread1		- 0.217 ***	- 0.403 ***	- 0.374 ***	- 0.043
JCPc1_d	- 0.244 ***		0.589 ***	0.775 ***	0.428 ***

续表

Panel A：交叉持股单值网络

	Spread1	JCPc1_d	JCDegree_d	JCBetween_d	JCEigen_d
JCDegree_d	− 0. 298 ***	0. 907 ***		0. 847 ***	− 0. 131 ***
JCBetween_d	− 0. 240 ***	0. 911 ***	0. 877 ***		0. 076 **
JCEigen_d	− 0. 174 ***	0. 729 ***	0. 563 ***	0. 502 ***	

Panel B：交叉持股多值网络

	Spread1	JCPc1_w	JCDegree_w	JCBetween_w	JCEigen_w
Spread1		− 0. 219 ***	− 0. 404 ***	− 0. 373 ***	− 0. 044
JCPc1_w	− 0. 245 ***		0. 590 ***	0. 779 ***	0. 411 ***
JCDegree_w	− 0. 299 ***	0. 905 ***		0. 841 ***	− 0. 135 ***
JCBetween_w	− 0. 239 ***	0. 919 ***	0. 876 ***		0. 074 **
JCEigen_w	− 0. 176 ***	0. 715 ***	0. 554 ***	0. 499 ***	

5.3.3　单变量检验

表 5 - 4 显示的交叉持股网络中心度与公司债发行利差的单变量分析。按照是否为中心度前 1/3 数值的标准数进行分组，随后，分别就不同分组间的考察各个交叉持股网络中心度对公司债融资成本的影响进行均值 T 检验。Panel A 中为交叉持股单值网络的均值 T 检验结果。以交叉持股单值网络综合中心度为例，按照数值是否为前 1/3 为标准，将交叉持股单值网络点度中心度划分成低点度中心度组和高点度中心度组后，对不同组的公司债利差进行均值 T 检验。从 Panel A 中可见，单值点度中心度低的组其公司债发行利差的均值为 2. 517，中心度高组均值为 1. 763，均值差异为 0. 755 并且在 1% 水平上显著。因此，单值点度中心度低的组其公司债发行利差的均值显著低于单值点度中心度高的组，结果初步表明单值点度中心度的提高有助于降低公司债券发行的成本，验证了假设 5 - 1b。表 5 - 4 其他中心度的单变量检验的结

果说明了低中心度组的公司债利差均值显著高于高中心度组的公司债利差均值。

表 5 - 4　　　　　　交叉持股网络单变量检验

Panel A：单值网络

变量	低中心度组		高中心度组		
	样本量	均值	样本量	均值	差异
综合中心度	744	2.512	372	1.773	0.739 ***
点度中心度	744	2.517	372	1.763	0.755 ***
中介中心度	744	2.513	372	1.772	0.741 ***
特征向量中心度	744	2.401	372	1.996	0.405 ***

Panel B：多值网络

变量	低中心度组		高中心度组		
	样本量	均值	样本量	均值	差异
综合中心度	744	2.505	372	1.788	0.716 ***
点度中心度	744	2.514	372	1.769	0.746 ***
中介中心度	744	2.524	372	1.749	0.775 ***
特征向量中心度	744	2.397	372	2.003	0.394 ***

5.4　实证结果分析

5.4.1　交叉持股网络与公司债融资成本基本回归

本章内容研究了交叉持股网络与公司债融资成本的关系。根据所确定的样本数据对模型（5 - 1）进行多元回归检验。为了节约篇幅，以下的回归分析中的因变量只选取中债利差作为公司债融资成本的代理变量，主要解释变量是交叉持股的八个中心度。表5－5为交叉持股网络中心度与公司债利差的多元回归结果。表5－5中左边部分为单值交叉持股网络的回归结果，表中右边部分为多值交叉持股网络的回归结果。列（1）为交叉持股单值网络的综合中心度与公司债利差的回归结果。交叉持股综合中心度的回归系数显著为负（$\beta = -3.142$，$T = -3.625$），在1%水平上显著为负，表明交叉持股网络单值综合中心度与公司债融资成本负相关。由表5－2可知，单值综合中心度的标准差为0.024，就经济意义而言，交叉持股单值综合中心度提高一个标准差，公司债利差将减少7.54个基点（-3.142×0.024）。比总体单值高管连锁网络综合中心度的经济意义少了0.09个基点。列（2）是交叉持股单值网络的点度中心度与公司债利差的回归结果。点度中心度的回归系数显著为负（$\beta = -2.208$，$T = -4.130$），表明交叉持股单值网络点度中心度与公司债融资成本负相关。从描述性统计表可知，单值点度中心度的标准差为0.044。就经济意义而言，交叉持股单值点度中心度提高一个标准差，公司债利差将减少9.72个基点（-2.208×0.044）。比单值总体高管连锁网络综合中心度的经济意义高了4.56个基点。说明就单值点度中心度发挥的效果而言，交叉持股网络比高管连锁网络更有利。交叉持股点度中心度描述的是与公司有单项持股或者交叉持股的公司数量，因此该系数结果说明与越多的公司建立交叉持股的连接，公司被资本市场认可的可能性越高，资本成本越低。列（3）为交叉持股单值网络的中介中心度与公司债利差的回归结果。点度中心度的回归系数显著为负（$\beta = -2.881$，$T = -3.272$），表明交叉持股网络中介中心度与公司债融资成本负相关。交叉持股网络中介中心度衡量上市公司在交叉持股网络中作为中介角色的程度。就经济意义而言，交叉持股单值中介中心度提高一个标准差，公司债利差将减少6.91个基点（2.881×0.024）。比单值总体高管连锁网络综合中心度的经济意义高了1.59个基点。列（4）为单值网络的特征向量中心度与公司债利差的回归结果。特征向量中心度的回归系数显著为负（$\beta = -1.431$，$T = -2.886$），表明特征向量中心度与公司债融资成本负相关。交叉

表 5－5　交叉持股网络与公司债融资成本多元回归结果

单值网络	Spread1 (1)	Spread1 (2)	Spread1 (3)	Spread1 (4)	多值网络	Spread1 (5)	Spread1 (6)	Spread1 (7)	Spread1 (8)
JCPc1_d	-3.142*** (-3.625)				JCPc1_w	-3.098*** (-3.585)			
JCDegree_d		-2.208*** (-4.130)			JCDegree_w		-2.185*** (-4.124)		
JCBetween_d			-2.881*** (-3.272)		JCBetween_w			-2.840*** (-3.275)	
JCEigen_d				-1.431*** (-2.886)	JCEigen_w				-1.420*** (-2.839)
Amount	-0.099** (-2.429)	-0.096** (-2.366)	-0.098** (-2.415)	-0.101** (-2.436)	Amount	-0.099** (-2.431)	-0.095** (-2.362)	-0.099** (-2.417)	-0.101** (-2.442)
Maturity	-0.333*** (-3.841)	-0.331*** (-3.843)	-0.344*** (-3.959)	-0.339*** (-3.917)	Maturity	-0.334*** (-3.849)	-0.332*** (-3.858)	-0.343*** (-3.948)	-0.340*** (-3.926)
Credit	-0.395*** (-8.222)	-0.396*** (-8.299)	-0.393*** (-8.174)	-0.387*** (-8.104)	Credit	-0.394*** (-8.213)	-0.396*** (-8.287)	-0.393*** (-8.179)	-0.386*** (-8.089)
Credit1	-0.318*** (-8.201)	-0.319*** (-8.288)	-0.320*** (-8.276)	-0.318*** (-8.196)	Credit1	-0.318*** (-8.205)	-0.319*** (-8.294)	-0.320*** (-8.277)	-0.318*** (-8.197)
Put	-0.067 (-1.099)	-0.062 (-1.017)	-0.064 (-1.058)	-0.065 (-1.058)	Put	-0.067 (-1.095)	-0.062 (-1.009)	-0.065 (-1.065)	-0.064 (-1.052)

续表

	单值网络				多值网络			
	Spread1	Spread1	Spread1	Spread1	Spread1	Spread1	Spread1	Spread1
	(1)	(2)	(3)	(4)	(5)	(6)	(7)	(8)
ROA	-2.753*** (-3.738)	-2.760*** (-3.749)	-2.814*** (-3.820)	-2.782*** (-3.769)	-2.750*** (-3.732)	-2.763*** (-3.751)	-2.809*** (-3.813)	-2.778*** (-3.761)
Lev	0.789*** (3.858)	0.742*** (3.612)	0.802*** (3.919)	0.853*** (4.201)	0.791*** (3.871)	0.745*** (3.631)	0.801*** (3.912)	0.857*** (4.223)
Size	0.115*** (3.557)	0.125*** (3.830)	0.112*** (3.448)	0.096*** (3.126)	0.114*** (3.541)	0.124*** (3.812)	0.112*** (3.453)	0.095*** (3.099)
Analysts	-0.090*** (-3.873)	-0.092*** (-3.986)	-0.087*** (-3.760)	-0.088*** (-3.738)	-0.090*** (-3.867)	-0.092*** (-3.978)	-0.087*** (-3.762)	-0.087*** (-3.729)
State	-0.664*** (-12.158)	-0.653*** (-11.880)	-0.661*** (-12.089)	-0.673*** (-12.281)	-0.664*** (-12.153)	-0.653*** (-11.872)	-0.661*** (-12.090)	-0.672*** (-12.277)
EPU_1	0.776*** (4.409)	0.774*** (4.432)	0.786*** (4.455)	0.771*** (4.358)	0.777*** (4.410)	0.774*** (4.430)	0.785*** (4.453)	0.772*** (4.361)
Constant	0.312 (0.296)	0.126 (0.120)	0.335 (0.317)	0.783 (0.765)	0.323 (0.306)	0.146 (0.139)	0.333 (0.315)	0.793 (0.774)
Year	Yes	Yes	Yes	Yes	Yes	Yes	Yes	Yes
Industry	Yes	Yes	Yes	Yes	Yes	Yes	Yes	Yes
N	1116	1116	1116	1116	1116	1116	1116	1116
R-squared	0.630	0.631	0.629	0.628	0.630	0.631	0.629	0.628

持股网络特征向量中心度是指当前公司的交叉持股伙伴公司在网络中的位置的综合值描述。伙伴公司的网络地位越高，资源越多，公司本身所获得的好处越大。就经济意义而言，交叉持股单值特征向量中心度提高一个标准差，公司债利差将减少 5.01 个基点（ $-1.431 \times$ 0.035 ）。比单值总体高管连锁网络综合中心度的经济意义少了 4.76 个基点。

列（5）~列（8）是交叉持股多值网络中心度与公司债利差的回归结果。列（1）~列（4）回归的数据中，考虑的是公司间由交叉持股公司间的 0-1 关系，有交叉持股为 1，否则为 0。而列（5）~列（8）的多值网络考虑了三种情况，公司关系为单向持股时数值为 1，双方相互持有股份时为 2，两者都没有时为 3。因此，多值网络考虑的情况更具体。关于多值网络的回归结果，列（5）是交叉持股多值网络综合中心度与公司债利差的回归结果。系数在 1% 水平上显著为负（ $\beta = -3.098$ ， $T = -3.585$ ）。在描述性统计中，交叉持股多值综合中心度的标准差为 0.024，就经济意义而言，交叉持股多值综合中心度提高一个标准差，公司债利差将减少 7.44 个基点（ -3.098×0.024 ）。这个数值比交叉持股单值网络综合中心度的经济意义少了 0.1 个基点。说明了交叉持股单值网络比多值网络的整体网络表现差；比全部高管连锁网络多值综合中心度的经济意义高了 1.81 个基点。列数（6）是交叉持股网络多值点度中心度与公司债利差的回归。系数在 5% 水平上显著为负（ $\beta = -2.185$ ， $T = -4.124$ ），表明交叉持股网络多值点度中心度与公司债利差呈负相关。多值点度中心度指在上市公司交叉持股成员连锁构成的网络中，公司所有在外连锁的交叉持股的人数及连锁公司数量的加总。就经济意义而言，交叉持股多值点度中心度提高一个标准差，公司债利差将减少 9.61 个基点（ -2.185×0.044 ）。相对单值网络点度中心度的经济效益减少了 0.11 个基点，又比全部高管连锁网络多值点度中心度的经济意义提高了 3.9 个基点。列（7）是交叉持股网络多值中介中心度与公司债利差的回归结果。交叉持股网络中介中心度回归系数为负值（ $\beta = -2.840$ ， $T = -3.275$ ），说明交叉持股网络中介中心度与公司债务资本成本呈负相关。中介指标反映了上市公司在网络中的桥梁地位。由于"桥"可以为其他公司提供连接渠道，甚至是不可替代的通道，因此中介中心度在网络上不仅享有信息和资源优势，还能在一定程度上控制信息和资源。就经济意义而言，交叉持股多值中介中心度提高一个标准差，公司债利差将减少 7.1 个基点（-2.840×0.025）。比单值网络的中介中心度效果好 0.09 个基点，比全部高管连锁网络多值中介中心度的经济意义高了 1.74 个基点。列（8）是交叉持股多值网络特征向量中心度与公司债利差的回归结果。其回归系数为负值（$\beta = -1.420$，$T = -2.839$）。特征向量中心度是对上市公司与网络连接的"邻里"公司的位置进行的度量。邻居的位置越好，公司获益越大。并且，就经济意义而言，交叉持股多值特征向量中心度提高一个标准差，公司债利差将减少 4.97 个基点（-1.420×0.035），效果略低于交叉持股单值网络特征向量中心度。特征向量中心度是衡量与当前公司有连锁任职关系的其他公司的网络地位的指标，及"邻居"公司的地位。因此，在搜索连锁目标时，可以考虑的策略是，增加"邻居"数量，即单向持股的数量，而非双向持股的数量。

5.4.2 交叉持股与连锁网络同一个模型回归

为了进一步考察交叉持股网络和连锁高管网络对公司债融资成本的单独贡献。本章将交叉持股网络中心度和连锁高管网络中心度放在同一个模型中。表 5-6 报告了相应的回归结果。从各列的回归系数可以看到，控制交叉持股网络中心度的影响后，连锁网络中心度的系数在前 7 列中显著为负，说明除了多值特征向量中心度外，其连锁网络中心度能显著减少公司债利差。控制连锁网络中心度后，交叉持股网络中心度在所有列中都显著为负，进一步说明了交叉持股网络降低公司债融资成本有独立的作用。

表 5－6   交叉持股与连锁网络同一个模型回归

单值网络	Spread1 (1)	Spread1 (2)	Spread1 (3)	Spread1 (4)	多值网络	Spread1 (5)	Spread1 (6)	Spread1 (7)	Spread1 (8)
LSPc1_d	−1.002 *** (−3.795)				LSPc1_w	−0.561 *** (−3.029)			
JCPc1_d	−3.179 *** (−3.682)				JCPc1_w	−3.208 *** (−3.687)			
LSDegree_d		−0.347 ** (−2.435)			LSDegree_w		−0.384 *** (−2.611)		
JCDegree_d		−2.215 *** (−4.155)			JCDegree_w		−2.186 *** (−4.150)		
LSBetween_d			−0.467 *** (−3.008)		LSBetween_w			−0.440 *** (−3.016)	
JCBetween_d			−2.985 *** (−3.362)		JCBetween_w			−2.937 *** (−3.361)	
LSEigen_d				−1.322 *** (−5.717)	LSEigen_w				0.248 (0.585)
JCEigen_d				−1.147 ** (−2.288)	JCEigen_w				−1.426 *** (−2.848)

续表

单值网络	Spread1 (1)	Spread1 (2)	Spread1 (3)	Spread1 (4)	多值网络	Spread1 (5)	Spread1 (6)	Spread1 (7)	Spread1 (8)
Amount	-0.099** (-2.429)	-0.094** (-2.341)	-0.099** (-2.450)	-0.095** (-2.328)	Amount	-0.100** (-2.450)	-0.095** (-2.367)	-0.099** (-2.437)	-0.101** (-2.436)
Maturity	-0.328*** (-3.752)	-0.331*** (-3.817)	-0.337*** (-3.862)	-0.340*** (-3.918)	Maturity	-0.330*** (-3.779)	-0.332*** (-3.832)	-0.337*** (-3.855)	-0.339*** (-3.911)
Credit	-0.369*** (-7.660)	-0.381*** (-7.972)	-0.377*** (-7.814)	-0.360*** (-7.491)	Credit	-0.376*** (-7.834)	-0.378*** (-7.908)	-0.377*** (-7.822)	-0.386*** (-8.080)
Credit1	-0.323*** (-8.361)	-0.326*** (-8.460)	-0.322*** (-8.345)	-0.321*** (-8.262)	Credit1	-0.321*** (-8.321)	-0.327*** (-8.481)	-0.321*** (-8.334)	-0.319*** (-8.199)
Put	-0.070 (-1.144)	-0.068 (-1.118)	-0.064 (-1.050)	-0.072 (-1.183)	Put	-0.069 (-1.119)	-0.069 (-1.125)	-0.065 (-1.063)	-0.065 (-1.055)
ROA	-2.597*** (-3.547)	-2.649*** (-3.617)	-2.718*** (-3.707)	-2.593*** (-3.499)	ROA	-2.644*** (-3.604)	-2.660*** (-3.629)	-2.709*** (-3.689)	-2.790*** (-3.775)
Lev	0.796*** (3.868)	0.754*** (3.658)	0.804*** (3.919)	0.876*** (4.297)	Lev	0.793*** (3.865)	0.758*** (3.676)	0.806*** (3.924)	0.859*** (4.227)
Size	0.111*** (3.406)	0.120*** (3.660)	0.111*** (3.395)	0.086*** (2.775)	Size	0.113*** (3.472)	0.118*** (3.638)	0.111*** (3.393)	0.095*** (3.091)

续表

	单值网络 (1) Spread1	(2) Spread1	(3) Spread1	(4) Spread1	多值网络 (5) Spread1	(6) Spread1	(7) Spread1	(8) Spread1
Analysts	-0.092*** (-4.015)	-0.092*** (-3.988)	-0.086*** (-3.741)	-0.099*** (-4.269)	-0.089*** (-3.862)	-0.092*** (-4.011)	-0.086*** (-3.729)	-0.088*** (-3.744)
State	-0.672*** (-12.456)	-0.650*** (-11.900)	-0.667*** (-12.247)	-0.697*** (-12.818)	-0.666*** (-12.271)	-0.648*** (-11.871)	-0.668*** (-12.244)	-0.673*** (-12.287)
EPU_1	0.760*** (4.371)	0.765*** (4.393)	0.770*** (4.403)	0.772*** (4.446)	0.762*** (4.363)	0.771*** (4.442)	0.766*** (4.376)	0.773*** (4.364)
Constant	0.544 (0.516)	0.364 (0.344)	0.430 (0.407)	1.082 (1.062)	0.459 (0.435)	0.378 (0.358)	0.431 (0.408)	0.780 (0.761)
Year	Yes	Yes	Yes	Yes	Yes	Yes	Yes	Yes
Industry	Yes	Yes	Yes	Yes	Yes	Yes	Yes	Yes
N	1116	1116	1116	1116	1116	1116	1116	1116
R-squared	0.633	0.633	0.631	0.635	0.632	0.633	0.631	0.628

5.5　稳健性检验

5.5.1　内生性检验之倾向得分匹配法（PSM）

为了有效控制遗漏变量和反向因果的影响，使用倾向得分匹配法（PSM）方法选择1∶1配对样本。对模型5-1进行检验。由于PSM匹配需要依据解释变量的二值变量，因此参考后青松等（2016）的方法，将JCPc1_d按值的排序分成三等份，取最大值组赋值二元变量JCPc1_dum为1，其他为0。在PSM的第一阶段的Probit回归中，以JCPc1_dum为因变量，解释变量为年度和行业以及一系列公司特征的变量。根据第一阶段获得的倾向得分值进行1∶1的最近邻匹配。图5-1为配对前后样本的平衡性检验示意图，图中黑色点为匹配前各控制变量偏差，星号为PSM后各控制变量的偏差。黑点或星点离中间的中轴越近，说明标准化偏差越小。如图5-1所示，配对后各变量的标准化偏差有所减小。说明PSM的结果通过平衡性检验，匹配效果较好。

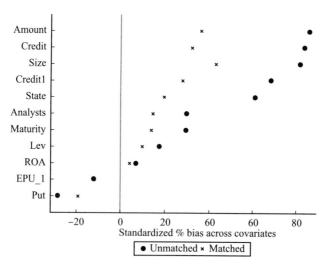

图5-1　匹配前后标准化偏差示意

倾向得分匹配法的第二阶段是基于匹配后的样本对模型 5-1 进行多元回归分析。结果报告在表 5-7 中，交叉持股网络的八个中心度中都在 1% 水平上与公司债利差显著负相关。表明 PSM 回归结果与基本回归一致，支持假设 5-1。

5.5.2　内生性检验之工具变量法回归

为了解决自选择和遗漏变量等内生性问题造成的估计偏误，我们构造工具变量，使用两阶段回归法（2SLS）对本章的基本假设进行回归。工具变量的选择原则为：与解释变量相关而与被解释变量无关。参考王栋和吴德胜（2016）和陈大鹏等（2019）选择工具变量的思路，本书选取同行业同年度上市公司交叉持股网络的均值（JCPc1_行业）和同省份同年度上市公司交叉持股网络的均值（JCPc1_省份）作为工具变量。理论上，同行业公司的中心度均值和同省份公司中心度的均值应该与本公司的中心度数值具有相关性，但对本公司的公司债融资成本没有直接影响。

如表 5-8 所示，在工具变量法的第一阶段，用两个工具变量分别对交叉持股网络的 8 个中心度进行回归。Panel A 的结果显示，JCPc1_行业和 JCPc1_省份的系数都显著为正。说明工具变量与解释变量显著相关。Panel B 是第二阶段的回归的结果，用工具变量拟合值代替解释变量对公司债融资成本进行回归，Panel B 的结果表明，交叉持股网络中心度对公司债融资成本显著负相关。工具变量的检验结果中，Kleibergen - Paap rk LM 统计量的 P 值显著为 0，通过了识别不足检验；Kleibergen - Paap rk Wald F 值均远大于 10，也明显地通过了弱工具变量检验。

5.5.3　内生性检验之滞后项回归

为了减轻内生性的干扰，使用滞后一年的交叉持股网络中心度作为回归的主要解释变量进行稳健性检验。从表 5-9 的回归结果来看。除了特征向量中心度，其他中心度均在 1% 水平上对公司债利差有显著的负向影响，而特征向量中心度的系数不显著可能是由于多重共线性造成的。滞后项回归结果与基本回归的结果基本一致，支持了原假设。

表 5-7 交叉持股网络与公司债融资成本 PSM 样本回归结果

单值网络	Spread1 (1)	Spread1 (2)	Spread1 (3)	Spread1 (4)	多值网络	Spread1 (5)	Spread1 (6)	Spread1 (7)	Spread1 (8)
JCPc1_d	-3.211*** (-3.597)				JCPc1_w	-3.192*** (-3.579)			
JCDegree_d		-2.186*** (-3.941)			JCDegree_w		-2.169*** (-3.945)		
JCBetween_d			-3.150*** (-3.365)		JCBetween_w			-3.098*** (-3.357)	
JCEigen_d				-1.349*** (-2.593)	JCEigen_w				-1.375*** (-2.615)
Amount	-0.081* (-1.724)	-0.080* (-1.725)	-0.080* (-1.697)	-0.083* (-1.734)	Amount	-0.082* (-1.729)	-0.080* (-1.722)	-0.080* (-1.699)	-0.083* (-1.741)
Maturity	-0.240** (-2.568)	-0.240** (-2.598)	-0.253*** (-2.709)	-0.248*** (-2.660)	Maturity	-0.240** (-2.576)	-0.242** (-2.615)	-0.252*** (-2.695)	-0.249*** (-2.666)
Credit	-0.391*** (-6.048)	-0.392*** (-6.104)	-0.391*** (-6.064)	-0.384*** (-5.930)	Credit	-0.390*** (-6.041)	-0.391*** (-6.094)	-0.392*** (-6.068)	-0.384*** (-5.921)
Credit1	-0.235*** (-3.902)	-0.239*** (-4.011)	-0.238*** (-3.959)	-0.232*** (-3.815)	Credit1	-0.235*** (-3.904)	-0.239*** (-4.013)	-0.238*** (-3.961)	-0.232*** (-3.811)
Put	-0.079 (-1.047)	-0.074 (-0.983)	-0.075 (-0.997)	-0.073 (-0.962)	Put	-0.079 (-1.045)	-0.074 (-0.974)	-0.076 (-1.007)	-0.073 (-0.958)

续表

	单值网络				多值网络			
	Spread1	Spread1	Spread1	Spread1	Spread1	Spread1	Spread1	Spread1
	(1)	(2)	(3)	(4)	(5)	(6)	(7)	(8)
ROA	-2.467**	-2.485**	-2.547***	-2.464**	-2.458**	-2.489**	-2.536***	-2.450**
	(-2.515)	(-2.536)	(-2.602)	(-2.496)	(-2.505)	(-2.538)	(-2.591)	(-2.479)
Lev	0.851***	0.794***	0.856***	0.931***	0.853***	0.798***	0.856***	0.936***
	(3.354)	(3.092)	(3.360)	(3.684)	(3.366)	(3.105)	(3.358)	(3.704)
Size	0.057	0.066*	0.056	0.036	0.057	0.064*	0.056	0.035
	(1.637)	(1.876)	(1.609)	(1.078)	(1.626)	(1.853)	(1.614)	(1.059)
Analysts	-0.063**	-0.064**	-0.058*	-0.060*	-0.063**	-0.064**	-0.058*	-0.060**
	(-2.098)	(-2.164)	(-1.949)	(-1.962)	(-2.096)	(-2.155)	(-1.955)	(-1.965)
State	-0.563***	-0.555***	-0.558***	-0.572***	-0.563***	-0.554***	-0.558***	-0.572***
	(-7.614)	(-7.450)	(-7.535)	(-7.716)	(-7.609)	(-7.442)	(-7.534)	(-7.714)
EPU_1	0.891***	0.885***	0.906***	0.880***	0.892***	0.885***	0.906***	0.881***
	(3.925)	(3.928)	(3.990)	(3.847)	(3.928)	(3.927)	(3.989)	(3.855)
Constant	-1.032	-1.143	-1.094	-0.541	-1.025	-1.121	-1.102	-0.529
	(-0.736)	(-0.818)	(-0.780)	(-0.392)	(-0.731)	(-0.803)	(-0.784)	(-0.383)
Year	Yes	Yes	Yes	Yes	Yes	Yes	Yes	Yes
Industry	Yes	Yes	Yes	Yes	Yes	Yes	Yes	Yes
N	712	712	712	712	712	712	712	712
R-squared	0.598	0.601	0.598	0.596	0.598	0.601	0.598	0.596

表5-8 交叉持股网络与公司债融资成本工具变量法回归

Panel A: 第一阶段

单值网络	Pc1_d (1)	Degree_d (2)	Between_d (3)	Eigen_d (4)	多值网络	Pc1_w (5)	Degree_w (6)	Between_w (7)	Eigen_w (8)
JCPc1_行业	0.555*** (6.829)	0.909*** (5.425)	0.542*** (5.701)	0.628*** (5.015)	JCPc1_行业	0.554*** (6.816)	0.904*** (5.395)	0.548*** (5.726)	0.616*** (4.988)
JCPc1_省份	0.597*** (5.834)	0.884*** (5.907)	0.402*** (4.996)	0.638*** (4.552)	JCPc1_省份	0.599*** (5.898)	0.872*** (5.940)	0.421*** (5.098)	0.626*** (4.656)
Amount	0.002* (1.850)	0.005** (2.195)	0.002* (1.898)	0.002 (1.075)	Amount	0.002* (1.862)	0.005** (2.220)	0.002* (1.922)	0.002 (1.009)
Maturity	0.003 (1.145)	0.005 (1.191)	0.001 (0.236)	0.005 (1.075)	Maturity	0.003 (1.124)	0.005 (1.116)	0.001 (0.347)	0.005 (1.027)
Credit	-0.004*** (-3.589)	-0.007*** (-3.308)	-0.004*** (-3.634)	-0.005** (-2.260)	Credit	-0.004*** (-3.510)	-0.006*** (-3.196)	-0.004*** (-3.761)	-0.004** (-1.992)
Credit1	0.001 (1.343)	0.000 (0.323)	0.001 (0.833)	0.003*** (2.761)	Credit1	0.001 (1.321)	0.000 (0.294)	0.001 (0.795)	0.003*** (2.806)
Put	-0.001 (-0.634)	0.001 (0.540)	-0.000 (-0.119)	-0.001 (-0.289)	Put	-0.001 (-0.598)	0.001 (0.624)	-0.000 (-0.240)	-0.000 (-0.207)
ROA	0.011 (0.713)	0.009 (0.303)	-0.006 (-0.363)	0.023 (0.889)	ROA	0.012 (0.821)	0.008 (0.290)	-0.004 (-0.245)	0.027 (1.044)

续表

Panel A：第一阶段

	单值网络 Pc1_d (1)	Degree_d (2)	Between_d (3)	Eigen_d (4)	多值网络	Pc1_w (5)	Degree_w (6)	Between_w (7)	Eigen_w (8)
Lev	-0.023*** (-4.537)	-0.053*** (-5.668)	-0.025*** (-4.990)	-0.018* (-1.654)	Lev	-0.022*** (-4.457)	-0.052*** (-5.595)	-0.025*** (-4.990)	-0.015 (-1.404)
Size	0.007*** (7.280)	0.015*** (8.024)	0.008*** (7.967)	0.006*** (3.935)	Size	0.007*** (7.209)	0.014*** (7.893)	0.008*** (7.981)	0.006*** (3.633)
Analysts	-0.003*** (-5.535)	-0.005*** (-5.019)	-0.002*** (-4.117)	-0.006*** (-4.714)	Analysts	-0.003*** (-5.525)	-0.005*** (-5.012)	-0.002*** (-4.148)	-0.006*** (-4.605)
State	0.001 (0.574)	0.005** (2.545)	0.002* (1.785)	-0.003* (-1.660)	State	0.001 (0.620)	0.006*** (2.626)	0.002* (1.748)	-0.003 (-1.619)
EPU_1	0.004 (0.895)	0.004 (0.437)	0.008 (1.529)	0.005 (0.763)	EPU_1	0.004 (0.927)	0.004 (0.438)	0.008 (1.538)	0.006 (0.864)
Constant	-0.165*** (-5.200)	-0.320*** (-5.730)	-0.197*** (-5.726)	-0.100* (-1.944)	Constant	-0.165*** (-5.162)	-0.316*** (-5.655)	-0.199*** (-5.707)	-0.096* (-1.902)
Year	Yes	Yes	Yes	Yes	Year	Yes	Yes	Yes	Yes
Industry	Yes	Yes	Yes	Yes	Industry	Yes	Yes	Yes	Yes
N	1116	1116	1116	1116	N	1116	1116	1116	1116
R-squared	0.534	0.500	0.480	0.274	R-squared	0.535	0.495	0.484	0.270

续表

Panel A：第二阶段

单值网络	Spread1 (1)	Spread1 (2)	Spread1 (3)	Spread1 (4)	多值网络	Spread1 (5)	Spread1 (6)	Spread1 (7)	Spread1 (8)
JCpc_d	-6.140 *** (-3.111)				JCPc1_w	-6.105 *** (-3.116)			
JCDegree_d		-3.890 *** (-3.035)			JCDegree_w		-3.903 *** (-3.036)		
JCBetween_d			-6.984 *** (-2.822)		JCBetween_w			-6.823 *** (-2.852)	
JCEigen_d				-5.542 *** (-3.090)	JCEigen_w				-5.623 *** (-3.096)
Amount	-0.097 ** (-2.412)	-0.091 ** (-2.299)	-0.093 ** (-2.349)	-0.097 ** (-2.304)	Amount	-0.097 ** (-2.416)	-0.090 ** (-2.289)	-0.093 ** (-2.354)	-0.098 ** (-2.324)
Maturity	-0.317 *** (-3.634)	-0.316 *** (-3.648)	-0.334 *** (-3.812)	-0.308 *** (-3.435)	Maturity	-0.317 *** (-3.648)	-0.317 *** (-3.672)	-0.332 *** (-3.786)	-0.309 *** (-3.457)
Credit	-0.410 *** (-8.500)	-0.410 *** (-8.525)	-0.414 *** (-8.424)	-0.412 *** (-8.463)	Credit	-0.409 *** (-8.495)	-0.409 *** (-8.522)	-0.415 *** (-8.436)	-0.409 *** (-8.434)
Credit1	-0.310 *** (-8.080)	-0.314 *** (-8.290)	-0.312 *** (-8.139)	-0.296 *** (-7.494)	Credit1	-0.310 *** (-8.086)	-0.314 *** (-8.299)	-0.312 *** (-8.148)	-0.296 *** (-7.477)

续表

Panel A: 第二阶段

单值网络	Spread1 (1)	Spread1 (2)	Spread1 (3)	Spread1 (4)	多值网络	Spread1 (5)	Spread1 (6)	Spread1 (7)	Spread1 (8)
Put	-0.071 (-1.180)	-0.061 (-1.023)	-0.067 (-1.114)	-0.070 (-1.145)	Put	-0.071 (-1.173)	-0.061 (-1.009)	-0.068 (-1.129)	-0.069 (-1.127)
ROA	-2.665*** (-3.671)	-2.696*** (-3.714)	-2.771*** (-3.819)	-2.602*** (-3.532)	ROA	-2.658*** (-3.657)	-2.698*** (-3.715)	-2.759*** (-3.802)	-2.581*** (-3.490)
Lev	0.688*** (3.288)	0.625*** (2.879)	0.671*** (3.123)	0.733*** (3.511)	Lev	0.691*** (3.307)	0.628*** (2.896)	0.670*** (3.120)	0.747*** (3.583)
Size	0.147*** (3.901)	0.158*** (3.894)	0.155*** (3.752)	0.137*** (3.869)	Size	0.146*** (3.897)	0.157*** (3.893)	0.155*** (3.769)	0.135*** (3.839)
Analysts	-0.100*** (-4.203)	-0.102*** (-4.216)	-0.098*** (-4.085)	-0.113*** (-4.343)	Analysts	-0.100*** (-4.199)	-0.102*** (-4.215)	-0.098*** (-4.089)	-0.112*** (-4.337)
State	-0.658*** (-12.242)	-0.641*** (-11.686)	-0.648*** (-11.925)	-0.679*** (-12.563)	State	-0.657*** (-12.230)	-0.640*** (-11.661)	-0.648*** (-11.938)	-0.679*** (-12.547)
EPU_1	0.790*** (4.571)	0.783*** (4.568)	0.819*** (4.676)	0.797*** (4.537)	EPU_1	0.791*** (4.574)	0.783*** (4.567)	0.818*** (4.675)	0.801*** (4.553)

续表

Panel A: 第二阶段

	单值网络				多值网络			
	Spread1	Spread1	Spread1	Spread1	Spread1	Spread1	Spread1	Spread1
	(1)	(2)	(3)	(4)	(5)	(6)	(7)	(8)
Constant	-1.407 (-1.068)	-1.449 (-1.090)	-1.629 (-1.172)	-1.238 (-0.956)	-1.397 (-1.062)	-1.430 (-1.079)	-1.631 (-1.176)	-1.209 (-0.936)
Year	Yes	Yes	Yes	Yes	Yes	Yes	Yes	Yes
Industry	Yes	Yes	Yes	Yes	Yes	Yes	Yes	Yes
N	1116	1116	1116	1116	1116	1116	1116	1116
R-squared	0.627	0.629	0.624	0.614	0.627	0.628	0.624	0.614
Kleibergen-Paap rk LM statistic	61.060	55.811	53.265	46.001	61.745	56.355	53.801	46.978
P-value	0.000	0.000	0.000	0.000	0.000	0.000	0.000	0.000
Kleibergen-Paap rk Wald F statistic	48.442	40.971	34.912	26.497	49.414	41.422	35.648	27.110

表5-9 交叉持股网络与公司债融资成本滞后项回归

单值网络	Spread1 (1)	Spread1 (2)	Spread1 (3)	Spread1 (4)	多值网络	Spread1 (5)	Spread1 (6)	Spread1 (7)	Spread1 (8)
JCPc1_d	-2.617*** (-2.795)				JCPc1_w	-2.586*** (-2.791)			
JCDegree_d		-1.806*** (-3.106)			JCDegree_w		-1.744*** (-3.018)		
JCBetween_d			-2.587*** (-2.989)		JCBetween_w			-2.566*** (-2.987)	
JCEigen_d				0.068 (0.161)	JCEigen_w				0.089 (0.215)
Amount	-0.099** (-2.431)	-0.101** (-2.477)	-0.097** (-2.363)	-0.102** (-2.476)	Amount	-0.100*** (-2.434)	-0.101** (-2.477)	-0.097** (-2.361)	-0.102** (-2.475)
Maturity	-0.341*** (-3.941)	-0.346*** (-4.006)	-0.349*** (-4.045)	-0.351*** (-4.040)	Maturity	-0.342*** (-3.948)	-0.347*** (-4.016)	-0.349*** (-4.040)	-0.351*** (-4.043)
Credit	-0.389*** (-8.117)	-0.389*** (-8.119)	-0.390*** (-8.136)	-0.378*** (-7.896)	Credit	-0.389*** (-8.112)	-0.388*** (-8.102)	-0.391*** (-8.140)	-0.378*** (-7.895)
Credit1	-0.320*** (-8.245)	-0.320*** (-8.226)	-0.323*** (-8.340)	-0.326*** (-8.413)	Credit1	-0.320*** (-8.247)	-0.320*** (-8.235)	-0.323*** (-8.334)	-0.326*** (-8.417)
Put	-0.069 (-1.120)	-0.067 (-1.095)	-0.068 (-1.110)	-0.063 (-1.029)	Put	-0.069 (-1.119)	-0.066 (-1.089)	-0.068 (-1.116)	-0.063 (-1.029)

续表

单值网络	Spread1 (1)	Spread1 (2)	Spread1 (3)	Spread1 (4)	多值网络	Spread1 (5)	Spread1 (6)	Spread1 (7)	Spread1 (8)
ROA	-2.780*** (-3.775)	-2.803*** (-3.808)	-2.804*** (-3.813)	-2.846*** (-3.854)	ROA	-2.780*** (-3.776)	-2.808*** (-3.814)	-2.800*** (-3.808)	-2.846*** (-3.854)
Lev	0.813*** (4.004)	0.792*** (3.888)	0.816*** (4.011)	0.896*** (4.395)	Lev	0.815*** (4.013)	0.798*** (3.915)	0.815*** (4.004)	0.897*** (4.398)
Size	0.108*** (3.338)	0.114*** (3.482)	0.106*** (3.336)	0.082*** (2.641)	Size	0.108*** (3.331)	0.112*** (3.445)	0.107*** (3.341)	0.081*** (2.640)
Analysts	-0.088*** (-3.778)	-0.089*** (-3.825)	-0.086*** (-3.724)	-0.078*** (-3.367)	Analysts	-0.088*** (-3.775)	-0.088*** (-3.811)	-0.086*** (-3.725)	-0.078*** (-3.364)
State	-0.668*** (-12.226)	-0.664*** (-12.175)	-0.667*** (-12.214)	-0.670*** (-12.206)	State	-0.668*** (-12.225)	-0.664*** (-12.174)	-0.667*** (-12.216)	-0.670*** (-12.205)
EPU_1	0.774*** (4.360)	0.769*** (4.341)	0.784*** (4.416)	0.762*** (4.299)	EPU_1	0.775*** (4.362)	0.768*** (4.338)	0.784*** (4.415)	0.762*** (4.299)
Constant	0.458 (0.431)	0.411 (0.390)	0.502 (0.479)	1.033 (1.007)	Constant	0.461 (0.434)	0.442 (0.419)	0.492 (0.468)	1.036 (1.009)
Year	Yes	Yes	Yes	Yes	Year	Yes	Yes	Yes	Yes
Industry	Yes	Yes	Yes	Yes	Industry	Yes	Yes	Yes	Yes
N	1116	1116	1116	1116	N	1116	1116	1116	1116
R-squared	0.629	0.629	0.629	0.627	R-squared	0.629	0.629	0.629	0.627

5.5.4　加权样本稳健型检验

公司债的发行主体在同一年可能发行多期公司债，参考安德森等（Anderson et al.，2004）的做法，本书以公司债的发行额度为权重，对同家公司同一年的多只公司债进行加权处理，并对加权后的公司债样本进行回归检验。加权处理并删除重复样本后，每家公司每年只剩下一个观测值，样本量从原来的 1116 下降到 838，样本量的变化较大。表 5 - 10 报告了加权公司债样本的回归结果。交叉持股网络中心度除了多值特征向量中心度，其他 7 列都与公司债利差显著负相关。说明交叉持股网络对公司债利差的影响较为稳健。

5.5.5　双聚类回归方法稳健性检验

本章的基本回归分析中使用的回归方法是普通最小二乘法（OLS）。由于一个公司有多个样本，为得到更为稳健的结论，用 STA-TA 中的 Cluster2 命令对样本同时在公司和年度层面上进行双聚类回归，该方法参考自彼得森（Petersen，2009）。得到的回归结果如表 5 - 11 所示，从数据上看回归结果与基本回归分析一致，说明了交叉持股网络中心度能显著降低公司债融资成本。

5.5.6　被解释变量替代变量回归稳健性检验

本章前面内容中的回归中，均使用中债利差作为公司债融资成本的代理变量。为了结果的稳健性，本书使用国债利差作为解释变量的替代变量进行稳健性检验。表 5 - 12 报告了交叉持股网络中心度对国债利差的回归结果，所有列中的中心度均在 1% 水平上显著为负，结论与前文一致，表明本章的基本回归的结果具有可靠性。

表 5—10   交叉持股网络与加权公司债回归结果

单值网络	Spread1 (1)	Spread1 (2)	Spread1 (3)	Spread1 (4)	多值网络	Spread1 (5)	Spread1 (6)	Spread1 (7)	Spread1 (8)
JCPc1	-2.654 ** (-2.335)				JCPc1	-2.599 ** (-2.290)			
JCDegree		-1.816 *** (-2.615)			JCDegree		-1.793 *** (-2.607)		
JCBetween			-2.242 ** (-2.142)		JCBetween			-2.229 ** (-2.153)	
JCEigen				-0.943 (-1.500)	JCEigen				-0.909 (-1.435)
Amount	-0.105 * (-1.876)	-0.100 * (-1.789)	-0.104 * (-1.850)	-0.107 * (-1.902)	Amount	-0.105 * (-1.877)	-0.100 * (-1.788)	-0.104 * (-1.851)	-0.107 * (-1.904)
Maturity	-0.349 *** (-3.076)	-0.346 *** (-3.062)	-0.356 *** (-3.140)	-0.359 *** (-3.170)	Maturity	-0.349 *** (-3.081)	-0.347 *** (-3.073)	-0.355 *** (-3.132)	-0.359 *** (-3.174)
Credit	-0.451 *** (-8.087)	-0.451 *** (-8.129)	-0.448 *** (-8.040)	-0.445 *** (-7.996)	Credit	-0.450 *** (-8.082)	-0.450 *** (-8.122)	-0.448 *** (-8.045)	-0.445 *** (-7.989)
Credit1	-0.285 *** (-6.783)	-0.286 *** (-6.839)	-0.288 *** (-6.846)	-0.288 *** (-6.837)	Credit1	-0.286 *** (-6.786)	-0.287 *** (-6.844)	-0.288 *** (-6.846)	-0.288 *** (-6.841)
Put	-0.049 (-0.727)	-0.045 (-0.678)	-0.047 (-0.711)	-0.048 (-0.720)	Put	-0.048 (-0.723)	-0.045 (-0.673)	-0.048 (-0.715)	-0.048 (-0.716)

续表

	单值网络				多值网络			
	Spread1	Spread1	Spread1	Spread1	Spread1	Spread1	Spread1	Spread1
	(1)	(2)	(3)	(4)	(5)	(6)	(7)	(8)
ROA	-2.961*** (-3.749)	-2.958*** (-3.747)	-2.989*** (-3.783)	-2.983*** (-3.772)	-2.959*** (-3.746)	-2.960*** (-3.749)	-2.987*** (-3.780)	-2.980*** (-3.769)
Lev	0.412* (1.789)	0.380* (1.647)	0.428* (1.863)	0.470** (2.053)	0.414* (1.798)	0.382* (1.661)	0.426* (1.855)	0.473** (2.065)
Size	0.157*** (3.717)	0.162*** (3.835)	0.153*** (3.634)	0.141*** (3.452)	0.156*** (3.706)	0.162*** (3.826)	0.153*** (3.640)	0.140*** (3.438)
Analysts	-0.085*** (-3.283)	-0.087*** (-3.367)	-0.084*** (-3.225)	-0.082*** (-3.151)	-0.085*** (-3.279)	-0.087*** (-3.362)	-0.084*** (-3.228)	-0.082*** (-3.145)
State	-0.604*** (-10.023)	-0.597*** (-9.865)	-0.603*** (-9.981)	-0.610*** (-10.106)	-0.604*** (-10.019)	-0.597*** (-9.860)	-0.602*** (-9.979)	-0.610*** (-10.103)
EPU_1	0.861*** (4.159)	0.858*** (4.178)	0.864*** (4.173)	0.855*** (4.109)	0.861*** (4.160)	0.857*** (4.175)	0.865*** (4.174)	0.855*** (4.111)
Constant	-0.191 (-0.148)	-0.315 (-0.246)	-0.143 (-0.112)	0.206 (0.163)	-0.181 (-0.141)	-0.297 (-0.232)	-0.149 (-0.116)	0.210 (0.166)
Year	Yes	Yes	Yes	Yes	Yes	Yes	Yes	Yes
Industry	Yes	Yes	Yes	Yes	Yes	Yes	Yes	Yes
N	838	838	838	838	838	838	838	838
R-squared	0.624	0.625	0.623	0.623	0.624	0.625	0.623	0.623

表5-11

交叉持股网络与公司债融资成本双双聚类回归结果

单值网络	Spread1 (1)	Spread1 (2)	Spread1 (3)	Spread1 (4)	多值网络	Spread1 (5)	Spread1 (6)	Spread1 (7)	Spread1 (8)
JCPc1_d	-3.142*** (-3.025)				JCPc1_w	-3.098*** (-2.968)			
JCDegree_d		-2.208*** (-3.188)			JCDegree_w		-2.185*** (-3.199)		
JCBetween_d			-2.881** (-2.034)		JCBetween_w			-2.840** (-2.048)	
JCEigen_d				-1.431** (-2.565)	JCEigen_w				-1.420** (-2.494)
Amount	-0.099** (-1.968)	-0.096* (-1.855)	-0.098** (-1.986)	-0.101** (-1.981)	Amount	-0.099** (-1.970)	-0.095* (-1.852)	-0.099** (-1.986)	-0.101** (-1.984)
Maturity	-0.333*** (-2.647)	-0.331*** (-2.634)	-0.344*** (-2.739)	-0.339** (-2.568)	Maturity	-0.334*** (-2.657)	-0.332*** (-2.646)	-0.343*** (-2.735)	-0.340*** (-2.582)
Credit	-0.395*** (-5.940)	-0.396*** (-6.169)	-0.393*** (-5.859)	-0.387*** (-5.814)	Credit	-0.394*** (-5.926)	-0.396*** (-6.130)	-0.393*** (-5.884)	-0.386*** (-5.801)
Credit1	-0.318*** (-5.745)	-0.319*** (-5.855)	-0.320*** (-5.710)	-0.318*** (-5.803)	Credit1	-0.318*** (-5.744)	-0.319*** (-5.855)	-0.320*** (-5.718)	-0.318*** (-5.807)
Put	-0.067 (-1.112)	-0.062 (-1.014)	-0.064 (-1.071)	-0.065 (-1.039)	Put	-0.067 (-1.109)	-0.062 (-1.006)	-0.065 (-1.079)	-0.064 (-1.036)

续表

单值网络

	Spread1 (1)	Spread1 (2)	Spread1 (3)	Spread1 (4)
ROA	-2.753*** (-2.904)	-2.760*** (-2.818)	-2.814*** (-2.979)	-2.782*** (-2.874)
Lev	0.789*** (2.651)	0.742** (2.377)	0.802*** (2.635)	0.853*** (2.871)
Size	0.115*** (2.862)	0.125*** (3.385)	0.112*** (2.600)	0.096** (2.209)
Analysts	-0.090*** (-3.535)	-0.092*** (-3.626)	-0.087*** (-3.353)	-0.088*** (-3.256)
State	-0.664*** (-6.547)	-0.653*** (-6.470)	-0.661*** (-6.537)	-0.673*** (-6.558)
EPU_1	0.776** (2.102)	0.774** (2.101)	0.786** (2.152)	0.771** (2.045)
Constant	0.885 (0.431)	0.684 (0.353)	0.907 (0.461)	1.373 (0.609)
Year	Yes	Yes	Yes	Yes
Industry	Yes	Yes	Yes	Yes
N	1116	1116	1116	1116
R-squared	0.630	0.631	0.629	0.628

多值网络

	Spread1 (5)	Spread1 (6)	Spread1 (7)	Spread1 (8)
ROA	-2.750*** (-2.898)	-2.763*** (-2.812)	-2.809*** (-2.979)	-2.778*** (-2.859)
Lev	0.791*** (2.657)	0.745** (2.393)	0.801*** (2.630)	0.857*** (2.884)
Size	0.114*** (2.838)	0.124*** (3.327)	0.112*** (2.620)	0.095** (2.179)
Analysts	-0.090*** (-3.524)	-0.092*** (-3.620)	-0.087*** (-3.345)	-0.087*** (-3.244)
State	-0.664*** (-6.545)	-0.653*** (-6.462)	-0.661*** (-6.545)	-0.672*** (-6.546)
EPU_1	0.777** (2.102)	0.774** (2.099)	0.785** (2.151)	0.772** (2.043)
Constant	0.896 (0.436)	0.704 (0.361)	0.905 (0.460)	1.383 (0.613)
Year	Yes	Yes	Yes	Yes
Industry	Yes	Yes	Yes	Yes
N	1116	1116	1116	1116
R-squared	0.630	0.631	0.629	0.628

表 5 - 12　交叉持股网络与国债利差回归

单值网络	Spread1 (1)	Spread1 (2)	Spread1 (3)	Spread1 (4)	多值网络	Spread1 (5)	Spread1 (6)	Spread1 (7)	Spread1 (8)
LSPc1_d	-3.179*** (-3.598)				LSPc1_w	-3.137*** (-3.560)			
LSDegree_d		-2.209*** (-4.100)			LSDegree_w		-2.185*** (-4.094)		
LSBetween_d			-2.889*** (-3.269)		LSBetween_w			-2.852*** (-3.271)	
LSEigen_d				-1.451*** (-2.886)	LSEigen_w				-1.441*** (-2.843)
Amount	-0.099** (-2.431)	-0.096** (-2.366)	-0.098** (-2.412)	-0.101** (-2.433)	Amount	-0.100** (-2.434)	-0.096** (-2.362)	-0.099** (-2.415)	-0.101** (-2.439)
Maturity	-0.338*** (-3.898)	-0.336*** (-3.899)	-0.348*** (-4.013)	-0.344*** (-3.970)	Maturity	-0.338*** (-3.906)	-0.337*** (-3.914)	-0.347*** (-4.003)	-0.345*** (-3.978)
Credit	-0.392*** (-8.130)	-0.394*** (-8.204)	-0.390*** (-8.081)	-0.384*** (-8.012)	Credit	-0.391*** (-8.121)	-0.393*** (-8.192)	-0.391*** (-8.086)	-0.383*** (-7.997)
Credit1	-0.318*** (-8.202)	-0.319*** (-8.289)	-0.321*** (-8.276)	-0.319*** (-8.196)	Credit1	-0.318*** (-8.206)	-0.320*** (-8.294)	-0.321*** (-8.277)	-0.319*** (-8.198)
Put	-0.070 (-1.133)	-0.064 (-1.046)	-0.066 (-1.085)	-0.067 (-1.084)	Put	-0.069 (-1.129)	-0.064 (-1.038)	-0.067 (-1.093)	-0.066 (-1.078)

续表

	单值网络				多值网络			
	Spread1	Spread1	Spread1	Spread1	Spread1	Spread1	Spread1	Spread1
	(1)	(2)	(3)	(4)	(5)	(6)	(7)	(8)
ROA	-2.729*** (-3.676)	-2.737*** (-3.689)	-2.791*** (-3.757)	-2.758*** (-3.708)	-2.725*** (-3.669)	-2.740*** (-3.691)	-2.784*** (-3.750)	-2.753*** (-3.698)
Lev	0.799*** (3.867)	0.752*** (3.624)	0.812*** (3.926)	0.862*** (4.201)	0.802*** (3.881)	0.756*** (3.643)	0.811*** (3.921)	0.867*** (4.225)
Size	0.114*** (3.459)	0.124*** (3.722)	0.111*** (3.347)	0.095*** (3.030)	0.113*** (3.444)	0.122*** (3.703)	0.111*** (3.352)	0.094*** (3.003)
Analysts	-0.091*** (-3.931)	-0.093*** (-4.040)	-0.088*** (-3.815)	-0.089*** (-3.793)	-0.091*** (-3.926)	-0.093*** (-4.032)	-0.088*** (-3.818)	-0.089*** (-3.784)
State	-0.664*** (-12.164)	-0.653*** (-11.885)	-0.661*** (-12.096)	-0.672*** (-12.289)	-0.663*** (-12.158)	-0.653*** (-11.877)	-0.661*** (-12.096)	-0.672*** (-12.285)
EPU_1	0.770*** (4.376)	0.767*** (4.397)	0.779*** (4.422)	0.765*** (4.325)	0.770*** (4.377)	0.767*** (4.396)	0.779*** (4.421)	0.766*** (4.328)
Year	Yes	Yes	Yes	Yes	Yes	Yes	Yes	Yes
Industry	Yes	Yes	Yes	Yes	Yes	Yes	Yes	Yes
N	1114	1114	1114	1114	1114	1114	1114	1114
R-squared	0.629	0.631	0.628	0.628	0.629	0.631	0.628	0.628

5.6　中介效应检验

5.6.1　交叉持股网络的信息渠道检验

表 5 – 13 是交叉持股网络信息渠道检验的结果。列（2）和列（5）的被解释变量是信息渠道的盈余管理（DA），其余 4 列的被解释变量都是公司债利差（Spread1）。从列（2）和列（5）可以看出，交叉持股网络中心度对盈余管理的回归系数显著为负。说明交叉持股网络中心度能缓解公司的盈余操控行为，改善公司会计信息质量。从列（3）和列（6）可以看到，交叉持股网络中心度和中介变量（DA）都与公司债利差显著负相关，并且相对于列（1）和列（4），交叉持股网络的单值中心度和多值中心度的系数绝对值明显变小，且显著性也从 1% 水平降到了 5% 水平。此外，Sobel 检验也都在 10% 水平上通过检验。因此，盈余管理在交叉持股网络与公司债利差的关系中起到了部分中介作用，交叉持股网络的信息渠道得到了验证。

表 5 – 13　　　　交叉持股网络与公司债融资成本信息通道中介回归

单值网络	Spread1	DA	Spread1	多值网络	Spread1	DA	Spread1
	（1）	（2）	（3）		（4）	（5）	（6）
JCPc1_d	− 3. 142 *** （ − 2. 926）	− 0. 211 ** （ − 1. 979）	− 2. 469 ** （ − 2. 281）	JCPc1_w	− 3. 098 *** （ − 2. 893）	− 0. 213 ** （ − 2. 008）	− 2. 418 ** （ − 2. 240）
DA			1. 155 *** （3. 685）	DA			1. 155 *** （3. 685）
Amount	− 0. 099 ** （ − 2. 342）	0. 004 （0. 942）	− 0. 107 ** （ − 2. 518）	Amount	− 0. 099 ** （ − 2. 344）	0. 004 （0. 942）	− 0. 107 ** （ − 2. 520）
Maturity	− 0. 333 *** （ − 3. 673）	0. 011 （1. 177）	− 0. 346 *** （ − 3. 783）	Maturity	− 0. 334 *** （ − 3. 679）	0. 011 （1. 176）	− 0. 347 *** （ − 3. 789）

续表

单值网络	Spread1	DA	Spread1	多值网络	Spread1	DA	Spread1
	（1）	（2）	（3）		（4）	（5）	（6）
Credit	− 0. 395 *** （− 8. 348）	− 0. 002 （− 0. 370）	− 0. 410 *** （− 8. 633）	Credit	− 0. 394 *** （− 8. 338）	− 0. 002 （− 0. 367）	− 0. 409 *** （− 8. 624）
Credit1	− 0. 318 *** （− 8. 044）	0. 003 （0. 844）	− 0. 314 *** （− 7. 889）	Credit1	− 0. 318 *** （− 8. 047）	0. 003 （0. 845）	− 0. 314 *** （− 7. 892）
Put	− 0. 067 （− 1. 181）	− 0. 002 （− 0. 293）	− 0. 061 （− 1. 065）	Put	− 0. 067 （− 1. 177）	− 0. 002 （− 0. 292）	− 0. 060 （− 1. 061）
ROA	− 2. 753 *** （− 3. 357）	0. 541 *** （6. 573）	− 3. 287 *** （− 3. 857）	ROA	− 2. 750 *** （− 3. 353）	0. 541 *** （6. 578）	− 3. 285 *** （− 3. 854）
Lev	0. 789 *** （3. 639）	0. 046 ** （2. 153）	0. 720 *** （3. 281）	Lev	0. 791 *** （3. 651）	0. 046 ** （2. 153）	0. 723 *** （3. 293）
Size	0. 115 *** （3. 416）	− 0. 005 （− 1. 485）	0. 133 *** （3. 911）	Size	0. 114 *** （3. 400）	− 0. 005 （− 1. 483）	0. 133 *** （3. 895）
Analysts	− 0. 090 *** （− 3. 560）	− 0. 006 ** （− 2. 465）	− 0. 081 *** （− 3. 118）	Analysts	− 0. 090 *** （− 3. 554）	− 0. 006 ** （− 2. 469）	− 0. 081 *** （− 3. 111）
State	− 0. 664 *** （− 13. 152）	− 0. 007 （− 1. 413）	− 0. 659 *** （− 12. 998）	State	− 0. 664 *** （− 13. 147）	− 0. 007 （− 1. 409）	− 0. 659 *** （− 12. 995）
EPU_1	0. 776 *** （4. 711）	− 0. 005 （− 0. 312）	0. 898 *** （5. 302）	EPU_1	0. 777 *** （4. 713）	− 0. 005 （− 0. 310）	0. 898 *** （5. 302）
Constant	0. 312 （0. 251）	0. 137 （1. 151）	− 1. 670 （− 1. 384）	Constant	0. 323 （0. 259）	0. 136 （1. 148）	− 1. 656 （− 1. 373）
Year/ Industry	Yes	Yes	Yes	Year/ Industry	Yes	Yes	Yes
N	1116	1089	1089	N	1116	1089	1089
R − squared	0. 630	0. 088	0. 634	R − squared	0. 630	0. 088	0. 634
Sobel （Z）			− 1. 744 *	Sobel （Z）			− 1. 763 *

5.6.2 交叉持股网络的资源渠道检验

表 5 – 14 是交叉持股网络资源渠道检验的结果。列（2）和列（5）的被解释变量是资源渠道的中介变量（Cash flow），其余 4 列的被解释变量都是公司债利差（Spread1）。从列（2）和列（5）可知，交叉持股网络中心度对现金流的回归系数显著为正。说明交叉持股网络中心度有利于现金流增长，增强公司偿付能力，进而减少公司债的信用风险。从列（3）和列（6）可以看到，交叉持股网络中心度和中介变量（Cash flow）都与公司债利差显著负相关，并且相对于列（1）和列（4），交叉持股网络的单值中心度和多值中心度的系数和显著性都明显下降。此外，Sobel 检验也都在 1% 水平上通过检验。因此，现金流在交叉持股网络与公司债利差的关系中起到了部分中介作用，交叉持股网络资源渠道得到了验证。

表 5 – 14　　交叉持股网络与公司债融资成本资源通道中介回归

单值网络	Spread1	Cash flow	Spread1	多值网络	Spread1	Cash flow	Spread1
	（1）	（2）	（3）		（4）	（5）	（6）
JCPc1_d	– 3. 142 *** （– 2. 926）	13. 725 *** （4. 519）	– 2. 511 ** （– 2. 336）	JCPc1_w	– 3. 098 *** （– 2. 893）	13. 508 *** （4. 459）	– 2. 476 ** （– 2. 310）
Cash flow			– 0. 046 *** （– 4. 290）	Cash flow			– 0. 046 *** （– 4. 299）
Amount	– 0. 099 ** （– 2. 342）	– 0. 222 * （– 1. 850）	– 0. 109 *** （– 2. 599）	Amount	– 0. 099 ** （– 2. 344）	– 0. 221 * （– 1. 846）	– 0. 109 *** （– 2. 601）
Maturity	– 0. 333 *** （– 3. 673）	0. 468 * （1. 825）	– 0. 312 *** （– 3. 458）	Maturity	– 0. 334 *** （– 3. 679）	0. 471 * （1. 835）	– 0. 312 *** （– 3. 463）
Credit1	– 0. 318 *** （– 8. 044）	0. 172 （1. 538）	– 0. 310 *** （– 7. 898）	Credit1	– 0. 318 *** （– 8. 047）	0. 173 （1. 545）	– 0. 310 *** （– 7. 901）
Put	– 0. 067 （– 1. 181）	0. 186 （1. 157）	– 0. 059 （– 1. 039）	Put	– 0. 067 （– 1. 177）	0. 185 （1. 150）	– 0. 058 （– 1. 035）

单值网络	Spread1	Cash flow	Spread1	多值网络	Spread1	Cash flow	Spread1
	（1）	（2）	（3）		（4）	（5）	（6）
ROA	−2.753 ***	2.511	−2.638 ***	ROA	−2.750 ***	2.498	−2.635 ***
	（−3.357）	（1.082）	（−3.241）		（−3.353）	（1.077）	（−3.237）
Lev	0.789 ***	−8.076 ***	0.418 *	Lev	0.791 ***	−8.087 ***	0.419 *
	（3.639）	（−13.173）	（1.804）		（3.651）	（−13.193）	（1.809）
Size	0.115 ***	2.126 ***	0.213 ***	Size	0.114 ***	2.129 ***	0.212 ***
	（3.416）	（22.301）	（5.261）		（3.400）	（22.348）	（5.254）
Analysts	−0.090 ***	−0.341 ***	−0.105 ***	Analysts	−0.090 ***	−0.341 ***	−0.105 ***
	（−3.560）	（−4.772）	（−4.169）		（−3.554）	（−4.781）	（−4.166）
State	−0.664 ***	0.270 *	−0.651 ***	State	−0.664 ***	0.270 *	−0.651 ***
	（−13.152）	（1.892）	（−12.989）		（−13.147）	（1.888）	（−12.985）
EPU_1	0.776 ***	−0.477	0.755 ***	EPU_1	0.777 ***	−0.478	0.755 ***
	（4.711）	（−1.022）	（4.613）		（4.713）	（−1.025）	（4.614）
Constant	0.312	−37.045 ***	−1.389	Constant	0.323	−37.097 ***	−1.384
	（0.251）	（−10.522）	（−1.071）		（0.259）	（−10.535）	（−1.067）
N	1116	1116	1116	N	1116	1116	1116
R − squared	0.630	0.530	0.635	R − squared	0.630	0.530	0.635
Sobel （Z）			−3.111 ***	Sobel （Z）			−3.095 ***

5.6.3　交叉持股网络的治理渠道检验

表 5-15 是交叉持股网络治理渠道检验的结果。列（2）和列（5）的被解释变量是信任渠道的中介变量（Turnover），代理公司治理水平，其余 4 列的被解释变量都是公司债利差（Spread1）。从列（2）和列（5）可以看出，交叉持股网络中心度对资产周转率水平的回归系数显著为正。说明交叉持股网络中心度能显著提升公司的治理水平，提升公司的经营能力。从列（3）和列（6）可以看到，交叉持股网络中心

度和中介变量（Turnover）都与公司债利差显著负相关，并且相对于列（1）和列（4），交叉持股网络的单值中心度和多值中心度的系数明显下降。此外，Sobel 检验也都在 10% 水平上通过检验。因此，Turnover 在交叉持股网络与交叉持股网络的关系中起到了部分中介作用，交叉持股网络治理渠道得到了验证。

表5-15　　交叉持股网络与公司债融资成本治理通道中介回归

单值网络	Spread1	Turnover	Spread1	多值网络	Spread1	Turnover	Spread1
	(1)	(2)	(3)		(4)	(5)	(6)
JCPc1_d	-3.142*** (-2.926)	0.784** (2.096)	-2.871*** (-2.686)	JCPc1_w	-3.098*** (-2.893)	0.779** (2.087)	-2.829*** (-2.654)
Turnover			-0.345*** (-3.966)	Turnover			-0.345*** (-3.968)
Amount	-0.099** (-2.342)	0.004 (0.300)	-0.098** (-2.322)	Amount	-0.099** (-2.344)	0.004 (0.301)	-0.098** (-2.324)
Maturity	-0.333*** (-3.673)	-0.092*** (-2.914)	-0.365*** (-4.035)	Maturity	-0.334*** (-3.679)	-0.092*** (-2.911)	-0.366*** (-4.041)
Credit	-0.395*** (-8.348)	-0.008 (-0.495)	-0.397*** (-8.464)	Credit	-0.394*** (-8.338)	-0.008 (-0.502)	-0.397*** (-8.455)
Credit1	-0.318*** (-8.044)	0.016 (1.165)	-0.312*** (-7.953)	Credit1	-0.318*** (-8.047)	0.016 (1.166)	-0.312*** (-7.956)
Put	-0.067 (-1.181)	-0.002 (-0.115)	-0.068 (-1.203)	Put	-0.067 (-1.177)	-0.002 (-0.118)	-0.068 (-1.200)
ROA	-2.753*** (-3.357)	1.731*** (6.059)	-2.156*** (-2.603)	ROA	-2.750*** (-3.353)	1.730*** (6.055)	-2.153*** (-2.599)
Lev	0.789*** (3.639)	0.343*** (4.539)	0.907*** (4.174)	Lev	0.791*** (3.651)	0.342*** (4.535)	0.909*** (4.186)
Size	0.115*** (3.416)	-0.009 (-0.739)	0.112*** (3.349)	Size	0.114*** (3.400)	-0.009 (-0.731)	0.112*** (3.334)

续表

单值网络	Spread1	Turnover	Spread1	多值网络	Spread1	Turnover	Spread1
	（1）	（2）	（3）		（4）	（5）	（6）
Analysts	−0.090*** (−3.560)	0.028*** (3.165)	−0.080*** (−3.186)	Analysts	−0.090*** (−3.554)	0.028*** (3.163)	−0.080*** (−3.180)
State	−0.664*** (−13.152)	0.040** (2.264)	−0.650*** (−12.937)	State	−0.664*** (−13.147)	0.040** (2.261)	−0.650*** (−12.933)
EPU_1	0.776*** (4.711)	0.021 (0.361)	0.784*** (4.787)	EPU_1	0.777*** (4.713)	0.021 (0.359)	0.784*** (4.788)
Constant	0.312 (0.251)	0.523 (1.205)	0.956 (0.768)	Constant	0.323 (0.259)	0.521 (1.202)	0.966 (0.776)
Year	Yes	Yes	Yes	Year	Yes	Yes	Yes
Industry	Yes	Yes	Yes	Industry	Yes	Yes	Yes
N	1116	1116	1116	N	1116	1116	1116
R−squared	0.630	0.410	0.635	R−squared	0.630	0.410	0.635
Sobel（Z）			−1.847*	Sobel（Z）			−1.853*

5.7　交叉持股网络的地理位置异质性分析

表 5-16 是地理位置与交叉持股网络的交互回归结果。从表 5-16 中可以看到，地理位置在所有列中都显著为正，说明地理位置越偏远的公司，发行的公司债融资成本越高。中心度变量在 6 列中显著为负，说明交叉持股网络中心度有助于增加债券投资者信心。这两项结论都与前文相符。交互项在 8 列中有 6 列显著为负，说明交叉持股网络有助于缓解地理位置偏远的公司的发行债券的劣势，降低公司债利差。为了节省篇幅及避免表格跨页，表 5-16 省略了部分如年份、行业等非关键数据。

表5-16　交叉持股网络与公司债融资成本的地理位置异质性回归

单值网络

单值网络	Spread1	Spread1	Spread1	Spread1
	(1)	(2)	(3)	(4)
Distance	0.348*** (5.811)	0.342*** (5.299)	0.360*** (5.706)	0.434*** (5.753)
Pc1_d	-2.068** (-2.423)			
Pc1_d × Distance	-3.129*** (-3.554)			
Degree		-1.947*** (-3.488)		
Degree × Distance		-0.431 (-1.168)		
Between			-2.212** (-2.397)	
Between × Distance			-1.832*** (-2.965)	

多值网络

多值网络	Spread1	Spread1	Spread1	Spread1
	(5)	(6)	(7)	(8)
Distance	0.348*** (5.812)	0.342*** (5.302)	0.362*** (5.725)	0.431*** (5.720)
Pc1_w	-2.023** (-2.374)			
Pc1_w × Distance	-3.111*** (-3.563)			
Degree_w		-1.916*** (-3.460)		
Degree_w × Distance		-0.444 (-1.206)		
Between_w			-2.171** (-2.398)	
Between_w × Distance			-1.891*** (-3.056)	

续表

单值网络	Spread1 (1)	Spread1 (2)	Spread1 (3)	Spread1 (4)	多值网络	Spread1 (5)	Spread1 (6)	Spread1 (7)	Spread1 (8)
Eigen				-0.649 (-1.354)	Eigen_w				-0.647 (-1.334)
Eigen × Distance				-3.039*** (-2.760)	Eigen_w × Distance				-2.935*** (-2.705)
Amount	-0.104** (-2.575)	-0.104*** (-2.612)	-0.104*** (-2.598)	-0.104** (-2.534)	Amount	-0.104** (-2.577)	-0.104*** (-2.609)	-0.104*** (-2.595)	-0.104** (-2.543)
Maturity	-0.318*** (-3.712)	-0.305*** (-3.580)	-0.322*** (-3.757)	-0.329*** (-3.841)	Maturity	-0.318*** (-3.717)	-0.307*** (-3.597)	-0.321*** (-3.750)	-0.329*** (-3.840)
Credit	-0.405*** (-8.466)	-0.407*** (-8.553)	-0.405*** (-8.467)	-0.399*** (-8.373)	Credit	-0.404*** (-8.459)	-0.406*** (-8.541)	-0.405*** (-8.470)	-0.398*** (-8.368)
Credit1	-0.296*** (-7.618)	-0.298*** (-7.709)	-0.298*** (-7.676)	-0.296*** (-7.618)	Credit1	-0.296*** (-7.623)	-0.298*** (-7.714)	-0.298*** (-7.677)	-0.296*** (-7.620)
Put	-0.066 (-1.081)	-0.065 (-1.061)	-0.066 (-1.084)	-0.062 (-1.019)	Put	-0.066 (-1.079)	-0.064 (-1.054)	-0.066 (-1.090)	-0.062 (-1.020)

续表

	单值网络				多值网络			
	Spread1 (1)	Spread1 (2)	Spread1 (3)	Spread1 (4)	Spread1 (5)	Spread1 (6)	Spread1 (7)	Spread1 (8)
ROA	-2.768 *** (-3.769)	-2.748 *** (-3.750)	-2.799 *** (-3.816)	-2.793 *** (-3.797)	-2.766 *** (-3.765)	-2.751 *** (-3.752)	-2.795 *** (-3.811)	-2.791 *** (-3.792)
Lev	0.614 *** (3.024)	0.570 *** (2.795)	0.618 *** (3.045)	0.677 *** (3.367)	0.616 *** (3.035)	0.574 *** (2.814)	0.616 *** (3.036)	0.679 *** (3.377)
Size	0.117 *** (3.716)	0.130 *** (4.077)	0.118 *** (3.719)	0.101 *** (3.338)	0.117 *** (3.701)	0.129 *** (4.058)	0.118 *** (3.720)	0.100 *** (3.327)
Analysts	-0.074 *** (-3.721)	-0.077 *** (-3.424)	-0.072 *** (-3.191)	-0.071 *** (-3.077)	-0.074 *** (-3.216)	-0.077 *** (-3.394)	-0.072 *** (-3.186)	-0.071 *** (-3.062)
State	-0.669 *** (-12.574)	-0.660 *** (-12.304)	-0.667 *** (-12.513)	-0.678 *** (-12.714)	-0.669 *** (-12.569)	-0.660 *** (-12.298)	-0.666 *** (-12.512)	-0.677 *** (-12.710)
EPU_1	0.704 *** (4.083)	0.718 *** (4.182)	0.717 *** (4.145)	0.713 *** (4.140)	0.704 *** (4.082)	0.718 *** (4.178)	0.716 *** (4.142)	0.714 *** (4.140)
N	1116	1116	1116	1116	1116	1116	1116	1116
R - squared	0.642	0.643	0.642	0.641	0.642	0.643	0.642	0.641

5.8　本章小结

由于我国公司之间的交叉持股现象出现较晚，因此缺乏基于我国国情的交叉持股网络的实证研究。与 CEO、CFO、董事会连锁网络等个体层面的社会网络一样，交叉持股网络也具有一定的结构，公司能从交叉持股关系中获得多少利益取决于其在网络中的位置特征。本章研究了交叉持股网络中心度对公司债券收益率差的影响。采用社会网络分析方法构建公司交叉持股网络中心度指标。具体来说，我们使用三个指标（交叉持股点度中心度、交叉持股中介中心度和交叉持股特征向量中心度）和从三个指标中提取的主因子（交叉持股综合中心度）来衡量公司在交叉持股网络中的网络位置。在中心度的计算中，我们区分了单值和多值的交叉持股网络，综合描述了公司在交叉持股网络中的位置特征，从而得到更全面的分析结果。

研究结果表明，交叉持股网络中心度较高的公司债券收益率差较低。通过对一系列稳健性检验和内生性的控制，如对滞后网络中心度的回归、采用 PSM 方法和工具变量法，得到了较为稳健的结果。研究结果证实了我们的假设和理论分析，即交叉持股网络中较好的位置有利于资源获取、信息传递和声誉建设，从而促进公司债券融资。

在进一步的分析中，我们从资源、信息和公司治理三个方面探讨了交叉持股网络中心度降低公司债融资成本的影响机制。结果表明，交叉持股网络中心度促进了资源获取、信息披露和公司治理，从而降低了公司债融资成本。此外，我们还考虑了地理位置的异质性影响，发现交叉持股网络中心度与公司债融资成本之间的关系在偏远地区的公司中更为显著。

第6章

经济政策不确定性
与公司债融资成本

　　本章节内容探讨了经济政策不确定性对一级市场公司债定价的影响。经济不确定性是宏观因素，而公司的债务资本成本是微观概念。以往关于公司债的研究也有许多宏观视角。经济政策不确定性相对于以往宏观因素而言，是一个新的视角，它对微观经济会产生什么样的影响，是近年来的研究热点。公司在经营过程中，面临着各种内部不确定性和外部不确定性的挑战。而经济和政策的冲击则是公司外部不确定性的重要来源，对公司主要业务和盈利能力都有很大的影响。公司的资本成本必然也会受到经济政策不确定性的影响。考虑到公司的融资活动受到经济政策不确定性的影响，本章旨在解决以下问题：经济政策不确定性是否影响公司债的一级市场定价？其他特征（如产权性质）如何影响经济政策不确定性与公司债融资成本的关系？本章内容安排如下：

　　第1节首先分析了经济政策不确定性与公司债融资成本之间关系的理论分析，并提出研究假设；第2节进行了实证研究设计；第3节是基本分析，包括了描述性统计、相关性分析、单变量检验和多元回归分析；第4节提供了一系列的稳健性检查；第5节进行了异质性分析；并在第6节得出结论。

6.1 理论分析与研究假设

6.1.1 经济政策不确定性与公司债融资成本

在经济衰退和宏观波动的情况下，除了衰退带来的负面影响外，还应该存在不确定性风险。不确定性会对经济发展和企业经营造成负面影响。经济政策不确定性包括经济方面来源和政策方面来源两类（Baker et al.，2016）。除了衰退本身造成的实体经济不确定性因素外，不确定因素还来自政府为应对经济挑战所采取的一系列政策，即政策不确定性：未来政策的导向以及政策是否稳定实施？公司的发展受一系列不确定性因素的制约。

在实体经济不确定性环境中，社会各经济主体对未来经济前景很难形成稳定预期，因此在经济活动中会采取防御型和回避型策略。本书认为经济政策不确定性首先对宏观经济运行环境产生影响，引起如GDP、投资、消费、股市等方面的波动，进而影响公司的微观决策。陈乐一和张喜艳（2018）研究证实了经济政策不确定性会加剧经济波动。对公司债发行方而言，由于经济政策不确定性造成的宏观经济风险不能完全分散，因此经济政策不确定性高的环境可能对公司的市场价值产生负面影响。这种负面影响包括总体市场的冲击和公司自身面临的负面冲击。具体而言，由于实体经济政策不确定性，造成市场效率低下，公司作为经济市场的一分子，经营状况避免不了受到整体经济前景不确定的影响。经济市场本身就错综复杂，再加上不确定性的环境，意味着公司在经营过程中，可能会遇到各方面意外情况。在经济政策不确定性增加的情况下，供应商可能急需收回应收账款，缩短商业信用供应期限（陈胜蓝和刘晓玲，2018）。上下游公司的不确定性还体现在供应商可能由于经济形势的变化，改变了战略方向从而调整与本公司的合作关系。而长期稳定的大客户，可能会因为经济不景气，重新评估市场后取消预先的大额订单。类似的无数情景，在经济政策不确定时期，经济市场的各种风吹草动都可能对公司的稳定经营造成压力，影响到公司的现金流和盈利能力。

除了经济形势本身的不确定性，在公司的财务决策中经济政策的稳定性也是一个重要因素（Gulen et al.，2016）。为了改善经济状态，政府所制定的政策频繁变动，以及实施过程的各种变数，使得公司很难作出正确的管理决策（饶品贵和徐子慧，2017）。管理层面对不确定性的无力会直接影响到公司的投融资等重要决策。决策的犹豫甚至错误会对公司未来的预期现金流和盈利能力等经营业绩产生负面效应。现有的研究成果表明，经济政策不确定性加剧了公司未来收益的不稳定性（陈冬等，2016；陈等，2018）。公司的预期现金、盈利能力与公司的偿债能力息息相关，公司的现金流越稳定和盈利能力越好，表明公司债的违约风险越低。潜在的债权人根据对公司的偿债能力和经营风险进行评估，从而决定是否投资债券以及对债券定价的心理预期。

并且，由于经济政策不确定引起的盈利能力降低和现金流波动等公司低绩效会进一步激化代理问题。在公司业绩不佳的压力下，管理层更有短视动机，比如任职期间有更好的业绩、达到业绩考核目标或者为了获得更多的业绩奖励等。受短期目标的驱动，管理层也许会对企业业绩进行修饰性的篡改，实施盈余管理，降低企业信息的真实性。申慧慧（2010）发现环境不确定性促进了管理层的盈余管理行为。面对公司外部，为了缓解经济政策不确定性对公司的不利影响，公司有动机减少公司信息披露的数量和质量。公司会倾向于减少自愿性信息的披露，或者利用会计自由裁量权进行模糊信息处理，在披露过程减少关键信息的描述。尽可能延缓业绩不良等坏消息的释放，达到缓和市场反应的目的。陈等（2018）的研究提供了政策不确定性对信息环境产生不利影响的证据。市场参与者主要依靠信息来作出投资决策，而低质量信息环境会增加公司和投资者之间的信息不对称。债务投资者会要求更高的投资回报对信息不对称下的风险进行补偿，从而增加公司债的资本成本。

此外，经济政策不确定时期，由于经济前景不明朗，社会各经济主体的投资意愿呈下降趋势。达塔（Datta et al.，2019）的研究发现当经济政策的不确定性程度较高时，公司会降低投资意愿。在这种情况下，作为资金需求方的公司资金来源的渠道变窄，获得外部融资的难度变大。出于预防性动机，对流动性风险进行管理，公司会加大现金持有（王红建等，2014；董等，2020）。并且在经济政策不确定时期，监管和媒体等外部治理机制对公司的监督难度加大，再加上公司的高额现金持有，大股东或者管理层实施机会主义窃取私人收益的行为的动机和隐蔽性更足，股东和管理层的代理冲突会加剧，这将最终损害公司价值（万良勇和饶静，2013）。代理问题以及由此引发的信息不对称，是公司融资的不利因素，会导致公司债融资成本的上升。

从债券投资者角度，一方面，由于政策波动所带来的宏观市场风险不能完全分散，宏观环境可能变化相关的不确定性可能大大增加资本市场参与者的风险感知（Pástor and Veronesi，2013）。面对经济政策的不确定性，微观主体往往具有规避心理，倾向于观望和拖延（Stokey，2008）。并且随着不确定程度的增加，规避强度也将增加。根据不确定性规避原则，在经济政策不确定时期，投资方的投资行为会更为严谨。并且出于盈利性目的，减少投资损失，投资者需要一个风险溢价来补偿经济政策不确定性，要求更高的资产价格。另一方面，根据上文的分析，随着经济不确定性的升高，资本市场的信息不对称程度也升高，信息的数量和质量都不尽如人意。戴泽伟和杨兵（2020）的研究发现宏观经济政策不确定性与分析师跟踪的质量呈负相关关系。宏观经济政策不确定性环境，增加了分析师对市场信息分析的难度，从而影响了分析师跟踪的质量。在市场信息不对称摩擦严重时，债券投资者的逆向选择程度增大，不确定性会导致因代理成本上升和信息不对称程度加剧而增加违约风险（Gilchrist et al.，2014）。投资方对投资目标的风险评估难度也很高。在经济政策不确定性环境下，债券投资者会要求更高的投资回报率以弥补投资的高风险。因此，本章提出假设：

假设 6-1：经济政策不确定性与公司债融资成本正相关。

6.1.2　产权性质的调节作用

在经济转型时期"摸着石头过河"的路线方针取得重大经济突破的同时，随之而来的负面因素则是政策的频繁变动所带来的巨大的经济政策不确定性，这不仅影响到宏观经济的运行，而且也对企业的微观行为如投资和融资等产生重大影响（王朝阳等，2018）。国营企业与非国营企业并存是我国经济制度的显著特征（Peng and Luo，2000），由于所有制的不同，国有企业与非国有企业在资源配置、享受优惠政策享受等方面存在很大的差异。因此，我国的制度环境为研究经济政策不确定性对公司债融资成本的影响提供了有利的条件。国有企业在一定程度上承担着国家发展的政策责任，所以相对于非国有企业，国有企业可以获得政府的财政补贴和国家政策支持（林毅夫等，2004）。此外，国有企业比民营企业面临的竞争压力要小，在市场竞争中遇到的生存危机也比民营企业少，这包括经济政策不确定带来的危机。因此，在研究经济政策不确定性对公司债融资成本影响时，有必要考虑产权性质的异质性。

当经济政策的不确定性增加时，国有企业管理层会更有空间延迟研发投入和其他有助于减少财务损失的决策，以保持公司的平稳运行。并且，国有企业有内部优势探寻政策走向，在一定程度上克服不确定的负面影响。再加上政府对国有企业的救济职责，投资者对国企有比较稳定的信心。比较而言，非国有企业在经济政策的不确定性环境下所受的负面影响更大。另外，民营企业出于对经济利益的追逐，与国有企业相比，更倾向于在公司决策中承担更大的风险，不确定的环境增加了投资者识别风险的敏感性，因而民营企业发行债券的风险溢价也更高。并且由于市场投资者对风险厌恶，在经济政策不确定性的背景下，资本市场的投资环境总体偏保守，企业融资环境恶化，进一步加剧了民营企业的融资约束困境，影响了民营企业的公司现金流和业绩表现。公司业绩不佳最终将反映在公司债券的发行上，体现为公司债融资成本的上升。本章提出假设：

假设6-2：相对于国有企业，经济政策不确定性指数对非国有企业的公司债融资成本的影响更大。

6.2　实证研究设计

6.2.1　样本选择与数据来源

2007 年证监会公布试点办法后，中国首次发行了公司债，因此本章的样本区间为 2007～2018 年。在同花顺数据库中，公司债在债券二级分类指标中分为一般公司债（公开发行）和私募公司债（非公开发行）两种。一般公司债与私募公司债的发行特征有众多区别。私募公司债主要面向特定对象，而公开发行的公司债发行对象范围更广，并且二者的发行资格、信息披露要求和交易方式等管理制度不同。这些区别都导致两种公司债的发行定价规律有一定的差异，混为一谈会造成结论偏误。因此，本章将研究对象限定于一般公司债，将所有 A 股上市公司的一般公司债作为研究的初选样本。

6.2.2　变量的设置及定义

1. 被解释变量

本章的被解释变量是公司债融资成本，用一级市场的公司债利差进行度量。公司债属于信用债，有一定的违约风险，投资者会对风险部分要求收益补偿，通常被称为信用利差。国债由于有国家信用的兜底，通常被看作是无风险利率。以往的文献通常用票面利率减去无风险利率的方法来衡量公司债的资本成本，并且用国债利率衡量无风险利率水平。我国的债券市场被分割成银行间市场和交易所市场，中央国债登记结算公司和同花顺 iFinD 金融数据终端分别编制并公布了中债国债到期收益率曲线和国债到期收益率曲线来衡量我国债券市场无风险利率。因此，本章的被解释变量公司债融资成本包括两个代理变量：中债利差（Spread1）和国债利差（Spread2）。具体的计算方法为：以公司债的发行日期和发行期限作为匹配项，在中债国债到期收益率曲线/国债到期收益率曲线中找到匹配的日期和期限，得到相应的无风险利率，用票面利率减去无风险利率就得到了中债利差/国债利差。由于披露的起始时间不一样，中债利差和国债利差匹配后的样本量有所不同。

2. 解释变量

经济政策不确定性包括经济前景不确定和政策的不确定性。早先的研究主要是以各种政策指标，选举或者官员变更等事件来度量经济政策不确定性，但这种度量是离散且不完整的。贝克等（Baker et al., 2016）提出了根据报纸报道的频率构建与经济政策相关的经济不确定性指数的计算方法，并在域名为 http://www.policyuncertainty.com 的网站上免费提供了多个国家的经济政策不确定性指数的数据，包括中国的数据。相对以往的测量方式，这种方法得到的经济政策不确定性指数数值频率更高，而且更直观。由于贝克等（2016）版本的数据只采用香港南华早报的内容，无法准确地代理中国的经济政策的状态。因此本书采用网站提供的另一份中国经济政策不确定性数据：戴维斯团队根据中国大陆的两份报纸《人民日报》和《光明日报》量化的中国经济政策不确定性指标。他们建立了经济、政策和不确定性三种术语集，表6-1报告了这三个术语集的具体词汇及英文翻译。为了构建经济政策不确定性指数，第一步，他们要获得两类报纸中术语集中词汇出现的次数，以月计数；第二步，用上步骤得到的每月的词汇数量总数除以每月文章的总数；第三步，考虑到时代背景的变化，把样本分成三个时期，中央计划时期（1949~1978年）、改革开放时期（1979~1999年）和全球化时代（2000年以后）。三个时期的经济政策不确定性有着显著的区别；第四步，根据样本时期的不同，对数据进行标准化处理；第五步，按月计算平均数；第六步，将每个时期的指数标准化为均值100。

表6-1　　　　　　　　中国经济政策不确定性指数术语

范畴	英语术语	中文翻译
不确定性	uncertain/uncertainty/not certain/unsure/not sure/hard to tell/unpredictable/unknown	不确定/不明确/不明朗/未明/难以/难以预计/难以估计/难以预测/难以预料/未知

续表

范畴	英语术语	中文翻译
经济学	economy/business	经济/商业
政策	fiscal 'monetary/China Securities Regulatory Commission/China Banking regulatory commission/Ministry of Finance/The Peoples Bank of China/National Development and reform Commission/Opening-up/Reform/Ministry of commerce legislation/tax national bonds/govemment debt/central bank/Ministry of Commerce/tariff/govemmental deficit	财政/货币/证监会/银监会/财政部/人民银行/国家发改委/开放/改革/商务部/法律/法规税收/国债/政府债务/央行/外经贸部/关税/政府赤字

在该网站获取的数据是月度数据，考虑滞后效应（Wang et al.，2014），本章使用了债券发行当月及前三月的月度经济政策不确定性平均值 EPU_1 作为本章的第一个经济政策不确定性代理变量，并对该值取自然对数以修正数据的偏态。取公司债发行的前半年（包括当月）的经济政策不确定性的平均数得到的 EPU_2 作为第二个代理变量，并取对数进行平稳处理。

3. 控制变量

本章在实证模型中加入债券层面的控制变量和公司层面的控制变量。本章的控制变量与第3章相同，为了节省篇幅，此处不再累述。

6.2.3　模型设定

本节对研究假设进行模型设定和实证检验。用模型（6-1）来检验假设6-1：经济政策不确定性与公司债融资成本正相关

$$\text{Spread}_{it} = \beta_0 + \beta_1 \text{EPU}_{it} + \sum \lambda \text{Controls} + \text{FirmDummies}$$
$$+ \text{YearDummies} + \varepsilon_{it} \tag{6-1}$$

其中，Spread1 是公司债融资成本，分别用中债利差和国债利差进行度量。EPU 是经济政策不确定性指数，控制变量包括债券层面的发行金额、发行期限、债项评级、回售条款和公司层面的净资产回报率、资产负债率、公司规模、分析师跟踪人数、产权性质。为了进一步研

究公司异质性对经济政策不确定性对公司债融资成本的影响，本章引入了产权性质（是否为国企）异质性分析。在异质性分析中，除了构造相应的哑变量进行交互项分析，还进一步采用了分组检验的方法。

$$\text{Spread}_{it} = \beta_0 + \beta_1 \text{EPU}_{it} + \beta_2 \text{State} + \beta_3 \text{EPU}_{it} \times \text{State} + \sum \lambda \text{Controls}$$
$$+ \text{FirmDummies} + \text{YearDummies} + \varepsilon_{it} \qquad (6-2)$$

模型（6－2）中各变量定义如表6－2所示，用来检验假设6－2：相对于国企，在经济政策不确定环境下，非国企的公司债融资成本受到的负面影响更大。除了检验产权性质与经济政策不确定的交互效应。针对假设3，进一步对产权性质进行分组回归，比较两组的回归系数差异，以探讨国企和非国企上市公司受经济政策不确定性影响的差异。

表6－2　　　　　　　　　　　　变量定义表

变量	变量描述
｜Spread1	中债利差，公司债票面利率减去与公司债发行日期和发行期限相匹配的中债国债收益率
Spread2	国债利差，公司债票面利率减去与公司债发行日期和发行期限相匹配的国债收益率
EPU_1	公司债发行的前一个季度（包括当月）的经济政策不确定性的均值，并取对数进行平稳处理
EPU_2	公司债发行的前半年（包括当月）的经济政策不确定性的平均数，并取对数进行平稳处理
Credit	公司债主体评级，数值介于1（A+）和5（AAA）之间
Credit1	公司债债项评级，数值介于1（AA－）和4（AAA）之间
Maturity	债券发行期限的自然对数
Amount	债券发行金额的自然对数
Put	虚拟变量，可回售公司债1，不可回售的公司债为0
Lev	资产负债率，总负债/总资产
SOE	虚拟变量，发债主体为国企时赋值为，否则为0
Size	公司规模，取公司总资产的自然对数
ROA	净资产收益率，净利润/总资产
Analysts	当年公司分析师跟踪人数的对数

6.3　基　本　结　果

6.3.1　描述性统计表

表6-3是变量的描述性统计。公司债中债利差/公司债中债利差的平均值为2.266%/2.267%，标准差为1.102%/1.100%，最大值和最小值相差4.671%/4.62%，表明不同公司的公司债发行利差差异较大，这方便了我们对此进行的研究。EPU1（季度经济政策不确定性指数均值）和EPU2（半年度经济政策不确定性指数均值）在没有进行对数处理之前离散度都很大，标准差为68.96%/64.14%，而最大值与最小值之差高达256.29%/248.96%，样本间的经济政策不确定性指数差异较大。为了修正偏态，对EPU进行对数处理，处理之后的EPU1/EPU2的标准差为0.386%/0.367%，相比之前平稳很多。类似处理的变量有Amount（公司债的融资金额）和Maturity（公司债的发行期限）。Amount的平均值为12.58亿元，最小值为1亿元，最大值为60亿元，表明一般公司债的发行规模较大。Maturity的平均值为4.972年，最短2年最长为10年，因此一般公司债的期限较长。Credit的平均值为3.769，说明发行一般公司债的公司主体评级的均值位于AA级与AA+级之间。Credit1的均值为3.03，说明债项评级的均值介于AA+和AAA两个等级之间。Put为虚拟变量，平均数为0.331意味着大约有33%的公司债有回售条款。ROA的平均值（中位数）为0.032（0.027），说明除了少数盈利极差或极好的公司，发行公司债的公司普遍盈利较好，且盈利水平相差不大。Lev的均值（中位数）为0.593（0.603），说明样本中的公司平均负债率接近60%。State是产权性质的虚拟变量，平均值为0.540意味着样本中国企数量约占54%。

表6-3　　　　　　　　　　描述性统计

变量	样本量	平均值	标准差	中位数	最小值	最大值
Spread1（%）	1116	2.266	1.102	2.066	0.356	5.027
Spread2（%）	1114	2.267	1.100	2.073	0.370	4.990

续表

变量	样本量	平均值	标准差	中位数	最小值	最大值
EPU 1（取对数前）	1116	154.9	68.96	126.9	85.01	341.3
EPU 1（取对数后）	1116	4.968	0.386	4.852	4.455	5.836
EPU 2（取对数前）	1116	152.7	64.14	128.0	85.94	334.9
EPU 2（取对数后）	1116	4.962	0.367	4.860	4.465	5.817
Amount（亿）（取对数前）	1116	12.58	11.14	10.00	1.000	60.000
Amount（亿）（取对数后）	1116	2.333	0.747	2.398	0.693	4.263
Maturity（取对数前）	1116	4.972	1.664	5.000	2.000	10.000
Maturity（取对数后）	1116	1.751	0.267	1.792	1.099	2.398
Credit	1116	3.769	0.992	4.000	1.000	5.000
Credit1	1116	3.030	0.889	3.000	1.000	4.000
Put	1116	0.331	0.471	0.000	0.000	1.000
ROA（%）	1116	0.032	0.031	0.027	-0.073	0.134
Lev	1116	0.593	0.146	0.603	0.255	0.862
Size	1116	24.04	1.587	23.79	21.28	28.41
State	1116	0.540	0.499	1.000	0.000	1.000
Analysts	1116	2.155	1.021	2.303	0.000	3.761

6.3.2 相关性分析

表6-4报告了本章主回归的变量之间的相关性分析结果。在 Panel A 中，中债利差（Spread1）与 EPU1 和 EPU2 正相关，Pearson 相关系数分别是 0.111 和 0.119，两类相关性系数都在 1% 水平上显著，该结果说明经济政策不确定性与公司债融资成本正相关，与假设 6-1 吻合。关于控制变量，只有 Lev（负债率）与公司债利差的相关性关系不显著。Amount（公司债发行规模）、Maturity（公司债发行期限）、Credit（公司债主体评级）、Credit1（公司债债项评级）、Put（是否回售）、ROA（盈利水平）、Size（公司规模）、State（产权性质）和 Analysts（分析师跟踪）均与中债利差（Spread1）在 1% 水平上负相关。Panel B 中，国债利差（Spread2）也与 EPU1 和 EPU2 在 1% 水平上正相关。控制变量与利差的相关性也与 Panel A 一致。但从数值上看，Panel B 中的解释变量与因变量的相关性系数在整体上略低于 Panel A。

表 6 – 4　经济政策不确定性与公司债融资成本主要变量的相关性分析

Panel A：Spread1 与 EPU 的相关性分析

变量	Spread1	EPU_1	EPU_2	Amount	Maturity	Credit	Credit1	Put	ROA	Lev	Size	State
Spread1		0.127***	0.150***	−0.428***	−0.131***	−0.597***	−0.531***	0.326***	−0.138***	−0.030	−0.440***	−0.477***
EPU_1	0.115***		0.964***	−0.052*	−0.335***	0.216***	0.273***	−0.231***	−0.019	0.097***	0.242***	−0.046
EPU_2	0.119***	0.984***		−0.064***	−0.331***	0.211***	0.280***	−0.217***	−0.024	0.097***	0.220***	−0.034
Amount	−0.422***	−0.069**	−0.077**		0.204***	0.640***	0.468***	−0.255***	−0.048	0.310***	0.695***	0.314***
Maturity	−0.154***	−0.356***	−0.354***	0.204***		0.024	−0.047	0.177***	−0.019	−0.006	−0.030	0.174***
Credit	−0.572***	0.252***	0.250***	0.629***	0.060**		0.786***	−0.439***	0.025	0.242***	0.817***	0.436***
Credit1	−0.522***	0.321***	0.331***	0.461***	−0.007	0.769***		−0.492***	−0.012	0.225***	0.650***	0.412***
Put	0.306***	−0.285***	−0.285***	−0.245***	0.135***	−0.432***	−0.490***		0.022	−0.193***	−0.489***	−0.204***
ROA	−0.123***	−0.052*	−0.052	−0.045	−0.012	0.007	−0.025	0.036		−0.428***	0.148***	−0.108***
Lev	−0.015	0.128***	0.127***	0.291***	0.016	0.237***	0.223***	−0.190***	−0.429***		0.555***	0.148***
Size	−0.414***	0.280***	0.270***	0.672***	0.022	0.800***	0.645***	−0.477***	−0.130***	0.513***		0.328***
State	−0.469***	−0.031	−0.026	0.322***	0.184***	0.429***	0.413***	−0.204***	−0.094***	0.146***	0.330***	
Analysts	−0.167***	0.074**	0.074*	0.300***	0.025	0.306***	0.179***	−0.058*	0.256***	0.089***	0.369***	−0.031

Panel B：Spread2 与 EPU 的相关性分析

	Spread2	EPU_1	EPU_2	Amount	Maturity	Credit	Credit1	Put	ROA	Lev	Size	State
Spread2		0.125***	0.147***	-0.427***	-0.130***	-0.595***	-0.530***	0.326***	-0.135***	-0.033	-0.440***	-0.477***
EPU_1	0.114***		0.964***	-0.049	-0.331***	0.220***	0.277***	-0.231***	-0.014	0.094***	0.243***	-0.043
EPU_2	0.118***	0.984***		-0.061**	-0.327***	0.216***	0.284***	-0.217***	-0.020	0.094***	0.220***	-0.031
Amount	-0.421***	-0.069**	-0.077**		0.159***	0.640***	0.467***	-0.257***	-0.051*	0.313***	0.696***	0.313***
Maturity	-0.153***	-0.356***	-0.354***	0.204***		0.020	-0.051*	0.177***	-0.025	-0.002	-0.030	0.171***
Credit	-0.570***	0.252***	0.250***	0.629***	0.060**		0.785***	-0.441***	0.021	0.245***	0.819***	0.435***
Credit1	-0.521***	0.321***	0.331***	0.461***	-0.007	0.769***		-0.494***	-0.015	0.227***	0.652***	0.411***
Put	0.305***	-0.285***	-0.285***	-0.245***	0.135***	-0.432***	-0.490***		0.022	-0.192***	-0.492***	-0.205***
ROA	-0.120***	-0.052*	-0.052*	-0.045	-0.012	0.007	-0.025	0.036		-0.427***	-0.148***	-0.111***
Lev	-0.017	0.128***	0.127***	0.291***	0.016	0.237***	0.223***	-0.190***	-0.429***		0.556***	0.151***
Size	-0.414***	0.280***	0.270***	0.672***	0.022	0.800***	0.645***	-0.477***	-0.130***	0.513***		0.329***
State	-0.469***	-0.031	-0.026	0.322***	0.184***	0.429***	0.413***	-0.204***	-0.094***	0.146***	0.330***	
Analysts	-0.167***	0.074**	0.074**	0.300***	0.025	0.306***	0.179***	-0.058*	0.256***	0.089***	0.369***	-0.031

6.3.3 单变量检验

表 6-5 显示的经济政策不确定性与公司债发行利差的单变量分析。将 EPU_1 按由大到小的值的排序分成三等分，取前 1/3 样本为高经济政策不确定性组，其他划入低经济政策不确定性组。随后，分别就不同分组间的经济政策不确定性对公司债融资成本的影响进行均值 T 检验。Panel A 为样本按照 EPU_1 的是否为排序为前 1/3 划分成低经济政策不确定性组和高经济政策不确定性组后，对不同组的中债利差和国债利差进行的均值 T 检验。从 Panel A 中可见，低 EPU_1 组其公司债发行利差的均值在 1% 的水平上显著低于高 EPU_1 组，结果初步表明经济政策不确定性的提高会提高公司债券发行的成本，初步验证了假设 6-1。Panel B 为样本按照 EPU_1 是否为排序为前 1/3 将样本划分为低经济政策不确定性和高经济政策不确定性两组后，对不同组的公司债融资成本进行的均值 T 检验。由 Panel B 可见，低 EPU_2 组的中债利差和国债利差都在 1% 的水平上显著低于低 EPU_2 组，说明相比于低经济政策不确定性的环境，高经济政策不确定性的环境下，债权人要求更高的风险溢价，结果再次初步验证了假设 6-1。

表 6-5　经济政策不确定性与公司债融资成本单变量检验结果

Panel A：EPU_1

变量	低 EPU_1 组		高 EPU_1 组		
	样本量	均值	样本量	均值	差异
Spread1	744	2.18	372	2.43	-0.24***
Spread2	742	2.18	372	2.43	-0.25***

Panel B：EPU_2

变量	低 EPU_2 组		高 EPU_2 组		差异
Spread1	744	2.19	372	2.42	-0.22**
Spread2	742	2.19	372	2.42	-0.23**

注：***、** 和 * 分别代表在 1%、5% 和 10% 的水平上显著。

6.3.4　经济政策不确定性与公司债融资成本基本回归结果

本章的目的是，在中国制度背景下研究经济政策不确定性与公司债融资成本的关系。表 6 - 6 报告了多元回归的结果。从表 6 - 6 中我们发现无论是 EPU1 还是 EPU2 均与中债利差代表的公司债融资成本（Spread1）和国债利差（Spread2）代表的公司债融资成本，在 1% 水平上呈显著的正相关关系。以列（1）为例，EPU_1 的系数为 0.762，T 值为 4.294。由前文描述性统计表可知，EPU_1 的标准差为 0.386。据此计算 EPU_1 的经济效益。EPU_1 每变动 1 个标准差，Spread1 的变动为 0.762 × 0.386 = 0.294。同样有描述性统计表可得，Spread1 的平均值为 2.266。因此，EPU_1 每增加一个标准差，Spread1 将增加 0.294/2.266 = 12.97%。这一结果表明，在经济政策不确定性环境中，由于经济前景不明朗，债券投资人对公司债券的投资收益的信心不强，会要求更高的风险溢价，进而导致债券资本成本上升。

关于控制变量，Amount 的系数在 5% 水平上显著为负，说明公司债的发行额度越大，债券利差越低，与本章的预期相符。公司债的规模与公司本身的融资能力、公司价值有很强的相关性。较大的规模表明违约的可能性较小，在这种情况下，投资者一般不会要求更高风险溢价。Maturity 的系数在 1% 水平上显著为负，意味着债券期限越长，资本成本越低。Credit 和 Credit1 都与债券利差在 1% 水平上显著负相关。说明公司主体评级和债项评级都能明显地增加投资者信心。Put 的系数为负但不显著，因此没有足够的证据表明，回售条款有助于降低公司债的风险值。其可能的原因是，当公司发行的债券不足够吸引潜在投资人投资时，发行人为了债券的顺利销售，会选择增加回售条款以进一步刺激市场投资。但是否回售的系数不显著说明，回售条款的保护力度仍不足够打消投资人的风险顾虑。ROA 的系数显著为负，说明盈利能力有助于降低公司债融资成本。Lev 的系数为正，说明负债率越高的公司，偿债能力越差，因此发行的公司债的成本越高。Size 的系数为正，这与我们的预期相反。一般认为，公司规模越大，公司的实力越强，债券人对公司的还债能力有更多信心，因此公司规模应该是有助于减少发债成本的。鉴于相关分析系数表中，Size 与公司债利差在 1% 水平上显著负相关，而 Size 与公司主体评级和公司债项评级的相关系数分别高达 0.817 和 0.650，并且在 1% 水平上显著。因此，我们认为公司规模在多元回归结果中系数显著为正的原因是解释变量间的多重线性问题造成的。接下来是产权性质，State 的 4 个系数显著为负，这表明相对于非国有企业，国有企业发行公司债有成本上的优势。Analysts 的系数为负表明分析师跟踪可以显著地减少公司的债务融资成本。

表 6 - 6　　　　经济政策不确定性与公司债融资成本的多元回归

变量	(1)	(2)	(3)	(4)
	Spread1	Spread2	Spread1	Spread2
EPU_1	0.762 *** (4.294)	0.756 *** (4.262)		
EPU_2			0.750 *** (3.798)	0.729 *** (3.698)
Amount	-0.102 ** (-2.475)	-0.102 ** (-2.459)	-0.100 ** (-2.422)	-0.100 ** (-2.405)
Maturity	-0.351 *** (-4.051)	-0.354 *** (-4.093)	-0.353 *** (-4.076)	-0.358 *** (-4.127)
Credit	-0.378 *** (-7.898)	-0.375 *** (-7.804)	-0.374 *** (-7.779)	-0.371 *** (-7.682)
Credit1	-0.326 *** (-8.406)	-0.326 *** (-8.402)	-0.334 *** (-8.633)	-0.334 *** (-8.624)
Put	-0.063 (-1.028)	-0.064 (-1.041)	-0.057 (-0.929)	-0.058 (-0.943)
ROA	-2.844 *** (-3.851)	-2.814 *** (-3.780)	-2.856 *** (-3.853)	-2.830 *** (-3.786)
Lev	0.894 *** (4.395)	0.904 *** (4.394)	0.883 *** (4.321)	0.893 *** (4.322)
Size	0.082 *** (2.696)	0.080 *** (2.596)	0.084 *** (2.743)	0.082 *** (2.640)

续表

变量	(1)	(2)	(3)	(4)
	Spread1	Spread2	Spread1	Spread2
State	−0.670 *** (−12.219)	−0.670 *** (−12.224)	−0.671 *** (−12.263)	−0.671 *** (−12.264)
Analysts	−0.079 *** (−3.444)	−0.080 *** (−3.498)	−0.081 *** (−3.553)	−0.082 *** (−3.603)
Constant	1.025 (1.006)	1.136 (1.105)	1.017 (0.913)	1.197 (1.068)
Year	Yes	Yes	Yes	Yes
Industry	Yes	Yes	Yes	Yes
N	1116	1114	1116	1114
R − squared	0.627	0.626	0.626	0.625

6.4　稳健性检验

6.4.1　内生性检验之倾向得分匹配法（PSM）

为了有效控制遗漏变量和反向因果的影响，本章使用 PSM 方法重新选择样本。对模型（6-1）进行检验。由于 PSM 匹配需要依据解释变量的二值变量，因此参考后青松等（2016）的方法，将 EPU_1 按值的排序分成三等份，取最大值组赋值二元变量 EPU_dum 为 1，其他为 0。在 PSM 的第一阶段的 Probit 回归中，以 EPU_dum 为因变量，解释变量为年度和行业以及一系列公司特征的变量。根据第一阶段获得的倾向得分值进行 1∶1 的最近邻匹配。图 6-1 为配对前后样本的平衡性检验示意图，图中黑色点为匹配前各控制变量偏差，星号为 PSM 后各控制变量的偏差。黑点或星点离中间的中轴越近，说明标准化偏差越小。从图 6-1 中可以看到，除了 ROA 处理后的标准化偏差有略微的偏大，State 和 Amount 不变之外，其他的变量处理组和控制组的标准化偏差显著地变小了。说明 PSM 的结果通过平衡性检验，匹配效果较好。

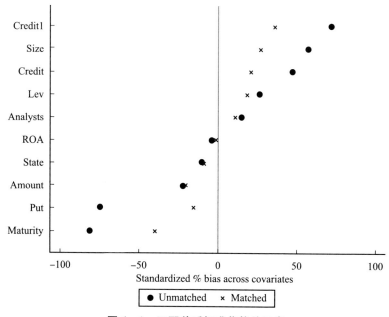

图 6 - 1　匹配前后标准化偏差示意

PSM 第二阶段是基于匹配后的样本对模型 6 - 1 进行多元回归分析。结果报告在表 6 - 7 中，对中债利差的回归中 EPU_1 和 EPU_2 的系数分别 0.502（T = 2.407）和 0.417（T = 1.857）。对国债利差的回归中 EPU_1 和 EPU_2 的系数分别 0.494（T = 2.370）和 0.400（T = 1.785）。这意味着 PSM 回归结果与基本假设一致，支持经济政策不确定性不利于发行公司债的假设。

表 6 - 7　　　　经济政策不确定性与公司债融资成本 PSM 样本回归

变量	(1)	(2)	(3)	(4)
	Spread1	Spread2	Spread1	Spread2
EPU_1	0.502 ** (2.407)	0.494 ** (2.370)		

续表

变量	(1)	(2)	(3)	(4)
	Spread1	Spread2	Spread1	Spread2
EPU_2			0.417 * (1.857)	0.400 * (1.785)
Amount	−0.121 ** (−2.486)	−0.121 ** (−2.474)	−0.116 ** (−2.377)	−0.116 ** (−2.365)
Maturity	−0.419 *** (−3.803)	−0.424 *** (−3.848)	−0.417 *** (−3.774)	−0.423 *** (−3.822)
Credit1	−0.487 *** (−11.143)	−0.488 *** (−11.204)	−0.493 *** (−11.241)	−0.494 *** (−11.296)
Put	−0.070 (−0.695)	−0.071 (−0.709)	−0.063 (−0.630)	−0.065 (−0.645)
ROA	−3.122 *** (−3.030)	−3.104 *** (−3.014)	−3.121 *** (−3.006)	−3.106 *** (−2.992)
Lev	1.470 *** (5.569)	1.481 *** (5.604)	1.463 *** (5.522)	1.474 *** (5.560)
Size	−0.074 ** (−2.495)	−0.074 ** (−2.501)	−0.073 ** (−2.461)	−0.074 ** (−2.471)
State	−0.793 *** (−10.718)	−0.792 *** (−10.731)	−0.792 *** (−10.734)	−0.791 *** (−10.747)
Analysts	−0.097 *** (−3.071)	−0.097 *** (−3.092)	−0.098 *** (−3.094)	−0.098 *** (−3.113)
Constant	4.020 *** (3.364)	5.057 *** (4.073)	4.369 *** (3.443)	5.032 *** (4.180)
Year/Industry	Yes	Yes	Yes	Yes
N	744	743	744	743
R − squared	0.618	0.618	0.616	0.617

6.4.2　内生性检验之工具变量法回归

为了解决自选择和遗漏变量等内生性问题造成的估计偏误，我们构造工具变量，使用两阶段回归法（2SLS）对本章的基本假设进行回归。工具变量的选择原则为：与解释变量相关而与被解释变量无关。鉴于国内的经济政策不确定性与美国的经济政策不确定性的密切的相关性，而美国的经济政策不确定性理论上又不会直接对中国某个上市公司公司债发行事件产生直接的影响。因此，参考王朝阳等（2018）的做法，本章将中国经济不确定性的第一个工具变量选取为美国经济政策不确定性指数。我们构建了是否选举年（2012年）作为本章经济政策不确定性的第二个工具变量。

工具变量的结果列示在表6-8中，左部分为第一阶段的报告，用两个工具变量（美国经济政策不确定性指数和是否选举年）对经济政策不确定性指数进行回归。列（1）~列（2）的结果表明，两个工具变量的系数都显著为正。说明工具变量与解释变量显著相关。右部分是第二阶段的报告，用工具变量拟合值代替解释变量对公司债融资成本进行回归，列（3）~列（4）的结果表明，经济政策不确定性指数对公司债融资成本显著正相关。Kleibergen-Paap rk LM 统计量的 P 值显著为 0，通过了识别不足检验，Kleibergen-Paap rk Wald F 值远大于 10，也明显通过了弱工具变量检验。

表6-8　　　经济政策不确定性与公司债融资成本工具变量回归

第一阶段	（1）	（2）	第二阶段	（3）	（4）
变量	EPU_1	EPU_2	变量	Spread1	Spread1
EPU_US	0.470 *** （11.966）	0.457 *** （13.323）	EPU_1	1.032 ** （2.095）	
year12	0.096 *** （3.553）	0.131 *** （5.800）	EPU_2		1.060 ** （2.104）
Amount	0.004 （0.475）	0.001 （0.188）	Amount	-0.103 ** （-2.546）	-0.101 ** （-2.474）

续表

第一阶段	（1）	（2）	第二阶段	（3）	（4）
变量	EPU_1	EPU_2	变量	Spread1	Spread1
Maturity	-0.046^{***} （-2.931）	-0.044^{***} （-3.076）	Maturity	-0.334^{***} （-3.642）	-0.335^{***} （-3.671）
Credit	0.012 （1.486）	0.006 （0.897）	Credit	-0.382^{***} （-8.053）	-0.377^{***} （-7.930）
Credit1	-0.005 （-0.780）	0.005 （0.882）	Credit1	-0.324^{***} （-8.452）	-0.336^{***} （-8.723）
Put	0.007 （0.729）	-0.001 （-0.176）	Put	-0.063 （-1.053）	-0.055 （-0.916）
ROA	-0.160 （-1.102）	-0.149 （-1.178）	ROA	-2.791^{***} （-3.785）	-2.799^{***} （-3.783）
Lev	0.024 （0.671）	0.040 （1.211）	Lev	0.889^{***} （4.433）	0.871^{***} （4.318）
Size	-0.004 （-0.800）	-0.007 （-1.360）	Size	0.084^{***} （2.789）	0.087^{***} （2.857）
Analysts	-0.002 （-0.420）	0.002 （0.385）	Analysts	-0.079^{***} （-3.486）	-0.082^{***} （-3.647）
State	-0.006 （-0.640）	-0.005 （-0.580）	State	-0.668^{***} （-12.367）	-0.669^{***} （-12.438）
Constant	2.588^{***} （12.695）	2.735^{***} （15.010）	Constant	-1.436 （-0.498）	-1.629 （-0.549）
Year	Yes	Yes	Year	Yes	Yes
Industry	Yes	Yes	Industry	Yes	Yes
N	1116	1116	N	1116	1116
R – squared	0.908	0.911	R – squared	0.626	0.625
Kleibergen – Paap rk LM statistic				132.856	147.527
P – value				0.000	0.000
Kleibergen – Paap rk Wald F statistic				143.188	177.494

6.4.3　加权样本稳健型检验

　　由于在样本中存在着不少同一家公司同一年发行多支公司债的情况，因此为了减少重复样本对结果的干扰，对原样本进行了加权处理。用发行规模作为权重，对同公司年度的样本的公司债利差、债券金额和债券期限进行加权合并处理成每家上市公司每个年度只有一只公司债数据。在此基础上，进行多元回归检验。加权回归的结果报告在表 6 - 9 中，可以看到 EPU 与公司债利差的关系仍保持显著负相关，与假设 6 - 1 一致。

表 6 - 9　　　经济政策不确定性与加权公司债融资成本回归

变量	(1)	(2)	(3)	(4)
	Spread1	Spread2	Spread1	Spread2
EPU_1	0.836 *** (3.997)	0.826 *** (3.957)		
EPU_2			0.796 *** (3.293)	0.764 *** (3.172)
Amount1	-0.105 * (-1.879)	-0.104 * (-1.851)	-0.100 * (-1.789)	-0.099 * (-1.763)
Maturity1	-0.369 *** (-3.265)	-0.376 *** (-3.319)	-0.381 *** (-3.383)	-0.389 *** (-3.450)
Credit	-0.437 *** (-7.856)	-0.439 *** (-7.902)	-0.431 *** (-7.687)	-0.434 *** (-7.728)
Credit1	-0.302 *** (-7.215)	-0.302 *** (-7.231)	-0.310 *** (-7.431)	-0.310 *** (-7.442)
Put	-0.058 (-0.876)	-0.058 (-0.873)	-0.052 (-0.776)	-0.052 (-0.777)
ROA	-2.862 *** (-3.648)	-2.954 *** (-3.750)	-2.928 *** (-3.734)	-3.022 *** (-3.836)
Lev	0.562 ** (2.446)	0.545 ** (2.359)	0.559 ** (2.407)	0.542 ** (2.326)

续表

变量	(1)	(2)	(3)	(4)
	Spread1	Spread2	Spread1	Spread2
Size	0.128 *** (3.130)	0.131 *** (3.183)	0.125 *** (3.039)	0.129 *** (3.091)
State	-0.595 *** (-9.974)	-0.596 *** (-9.982)	-0.596 *** (-9.985)	-0.596 *** (-9.987)
Analysts	-0.070 *** (-2.725)	-0.070 *** (-2.726)	-0.071 *** (-2.767)	-0.071 *** (-2.762)
Constant	0.437 (0.340)	-0.243 (-0.183)	0.653 (0.465)	0.075 (0.052)
Year	Yes	Yes	Yes	Yes
Industry	Yes	Yes	Yes	Yes
N	838	838	838	838
R-squared	0.626	0.628	0.624	0.626

6.4.4 双聚类回归方法稳健性检验

为了有效控制自相关偏误，参照彼得森（Petersen，2009）的说明，同时对公司和年份进行聚类稳健性回归。结果列示于表6-10中，列1到列4中EPU的回归系数分别为0.800、0.801、0.872和0.870，且都在1%水平上显著。而在基本回归中，表6-10中列（1）~列（4）的EPU的回归系数分别为0.762、0.756、0.750和0.729。该结果表明，经公司层面和年度层面的双重聚类调整标准误以后的结果稳健地支持了假设6-1，且回归系数略大于基本回归。

表6-10　　　经济政策不确定性与公司债融资成本双重聚类回归

变量	(1)	(2)	(3)	(4)
	Spread1	Spread2	Spread1	Spread2
EPU_1	0.800 *** (4.704)	0.801 *** (4.800)		

续表

变量	（1）	（2）	（3）	（4）
	Spread1	Spread2	Spread1	Spread2
EPU_2			0. 872 *** (4. 826)	0. 870 *** (4. 902)
Amount	− 0. 029 (− 0. 443)	− 0. 029 (− 0. 450)	− 0. 021 (− 0. 318)	− 0. 022 (− 0. 333)
Maturity	− 0. 072 (− 0. 459)	− 0. 086 (− 0. 547)	− 0. 066 (− 0. 409)	− 0. 081 (− 0. 502)
Credit	− 0. 347 *** (− 4. 171)	− 0. 345 *** (− 4. 122)	− 0. 346 *** (− 3. 962)	− 0. 345 *** (− 3. 920)
Credit1	− 0. 287 *** (− 4. 442)	− 0. 290 *** (− 4. 479)	− 0. 301 *** (− 4. 463)	− 0. 304 *** (− 4. 494)
Put	0. 242 *** (2. 966)	0. 236 *** (2. 869)	0. 244 *** (3. 134)	0. 238 *** (3. 026)
ROA	− 2. 110 * (− 1. 654)	− 2. 168 * (− 1. 691)	− 2. 078 (− 1. 626)	− 2. 141 * (− 1. 664)
Lev	1. 275 *** (3. 091)	1. 273 *** (3. 109)	1. 248 *** (3. 083)	1. 245 *** (3. 098)
Size	− 0. 029 (− 0. 619)	− 0. 027 (− 0. 579)	− 0. 024 (− 0. 488)	− 0. 023 (− 0. 447)
Analysts	− 0. 043 * (− 1. 786)	− 0. 044 * (− 1. 801)	− 0. 046 * (− 1. 835)	− 0. 046 * (− 1. 847)
State	− 0. 522 *** (− 4. 512)	− 0. 522 *** (− 4. 512)	− 0. 520 *** (− 4. 439)	− 0. 521 *** (− 4. 443)
Constant	2. 071 (1. 505)	2. 074 (1. 515)	1. 582 (1. 116)	1. 594 (1. 131)
Industry	Yes	Yes	Yes	Yes
N	1116	1114	1116	1114
R − squared	0. 504	0. 505	0. 508	0. 508

6.4.5 被解释变量替代变量回归稳健性检验

在基本回归分析中，公司规模的系数显著为正，可能是由于公司债规模与公司主体评级和债项评级两个变量间都高达 0.817 并且 1% 水平上显著的相关性。为了进一步证实该猜想，本章在控制变量中剔除了公司主体评级后，重新进行了基本回归分析。结果如表 6 - 11 所示。EPU 在 1 - 4 列中都显著为正，并且 Size 变量也都在 10% 水平上显著为负。该结果表明：高经济政策不确定性导致高公司债融资成本的结论是稳健的；公司规模越大，债务资本成本越低；表 6 - 7 中控制变量 Size 的系数之所以为正，与预期不符，是因为多重共线性的影响。

表 6 - 11　　　　　经济政策不确定性与国债利差回归

变量	(1)	(2)	(3)	(4)
	Spread1	Spread2	Spread1	Spread2
EPU_1	0.693 *** (3.817)	0.689 *** (3.795)		
EPU_2			0.702 *** (3.480)	0.682 *** (3.389)
Amount	-0.160 *** (-3.892)	-0.159 *** (-3.856)	-0.158 *** (-3.829)	-0.156 *** (-3.791)
Maturity	-0.400 *** (-4.409)	-0.402 *** (-4.427)	-0.401 *** (-4.412)	-0.403 *** (-4.439)
Credit1	-0.472 *** (-12.984)	-0.470 *** (-12.961)	-0.478 *** (-13.140)	-0.476 *** (-13.112)
Put	-0.069 (-1.073)	-0.071 (-1.107)	-0.063 (-0.984)	-0.066 (-1.020)
ROA	-3.135 *** (-3.976)	-3.053 *** (-3.854)	-3.139 *** (-3.966)	-3.061 *** (-3.847)

续表

变量	(1)	(2)	(3)	(4)
	Spread1	Spread2	Spread1	Spread2
Lev	1. 255 ***	1. 274 ***	1. 240 ***	1. 259 ***
	(6. 080)	(6. 134)	(6. 001)	(6. 055)
Size	−0. 048 *	−0. 050 *	−0. 044 *	−0. 047 *
	(−1. 875)	(−1. 950)	(−1. 740)	(−1. 819)
State	−0. 719 ***	−0. 718 ***	−0. 719 ***	−0. 718 ***
	(−12. 807)	(−12. 808)	(−12. 856)	(−12. 854)
Analysts	−0. 093 ***	−0. 094 ***	−0. 095 ***	−0. 096 ***
	(−3. 882)	(−3. 940)	(−3. 969)	(−4. 023)
Constant	4. 072 ***	3. 547 ***	3. 950 ***	3. 498 ***
	(4. 077)	(3. 589)	(3. 577)	(3. 198)
Year	Yes	Yes	Yes	Yes
Industry	Yes	Yes	Yes	Yes
N	1116	1114	1116	1114
R − squared	0. 605	0. 605	0. 604	0. 604

6.4.6　经济政策不确定性替代变量稳健性检验

中国的经济政策不确定性指数的版本有很多版本，不同的度量方法和数据来源可能会产生不同的实证结果。为了验证经济政策不确定性与公司债融资成本之间关系的稳健性，本章用其他两种版本的经济政策不确定性数据进行稳健性回归。如表6 − 12所示，列（1）~列（2）采用 Scott 版经济政策不确定性指数进行回归分析，列（3）~列（4）中的解释变量是黄和卢克（Huang and Luk，2020）版的经济政策不确定性指数。在所有列中 EPU 始终与公司债发行利差在1%水平上呈显著的正相关关系，说明基准回归具有稳健性。

表 6 - 12　　　　　　　经济政策不确定性替代变量稳健性回归

变量	(1)	(2)	(3)	(4)
	Spread1	Spread2	Spread1	Spread2
EPU_Scott	0.156 ** (2.113)	0.145 * (1.959)		
EPU_CN			0.965 *** (4.393)	0.974 *** (4.450)
Amount	-0.098 ** (-2.349)	-0.098 ** (-2.336)	-0.104 ** (-2.521)	-0.104 ** (-2.510)
Maturity	-0.391 *** (-4.499)	-0.395 *** (-4.542)	-0.360 *** (-4.147)	-0.363 *** (-4.182)
Credit1	-0.375 *** (-7.755)	-0.372 *** (-7.650)	-0.370 *** (-7.736)	-0.367 *** (-7.647)
Put	-0.329 *** (-8.545)	-0.329 *** (-8.543)	-0.324 *** (-8.460)	-0.324 *** (-8.454)
ROA	-0.061 (-0.997)	-0.062 (-1.010)	-0.061 (-0.994)	-0.062 (-1.007)
Lev	-2.893 *** (-3.857)	-2.871 *** (-3.796)	-2.827 *** (-3.824)	-2.795 *** (-3.752)
Size	0.902 *** (4.390)	0.912 *** (4.391)	0.912 *** (4.494)	0.921 *** (4.492)
State	0.081 *** (2.650)	0.079 ** (2.547)	0.075 ** (2.471)	0.073 ** (2.376)
Analysts	-0.674 *** (-12.206)	-0.674 *** (-12.207)	-0.670 *** (-12.173)	-0.670 *** (-12.182)
Constant	-0.080 *** (-3.441)	-0.081 *** (-3.493)	-0.075 *** (-3.291)	-0.076 *** (-3.344)
Year/Industry	Yes	Yes	Yes	Yes
N	1116	1114	1116	1114
R - squared	0.514	0.525	0.502	0.508

6.4.7 加入宏观等控制变量稳健性检验

由于经济政策不确定性是一个宏观变量，会受到其他宏观因素的影响，因此本章在回归中加入宏观控制变量（GDP、CPI 和 PPI），进一步测试研究结果的稳健性。其中，GDP 是指国内生产总值，CPI 是居民消费价格指数的简称，PPI 是指生产价格指数。此外，已有文献关注了高管股权激励（Incentive_Ratio）、会计信息质量（DA）、客户集中度（CC）等因素对公司债定价问题的影响，因此将这三个变量也加入回归中。如表 6 – 13 所示，列（1）~ 列（4）中的经济政策不确定性系数说明经济政策不确定性与公司债融资成本之间的正相关关系是稳健的，不会受到当前宏观经济因素、股权激励、会计信息质量和客户集中度等因素的影响。

表 6 – 13　　　　加入宏观控制变量的经济政策不确定性与
公司债融资成本稳健性回归

变量	(1)	(2)	(3)	(4)
	spread	spread2	spread	spread2
EPU_1	0.856 *** (4.626)	0.849 *** (4.590)		
EPU_2			0.885 *** (4.253)	0.862 *** (4.150)
Amount	− 0.099 ** (− 2.383)	− 0.098 ** (− 2.366)	− 0.097 ** (− 2.325)	− 0.096 ** (− 2.305)
Maturity	− 0.320 *** (− 3.685)	− 0.324 *** (− 3.727)	− 0.317 *** (− 3.641)	− 0.321 *** (− 3.693)
Credit	− 0.399 *** (− 8.257)	− 0.397 *** (− 8.157)	− 0.394 *** (− 8.136)	− 0.391 *** (− 8.029)
Credit1	− 0.326 *** (− 8.253)	− 0.326 *** (− 8.245)	− 0.336 *** (− 8.516)	− 0.335 *** (− 8.505)

续表

变量	(1)	(2)	(3)	(4)
	spread	spread2	spread	spread2
Put	− 0. 074 (− 1. 211)	− 0. 074 (− 1. 201)	− 0. 067 (− 1. 093)	− 0. 067 (− 1. 085)
ROA	− 2. 983 *** (− 3. 796)	− 2. 952 *** (− 3. 730)	− 2. 977 *** (− 3. 785)	− 2. 951 *** (− 3. 722)
Lev	0. 841 *** (4. 046)	0. 848 *** (4. 027)	0. 822 *** (3. 932)	0. 830 *** (3. 917)
Size	0. 112 *** (3. 571)	0. 110 *** (3. 451)	0. 115 *** (3. 649)	0. 114 *** (3. 521)
state	− 0. 660 *** (− 12. 054)	− 0. 659 *** (− 12. 044)	− 0. 660 *** (− 12. 109)	− 0. 660 *** (− 12. 096)
Analysts	− 0. 077 *** (− 3. 269)	− 0. 079 *** (− 3. 334)	− 0. 082 *** (− 3. 439)	− 0. 083 *** (− 3. 499)
GDP	− 0. 000 *** (− 3. 872)	− 0. 000 *** (− 3. 436)	− 0. 000 *** (− 3. 941)	− 0. 000 *** (− 3. 510)
CPI	− 0. 069 (− 1. 062)	− 0. 074 (− 1. 094)	− 0. 076 (− 1. 111)	− 0. 083 (− 1. 178)
PPI	− 0. 004 (− 0. 282)	− 0. 006 (− 0. 375)	− 0. 004 (− 0. 248)	− 0. 005 (− 0. 274)
DA	0. 551 ** (2. 323)	0. 540 ** (2. 265)	0. 555 ** (2. 362)	0. 544 ** (2. 303)
Incentive Ratio	0. 003 *** (2. 960)	0. 003 *** (2. 919)	0. 003 *** (3. 086)	0. 003 *** (3. 044)
CC	0. 042 (1. 012)	0. 044 (1. 063)	0. 048 (1. 161)	0. 050 (1. 215)
截距项	6. 998 (1. 111)	8. 523 (1. 302)	7. 466 (1. 128)	9. 224 (1. 345)
Year/Industry	Yes	Yes	Yes	Yes
N	1089	1087	1089	1087
R − squard	0. 633	0. 632	0. 632	0. 631

6.5　经济政策不确定性的产权性质异质性分析

针对假设 6-2，本章预期在经济政策不确定环境下，非国企的公司债融资成本受到的负面影响更大。表 6-14 的 Panel A 报告了产权性质与经济政策不确定性的交互结果，以及以产权性质分组（国有企业组和非国有企业组）的回归分析结果。其中，列（1）~ 列（3）展示的是 EPU_1 对中债利差的回归结果，列（4）~ 列（6）展示的是 EPU_1 对国债利差的回归结果，EPU 的系数为正，且都在 1% 显著性水平下显著，说明经济政策不确定性会导致公司债发行成本升高。列（1）和列（4）分别是以中债利差为因变量时产权性质的交互项的回归。EPU_State 分别为 -0.213 和 -0.214，且都在 10% 水平上显著，表明国企身份可以显著减轻经济政策不确定性对公司债融资的负面影响。列（2）~ 列（3）是产权性质分组后，经济政策不确定性对中债利差的回归结果。国企组的 EPU 系数为 0.404 在 10% 上显著，非国企组的 EPU 系数为 1.293 在 1% 上显著。使用 Stata 的外部命令 Bdiff 进行 Permutaion 组间系数差异检验，EPU 的系数为 0.889 而其 P 值为 0.01，说明在不同产权性质分组中，经济政策不确定性对公司债融资成本的影响存在显著差异。列（5）~ 列（6）是产权性质分组后，经济政策不确定性对中债利差的回归结果。国企组的 EPU 系数为 0.402 在 10% 上显著，非国企组的 EPU 系数为 1.289 在 1% 上显著。使用 STATA 的外部命令 Bdiff 进行 Permutaion 组间系数差异检验，EPU 的系数为 0.887 而其 P 值为 0.01，也支持国企和非国企两组的经济政策不确定性对公司债融资成本的影响存在显著差异的结论。

为了进一步考察经济意义，表 6-14 的 Panel B，列示了计算所需的其他数值。从表中可以看到国企组中 EPU 的标准差为 0.393，Spread1 的平均值为 1.79；非国企组中 EPU 的标准差为 0.379，Spread1 的平均值为 2.825。用列（2）~ 列（3）为代表考察回归系数的经济意

义，列（2）里国企组的 EPU 提高一个标准差，Spread1 约降低了
15.9%（0.393×0.404）。国企组 Spread1 的均值为 1.790，这意味着
EPU 提高一个标准差导致公司债融资成本增加了 8.882%（15.9%/
1.79）。类似地，非国企组 EPU 提高一个标准差，Spread1 约下降了
49%（0.379×1.293）。非国企组 Spread1 的平均值为 2.825，这意味
着 EPU 提高一个标准差导致公司债融资成本增加了 17.345%（49%/
2.825）。因此，经济政策不确定性对公司债定价的负面影响在非国有
企业更为明显在统计意义和经济意义上都得到了体现，因而假设 6－2
也得到了验证。

表 6－14　产权性质对经济政策不确定性与公司债融资成本的调节效应回归

Panel A

变量	（1） Spread1 全样本	（2） Spread1 国企	（3） Spread1 非国企	$\beta^{(0)}-\beta^{(1)}$	（4） Spread2 全样本	（5） Spread2 国企	（6） Spread2 非国企	$\beta^{(0)}-\beta^{(1)}$
EPU_1	0.886 *** (4.648)	0.404 * (1.809)	1.293 *** (4.816)	0.889 *** [0.01]	0.881 *** (4.622)	0.402 * (1.805)	1.289 *** (4.797)	0.887 *** [0.01]
State	0.389 (0.630)				0.398 (0.645)			
EPU × State	− 0.213 * (− 1.711)				− 0.214 * (− 1.726)			
Amount	− 0.094 ** (− 2.254)	− 0.051 (− 1.054)	− 0.088 (− 1.262)		− 0.094 ** (− 2.238)	− 0.050 (− 1.032)	− 0.088 (− 1.264)	
Maturity	− 0.360 *** (− 4.217)	− 0.370 *** (− 4.351)	− 0.161 (− 0.928)		− 0.363 *** (− 4.261)	− 0.374 *** (− 4.387)	− 0.160 (− 0.923)	
Credit	− 0.376 *** (− 7.835)	− 0.286 *** (− 4.045)	− 0.643 *** (− 8.040)		− 0.374 *** (− 7.743)	− 0.283 *** (− 3.989)	− 0.641 *** (− 8.022)	
Credit1	− 0.337 *** (− 8.557)	− 0.262 *** (− 4.286)	− 0.380 *** (− 7.437)		− 0.337 *** (− 8.555)	− 0.262 *** (− 4.284)	− 0.381 *** (− 7.458)	
Put	− 0.059 (− 0.966)	0.007 (0.088)	− 0.123 (− 1.397)		− 0.060 (− 0.977)	0.011 (0.144)	− 0.126 (− 1.426)	

续表

Panel A

变量	(1) Spread1 全样本	(2) Spread1 国企	(3) Spread1 非国企	$\beta^{(0)}-\beta^{(1)}$	(4) Spread2 全样本	(5) Spread2 国企	(6) Spread2 非国企	$\beta^{(0)}-\beta^{(1)}$
ROA	−2.828 *** (−3.818)	−3.477 *** (−3.274)	−3.004 *** (−3.026)		−2.799 *** (−3.750)	−3.386 *** (−3.120)	−3.021 *** (−3.062)	
Lev	0.889 *** (4.370)	0.339 (1.436)	0.795 ** (2.253)		0.898 *** (4.368)	0.357 (1.472)	0.799 ** (2.262)	
Size	0.082 *** (2.691)	−0.011 (−0.352)	0.252 *** (3.648)		0.080 *** (2.593)	−0.013 (−0.406)	0.250 *** (3.630)	
Analysts	−0.079 ***	−0.017	−0.161 ***		−0.081 ***	−0.019	−0.160 ***	
	(−3.480)	(−0.590)	(−4.499)		(−3.535)	(−0.643)	(−4.512)	
截距项	0.402 (0.373)	3.676 *** (2.912)	−4.869 ** (−2.447)		1.098 (1.001)	3.648 *** (2.881)	−4.835 ** (−2.426)	
Year/Industry	Yes	Yes	Yes		Yes	Yes	Yes	
N	1116	603	513		1114	601	513	
R − squared	0.628	0.617	0.538		0.627	0.616	0.538	

Panel B

国企组	N	平均值	标准差	非国企组	N	平均值	标准差
EPU	603	4.957	0.393	EPU	513	4.981	0.379
Spread1	603	1.790	0.916	Spread1	513	2.825	1.037
Spread2	601	1.791	0.914	Spread2	513	2.824	1.036

6.6　本章小结

经济转型期的国家经济发展普遍受到较多的政府干预，尤其是经济不景气或者面临挑战的时候。公司的发展受一系列不确定性因素的制约，一方面是经济前景本身的不确定性，另一方面源于政府在应对经济挑战时所采取的一系列政策。未来政策的导向以及政策的实施是否稳定，对公司各个方面的发展都有很大的影响。本章主要讨论了经济政策不确定性对公司债融资成本的影响。研究结果表明，在经济政策不确定性高的环境中，公司发行的公司债融资成本更高。以公司债同期的经济政策不确定性季度均值代理的经济政策不确定性指数每变动 1 个标准差，公司债发行利差增加了 29.4 个基点，是公司债发行利差均值的 12.97%。并且经济政策不确定性与公司债融资成本的关系通过了一系列包括内生性在内的稳健性回归，如对滞后项回归、PSM 和工具变量法。

在进一步的分析中，我们考察了产权性质的异质性。结论是在经济政策不确定环境下，非国企的公司债融资成本受到的负面影响更大。我们分别采用了交互项回归和分组回归两种检验方式。在统计意义方面，首先是交互项系数显著与我们预期相同，其次在分组回归中国企和非国企组的经济政策不确定性对公司债发行利差的回归系数通过了系数差异检验。就经济意义而言，国企组的 EPU 提高一个标准差，Spread1 约增加了 15.9 个基点；非国企组中 EPU 提高一个标准差，Spread1 增加了 49 个基点（0.379×1.293），非国企组的经济意义明显大于国企组。

第7章

经济政策不确定性视角下社会网络对公司债融资成本的影响

政府对市场进行调控离不开经济政策的制定这一手段，而经济政策的不确定性常常会导致经济波动，并对公司经营产生重大影响。帕斯特和韦罗内西（Pastor and Veronesi，2012）的研究发现了经济政策不确定性对金融活动和公司价值的不利影响的证据。我国是一个关系型社会，社会网络作为一种非正式机制在中国经济转型时期发挥重要作用。高管连锁活动和公司间交叉持股极大地加强了公司之间的相互联系，公司作为节点，个体层面和组织层面的关联作为线，A股市场形成一个相互依赖的复杂网络。综合网络通过资源渠道、信息渠道和公司治理等渠道，整合网络信息和资源促进公司的经济活动，有效弥补经济政策不确定性对公司发债的负面影响。

在前面的章节中，本书分别从社会网络角度（高管连锁网络和交叉持股网络）与经济政策不确定性研究了公司债融资成本的影响。本章做了两类融合性的探讨，首先将社会网络概念扩展到综合层面，构建了结合组织层面的交叉持股网络和个体层面的高管连锁网络的综合网络中心度指标作为社会网络的代理变量，检验了综合网络中心度与公司债发行利差的关系。其次，将社会网络与经济政策不确定性两个主题结合起来，对不同水平的经济政策不确定性环境下，理论推演了综合网络对债务成本影响表现的差异，并提出相关研究假设；在此基础上，应用OLS回归等方法对社会网络与经济政策不确定性交互项和公司债融资成本之间的关系进行了实证检验。

7.1 研 究 假 设

在理想的情况下，资本市场上的信息是完备的，公司可以通过即时借贷来弥补短期内现金流入与流出的失衡。但现实生活中，由于资本市场的不完备，借贷双方之间存在着严重的信息不对称和代理冲突，使得外部投资者要求更高的风险补偿，从而提高了公司的资本成本（迈尔斯和迈基里夫，1984；Jensen and Mecking，1976）。而由于信息不对称、监管难等问题，分散的债券持有人面临比银行等金融机构更为严峻的代理问题（Diamond，1991；Dhaliwal et al.，2011），如何降低债券资本成本已成为理论界和实务界关注的重要课题（Li et al.，2014）。中国是一个典型的关系型社会，公司融资具有明显的"关系导向"特征（Talavera et al.，2010）。基于中国的背景，艾伦等（Allen et al.，2005）认为，由于中国法律和金融体系不发达，公司倾向于依靠一些非正式的机制，如声誉和关系，来促进金融交易，从而支持公司的成长。社会网络可以作为正式制度的补充机制，缓解公司的融资约束。本章的社会网络是由个人层面的高管连锁任职和组织层面的交叉持股形成的公司间关联，公司以及公司间关联组成了复杂的社会网络，本章称之为综合网络。综合网络汇集了高管连锁网络和交叉持股网络的各方面优势，有助于降低公司债融资成本。

我国目前仍处于经济转型时期，国家对经济发展的调控是必要的，社会资源的配置也与政府的协调密不可分。在这个背景下，我国各种经济政策层出不穷。在强调政策重要性的同时，也不可忽视可能出现的负面影响。许多政策内容可能会出现重复和矛盾，而且反复变化，使公司陷入经济政策的不确定性之中，不利于公司的各项发展（Baker et al.，2016）。帕斯特和韦罗内西（2013）认为，经济政策不确定性加剧了公司的融资约束。首先，经济政策不确定性会影响资金投资方的投资意愿，出于谨慎性考虑会降低投资意愿，或者要求更高的风险溢价。其次，在经济政策不确定时期，由于对经济前景的预期不确定，公司运营的稳定性受到了挑战，影响到公司的现金流和盈利能力。比如由于管理层面对不确定性的无力导致公司战略决策失误，对现金流和盈利能力造成负面影响。陈等（2018）的研究发现政策不确定性使公司面临更大的未来现金流波动。经济政策不确定性增大时，公司未来收益不确定性也增大，导致公司风险上升（罗等，2017），影响潜在投资人对公司未来偿债能力的预期。再加上经济政策不确定性时期的经营业绩不稳定，管理层出于业绩考核指标、股权激励以及个人职业前途等目的有动机进行盈余操控，或者隐藏坏消息等。从而恶化市场信息环境，增加市场信息不对称摩擦，由此衍生出来的道德风险和逆向选择问题使得债权人会要求更高的风险溢价，提高发债公司的债务资本成本。

经济政策不确定性指数越大的环境，公司越需要其他机制缓解经济政策不确定性带来的融资困境。而社会网络就是这样一种外部治理机制。首先，信息不对称的角度。根据第3章内容，高管连锁网络可以增加公司的正面媒体报告数量，因此可以缓解经济政策不确定性时期的公司内外部的信息不对称摩擦。根据第5章内容，交叉持股网络的治理效应能有效监督管理层，抑制公司内部操纵盈余信息的行为，增加公司报告盈余的价值，有助于提升资本市场信息的价值，缓解债务双方的信息不对称摩擦。其次，根据资源依赖性理论，公司的连锁网络和交叉持股网络为公司之间建立协作关系提供了良好的环境，从而促进了关键资源的共享，并为公司带来了信任和声誉等重要资源，从而提高了公司以低成本获得资金的可能性。综上所述，本书提出假设：

假设7-1：综合网络中心度与公司债融资成本负相关。

假设7-2：经济政策不确定性指数越大，社会网络对减少公司债融资成本的作用越大。

7.2 实证研究设计

7.2.1 样本选择与数据来源

与第三章的样本选择一致，本章的样本区间为2007～2018年在

A 股上市的公司发行的公司债作为研究样本，样本的清理原则如下：
(1) 非上市公司的财务数据披露制度不完善，财务数据有很大的缺失，因此，删除由非上市公司发行的公司债样本；(2) 剔除去 B 股、H 股等非 A 股上市公司发行时公司债样本；(3) 剔除发行时主体评级缺失的样本；(4) 由于主体评级为 A 的公司债数量上仅有一只，并且其利率为低于 AAA 级的平均利率的异常情况，会对整体样本造成极端值的影响，因此删除该样本；(5) 删除国债收益率曲线缺失的样本，中债登网站披露的银行间中债国债收益率曲线较为完整，对应的样本不予剔除。而同花顺公布的国债收益率曲线的数据是起始于 2008 年，因此与本章公司债样本匹配时，有 2007 年的两个样本缺失了国债收益率数据，对应的样本应剔除这两个缺失国债收益率的公司债样本；(6) 剔除关键财务指标缺失的样本；(7) 剔除金融业样本。根据以上原则一共获得 1116/1114 个样本，并对连续变量在 1% 水平上进行 Winsorize 处理。

7.2.2 变量的设置及定义

1. 被解释变量

本章的被解释变量是公司债融资成本，公司债属于信用债，有一定的违约风险，投资者会对风险部分要求收益补偿，通常被称为信用利差。以往的文献通常用国债利率衡量无风险利率水平，用票面利率减去无风险利率的方法来衡量公司债的资本成本。本章一级市场公司债融资成本的具体计算方法为：以公司债的发行日期和发行期限作为匹配项，在中债国债到期收益率曲线中找到匹配的日期和期限，得到相应的无风险利率，用票面利率减去无风险利率就得到了公司债利差。

2. 主要解释变量

本章的主要解释变量为综合网络中心度变量。综合网络是集合个体层面的高管连锁关系和组织层面的交叉持股关系的公司间网络，对上市之间的社会关系有更全面更综合的描述。本章的解释变量是综合网络的 8 个中心度。基于图论理论，本章分年度构造所有 A 股上市公司的综合网络，从而计算各个中心度。为了更全面、更准确地研究综合网络的作用，本章分别构建了单值网络和加权后的多值网络。单值网络的邻接矩阵为二值矩阵，如果上市公司 i 和上市公司 j 有共享高管或者有相互持股关系，则 $A_{ij}=1$，否则 $A_{ij}=0$。对于加权网络，邻接矩阵有三种赋值，如果上市公司 i 和上市公司 j 有既有共享高管也有相互持股，则 $A_{ij}=2$，如果只有其中一种，则 $A_{ij}=1$，两者都没有，则赋值为 0。作为社会网络分析技术的一部分，中心度可以描述网络中节点的重要性。通过每个年度的上市公司邻接矩阵，计算得到了每年度每家公司的中心度数据。参考费里曼（1978）和博讷姆等（1987）的研究，本章使点度中心度、中介中心度和特征向量中心度三种中心度来度量各个公司在综合网络的网络地位。

由于中心度的计算在前两章的变量构造中有详细的阐述，因此这部分只简要提及。对于单值网络，点度中心度的计算公式为：$Degree_i = \sum_j A_{ij}$，中介中心度的计算公式为：$Betweenness_i = \sum_i g_{jk}(n_i)/g_{jk}$，特征向量中心度：$Eigenvector_i = \frac{1}{\lambda} \sum_j A_{ij} e_j$。多值中心度的计算在单值中心度的计算公式的基础上，加上线的权重值。由于三类中心度指标之间具有高度相关性，参考埃尔哈提卜（2015）的做法，本章用主成分分析法，提取最大公因子，构建了综合中心度指标来研究综合网络中心度对公司债融资成本的影响。并且由于每年网络大小不完全相同，不同年度之间的网络中心度直接混为一谈会引起规模上的干扰。为了使不同年度的网络中心度之间具有可比性，我们参考福格尔（Fogel et al.，2018）的做法，并将每年的中心度数据除以当年最大值作为标准化的手段。综上，本章一共有以下 8 个主要解释变量：综合网络单值中心度（ZHPc1_d、ZHDegree_d、ZHBetween_d 和 ZHEigen_d）和综合网络多值中心度（ZHPc1_w、ZHDegree_w、ZHBetween_w 和 ZHEigen_w）。

3. 控制变量

本章在实证模型中加入债券层面的控制变量和公司层面的控制变量。本章的控制变量与第 3 章相同，为了节省篇幅，此处不再累述。

7.2.3 模型设定

为了验证假设 7-1，本章构建了模型（7-1）：

$$
\begin{aligned}
\text{Spread}_{it} = {} & \beta_0 + \beta_1 \text{Composite Network centrality}_{it} + \beta_2 \text{Amount}_{it} \\
& + \beta_3 \text{Maturity}_{it} + \beta_4 \text{Credit}_{it} + \beta_5 \text{Credit1}_{it} + \beta_6 \text{Put}_{it} \\
& + \beta_7 \text{ROA}_{it} + \beta_8 \text{Lev}_{it} + \beta_9 \text{Sise}_{it} + \beta_{10} \text{State}_{it} \\
& + \beta_{11} \text{EPU}_{it} + \sum \text{Industry} + \sum \text{Year} + \varepsilon_{it} \quad (7-1)
\end{aligned}
$$

其中，Spread1 是公司债利差，Composite Network centrality 是综合网络中心度，包括：综合网络单值中心度（ZHPc1_d、ZHDegree_d、ZHBetween_d 和 ZHEigen_d）和综合网络多值中心度（ZHPc1_w、ZHDegree_w、ZHBetween_w 和 ZHEigen_w）。当 β_1 显著为负时，说明综合网络中心度能显著降低公司债融资成本。

为了进一步研究综合网络在减少债务成本中的边际效用，在模型（7-1）的基础上，本章构建了模型（7-2），在模型（7-1）的基础上加入前文的连锁网络中心度和交叉持股网络变量，在控制这两者的基础上，探究综合网络是否相对前两者网络有额外的溢出价值，考察综合网络的计算意义。

$$
\begin{aligned}
\text{Spread}_{it} = {} & \beta_0 + \beta_1 \text{Composite centrality}_{it} + \beta_2 \text{TMT centrality}_{it} \\
& + \beta_3 \text{Crossholding centrality}_{it} + \beta_4 \text{Amount}_{it} + \beta_5 \text{Maturity}_{it} \\
& + \beta_6 \text{Credit}_{it} + \beta_7 \text{Credit1}_{it} + \beta_8 \text{Put}_{it} + \beta_9 \text{ROA}_{it} + \beta_{10} \text{Lev}_{it} \\
& + \beta_{11} \text{Sise}_{it} + \beta_{12} \text{State}_{it} + \beta_{13} \text{EPU}_{it} + \sum \text{Industry} \\
& + \sum \text{Year} + \varepsilon_{it} \quad (7-2)
\end{aligned}
$$

为了检验综合网络调节效应，验证假设 7-2：综合网络能显著调节经济政策不确定性对公司债融资成本的负面影响，本章构建了模型（7-3）：

$$
\begin{aligned}
\text{Spread}_{it} = {} & \beta_0 + \beta_1 \text{EPU}_{it} + \beta_2 \text{Composite Network centrality}_{it} \times \text{EPU}_{it} \\
& + \beta_3 \text{Composite Network centrality}_{it} + \beta_4 \text{Amount}_{it} \\
& + \beta_5 \text{Maturity}_{it} + \beta_6 \text{Credit}_{it} + \beta_7 \text{Credit1}_{it} + \beta_8 \text{Put}_{it} \\
& + \beta_9 \text{ROA}_{it} + \beta_{10} \text{Lev}_{it} + \beta_{11} \text{Sise}_{it} + \beta_{12} \text{State}_{it} \\
& + \sum \text{Industry} + \sum \text{Year} + \varepsilon_{it} \quad (7-3)
\end{aligned}
$$

将综合网络中心度和经济政策不确定性的交互项加入模型（7－1）中得到模型（7－3），为了观察综合网络对经济政策不确定性与公司债融资成本的关系的调节作用，我们关注交互项的回归系数 β_2 符号和显著性。本章的变量定义如表 7－1 所示。

表 7－1　　　　　　　　　　　　变量定义

变量	变量描述
Spread1	中债利差，公司债票面利率减去与公司债发行日期和发行期限相匹配的中债国债收益率
Spread2	国债利差，公司债票面利率减去与公司债发行日期和发行期限相匹配的国债收益率
ZHPc1_d	综合网络单值综合中心度
ZHDegree_d	综合网络单值点度中心度
ZHBetween_d	综合网络单值中介中心度
ZHEigen_d	综合网络多值特征向量中心度
ZHPc1_w	综合网络多值综合中心度
ZHDegree_w	综合网络多值点度中心度
ZHBetween_w	综合网络多值中介中心度
ZHEigen_w	综合网络多值特征向量中心度
Credit	公司债主体评级，数值介于 1（A＋）和 5（AAA）之间
Credit1	公司债债项评级，数值介于 1（AA－）和 4（AAA）之间
Maturity	债券发行期限的自然对数
Amount	债券发行金额的自然对数
Put	虚拟变量，可回售公司债 1，不可回售的公司债为 0
SOE	虚拟变量，发债主体为国企时赋值为，否则为 0
ROA	净利润/总资产
Lev	资产负债率，总负债/总资产
Size	公司规模，取公司总资产的自然对数
Analysts	当年公司分析师跟踪人数的对数
EPU_1	公司债发行的当月及前三月的经济政策不确定性的平均数，并取对数进行平稳处理

7.3 描述性统计与相关性分析

7.3.1 变量的描述性统计

表 7 - 2 报告了变量的描述性统计。我们主要关注本章的解释变量，综合网络中心度。单值网络的中心度 ZHPc1、ZHDegree、ZHBetween 和 ZHEigen 的平均值分别是 0.012、0.096、0.027 和 0.040，最大值分别是 0.147、0.421、0.300 和 0.482。多值网络中心度 ZHPc1、ZHDegree、ZHBetween 和 ZHEigen 的平均值分别是 0.012、0.098、0.026 和 0.042，最大值分别是 0.153、0.456、0.266 和 0.611。综合多值网络在各个数值上略高于综合单值网络。由于控制变量与前几章一致，故不再累述。

表 7 - 2 主要回归变量描述性统计表

变量	样本量	平均值	标准差	中位数	最小值	最大值
Spread1（%）	1116	2.266	1.102	2.066	0.356	5.027
ZHPc1_d	1116	0.012	0.026	0.004	-0.013	0.147
ZHDegree_d	1116	0.096	0.070	0.079	0	0.421
ZHBetween_d	1116	0.027	0.038	0.013	0	0.300
ZHEigen_d	1116	0.040	0.063	0.015	0	0.482
ZHPc1_w	1116	0.012	0.026	0.004	-0.014	0.153
ZHDegree_w	1116	0.098	0.072	0.080	0	0.456
ZHBetween_w	1116	0.026	0.037	0.013	0	0.266
ZHEigen_w	1116	0.042	0.069	0.015	0	0.611
Amount（亿）（取对数前）	1116	12.58	11.14	10	1	60

续表

变量	样本量	平均值	标准差	中位数	最小值	最大值
Amount（亿）（取对数后）	1116	2.333	0.747	2.398	0.693	4.263
Maturity（取对数前）	1116	4.972	1.664	5	2	10
Maturity（取对数后）	1116	1.751	0.267	1.792	1.099	2.398
Credit	1116	3.769	0.992	4	1	5
Credit1	1116	3.030	0.889	3	1	4
Put	1116	0.331	0.471	0	0	1
ROA（%）	1116	0.032	0.031	0.027	−0.073	0.134
Lev	1116	0.593	0.146	0.603	0.255	0.862
Size	1116	24.04	1.587	23.79	21.28	28.41
State	1116	0.540	0.499	1	0	1
Analysts	1116	2.155	1.021	2.303	0	3.761
EPU_1	1116	4.968	0.386	4.852	4.455	5.836

7.3.2　主变量相关性分析

表7-3报告了综合网络中心度主要变量的相关系数的结果。Panel A为单值网络的报告，对角线以上为 Spearman 相关系数，Pearson 相关系数报告在对角线以下的表格里。综合网络单值点度中心度、中介中心度、特征向量中心度和综合中心度均和公司债利差在1%水平上呈显著负相关关系，符合我们的假设内容。各个中心度与公司债利差的 Pearson 相关系数分别为 −0.357、−0.357、−0.322 和 −0.354；Spearman 相关系数分别为 −0.397、−0.385、−0.394 和 −0.392。所有系数均具有显著的统计学意义（p 值 < 0.01）。综合网络多值中心度的相关系数见 Panel B，公司债利差与多值网络的相关系数结果与 Panel A 的结果一致。相关性分析结果初步表明，交叉持股网络中心度与公司债融资成本呈负相关关系。

表7-3　　　　　　　　综合网络中心度相关性分析

Panel A：综合网络单值网络

	Spread1	ZHPc1_d	ZHDegree_d	ZHBetween_d	ZHEigen_d
Spread1		-0.397***	-0.385***	-0.394***	-0.392***
ZHPc1_d	-0.357***		0.897***	0.934***	0.734***
ZHDegree_d	-0.357***	0.850***		0.907***	0.639***
ZHBetween_d	-0.322***	0.912***	0.861***		0.622***
ZHEigen_d	-0.354***	0.776***	0.637***	0.614***	

Panel B：综合网络多值网络

	Spread1	ZHPc1_w	ZHDegree_w	ZHBetween_w	ZHEigen_w
Spread1_w		-0.398***	-0.394***	-0.385***	-0.388***
ZHPc1_w	-0.356***		0.897***	0.935***	0.733***
ZHDegree_w	-0.366***	0.846***		0.902***	0.636***
ZHBetween_w	-0.317***	0.911***	0.849***		0.619***
ZHEigen_w	-0.332***	0.785***	0.633***	0.622***	

7.3.3　单变量检验

表7-4显示的综合网络中心度与公司债发行利差的单变量分析。按照是否为中心度前1/3数值的标准数进行分组，随后，分别就不同分组间的考察各个综合网络中心度对公司债融资成本的影响进行均值T检验。Panel A中为综合单值网络的均值T检验结果。以综合单值网络点度中心度为例，按照数值是否为前1/3为标准，将综合单值网络点度中心度划分成低点度中心度组和高点度中心度组后，对不同组的公司债利差进行均值T检验。从Panel A中可见，单值点度中心度低的组其公司债发行利差的均值为2.5002，高中心度组均值为1.796，均值差异为0.704并且在1%水平上显著。因此，单值点度中心度低的组其公司债发行利差的均值显著低于单值点度中心度高的组，结果初步表明单值点度中心度的提高有助于降低公司债券发行的成本，验证了假设7-1。表7-4其他中心度的单变量检验的结果说明了低中心度组的公司债利

差均值显著低于高中心度组的公司债利差均值。

表 7 – 4 综合网络与公司债利差单变量检验结果

Panel A：单值网络

变量	低中心度组		高中心度组		
	样本量	Spread1 均值	样本量	Spread1 均值	差异
ZHPc1_d	744	2.512	372	1.774	0.738 ***
ZHDegree_d	744	2.500	372	1.796	0.704 ***
ZHBetween_d	744	2.517	372	1.762	0.755 ***
ZHEigen_d	744	2.531	372	1.735	0.796 ***

Panel B：多值网络

变量	低中心度组		高中心度组		
	样本量	Spread1 均值	样本量	Spread1 均值	差异
ZHPc1_w	744	2.512	372	1.774	0.738 ***
ZHDegree_w	744	2.500	372	1.796	0.704 ***
ZHBetween_w	744	2.517	372	1.762	0.755 ***
ZHEigen_w	744	2.531	372	1.735	0.796 ***

7.4 实证结果分析

7.4.1 综合网络与公司债融资成本

1. 综合网络与公司债融资成本基本回归

表 7 – 5 报告了综合网络与公司债融资成本的多元回归结果。列（1）~列（8）的因变量都为 Spread1，解释变量为综合网络的 8 个中心度。表中左边部分为单值网络的回归结果，表中右边部分为多值网络的回归结果。从表 7 – 5 中可以看到，所有列中综合网络中心度都

与公司债融资成本在 1% 水平上显著负相关，说明综合网络中心度有助于降低公司债融资成本。下面以综合中心度为例考察综合网络的经济意义。列（1）为综合单值网络的综合中心度与公司债利差的回归结果。综合中心度的回归系数在 1% 水平上显著，说明综合网络单值综合中心度可以降低公司债利差。由表 7 - 2 可知，单值综合中心度的标准差为 0.026，就经济意义而言，单值综合中心度提高一个标准差，公司债利差将减少 11.55 个百分点（ - 4.442 × 0.026）。比单值高管连锁网络综合中心度的经济意义高了 3.9 个基点，比单值交叉持股网络综合中心度的经济意义高了 4.01 个基点。列（5）是综合多值网络综合中心度与公司债利差的回归结果。系数在 1% 水平上显著为负（β = - 4.399，T = - 5.536）。在描述性统计中，综合多值综合中心度的标准差为 0.024，经济意义的计算，多值综合中心度提高一个标准差，公司债利差将减少 11.44 个百分点（ - 4.399 × 0.026）。比全部高管连锁网络多值综合中心度的经济意义高了 5.81 个基点。比交叉持股网络多值综合中心度的经济意义高了 4 个基点。说明了综合网络的效应大于单种层面的网络效应，初步说明构建综合层面的社会网络有一定经济意义。

2. 综合网络剩余效应回归

表 7 - 6 报告了包含三类网络（综合网络中心度、交叉持股网络中心度和连锁网络中心度）的回归的结果，考察综合个体层面网络和组织层面网络的意义，探讨综合网络相对前两者的剩余价值。由于三种网络中心度变量之间有很强的相关性关系，存在于同一个回归模型时会引起严重的共线性问题。参考福格尔等（Fogel et al.，2018）的做法，对同一个模型中的高度相关变量进行正交变换，可有效消除共线性。因此，本节对所有参与回归的中心度进行了正交变换处理，生成了新的变量，生成的新变量之间没有高度相关性并具有包含原变量所有信息的优点，正交变换后生成新的中心度变量参与各模型的回归分析：oZHPc1、oLSPc1_d、oJCPc1、oZHDegree、oLSDegree_d、oJCDegree、oZHBetween、oLSBetween_d、oJCBetween、oZHEigen、oLSEigen_d 和 oJCEigen。

表 7 - 5

综合网络与公司债融资成本基本回归

单值网络	Spread1 (1)	Spread1 (2)	Spread1 (3)	Spread1 (4)	多值网络	Spread1 (5)	Spread1 (6)	Spread1 (7)	Spread1 (8)
ZHPcl_d	-4.442 *** (-5.552)				ZHPcl_w	-4.399 *** (-5.536)			
ZHDegree_d		-1.630 *** (-4.727)			ZHDegree_w		-1.596 *** (-4.686)		
ZHBetween_d			-2.375 *** (-4.651)		ZHBetween_w			-2.477 *** (-4.685)	
ZHEigen_d				-2.327 *** (-6.547)	ZHEigen_w				-2.103 *** (-6.250)
Amount	-0.093 ** (-2.264)	-0.093 ** (-2.263)	-0.093 ** (-2.244)	-0.093 ** (-2.249)	Amount	-0.093 ** (-2.257)	-0.093 ** (-2.260)	-0.094 ** (-2.257)	-0.091 ** (-2.210)
Maturity	-0.379 *** (-4.357)	-0.380 *** (-4.352)	-0.388 *** (-4.449)	-0.364 *** (-4.237)	Maturity	-0.380 *** (-4.368)	-0.379 *** (-4.343)	-0.389 *** (-4.471)	-0.369 *** (-4.290)
Credit	-0.361 *** (-7.645)	-0.352 *** (-7.504)	-0.358 *** (-7.544)	-0.373 *** (-7.907)	Credit	-0.360 *** (-7.627)	-0.351 *** (-7.488)	-0.359 *** (-7.562)	-0.369 *** (-7.808)
Credit1	-0.327 *** (-8.623)	-0.336 *** (-8.888)	-0.328 *** (-8.618)	-0.313 *** (-8.242)	Credit1	-0.327 *** (-8.626)	-0.335 *** (-8.870)	-0.328 *** (-8.623)	-0.316 *** (-8.316)
Put	-0.066 (-1.067)	-0.072 (-1.174)	-0.061 (-0.990)	-0.061 (-1.005)	Put	-0.066 (-1.074)	-0.072 (-1.167)	-0.061 (-0.991)	-0.064 (-1.038)

续表

单值网络	Spread1 (1)	Spread1 (2)	Spread1 (3)	Spread1 (4)	多值网络	Spread1 (5)	Spread1 (6)	Spread1 (7)	Spread1 (8)
ROA	-2.760*** (-3.718)	-2.706*** (-3.652)	-2.879*** (-3.867)	-2.595*** (-3.477)	ROA	-2.753*** (-3.708)	-2.693*** (-3.635)	-2.885*** (-3.872)	-2.589*** (-3.458)
Lev	0.795*** (3.878)	0.847*** (4.126)	0.845*** (4.123)	0.774*** (3.798)	Lev	0.797*** (3.884)	0.847*** (4.122)	0.842*** (4.109)	0.795*** (3.894)
Size	0.112*** (3.588)	0.096*** (3.133)	0.097*** (3.148)	0.125*** (4.027)	Size	0.111*** (3.569)	0.096*** (3.120)	0.098*** (3.175)	0.118*** (3.833)
Analysts	-0.666*** (-12.231)	-0.662*** (-12.149)	-0.675*** (-12.305)	-0.669*** (-12.421)	Analysts	-0.666*** (-12.257)	-0.662*** (-12.147)	-0.675*** (-12.297)	-0.673*** (-12.544)
State	-0.091*** (-3.980)	-0.089*** (-3.862)	-0.085*** (-3.718)	-0.103*** (-4.439)	State	-0.091*** (-3.997)	-0.089*** (-3.872)	-0.085*** (-3.706)	-0.103*** (-4.459)
EPU_1	3.977*** (6.990)	4.340*** (7.762)	4.211*** (7.465)	3.793*** (6.709)	EPU_1	3.996*** (7.029)	4.339*** (7.742)	4.199*** (7.446)	3.912*** (6.974)
Constant	-4.442*** (-5.552)				Constant				
Year	Yes	Yes	Yes	Yes	Year	Yes	Yes	Yes	Yes
Industry	Yes	Yes	Yes	Yes	Industry	Yes	Yes	Yes	Yes
N	1116	1116	1116	1116	N	1116	1116	1116	1116
R – squared	0.627	0.627	0.625	0.632	R – squared	0.630	0.631	0.629	0.628

表 7-6　综合网络剩余效应回归

单值网络	Spread1 (1)	Spread1 (2)	Spread1 (3)	Spread1 (4)	多值网络	Spread1 (5)	Spread1 (6)	Spread1 (7)	Spread1 (8)
oZHPc1_d	-0.030* (-1.738)				oZHPc1_w	-0.065*** (-3.670)			
oLSPc1_d	-0.076*** (-3.701)				oLSPc1_w	-0.059*** (-3.012)			
oJCPc1_d	-0.077*** (-3.802)				oJCPc1_w	-0.079*** (-3.912)			
oZHDegree_d		-0.086** (-2.512)			oZHDegree_w		-0.056* (-1.681)		
oLSDegree_d		-0.052** (-2.426)			oLSDegree_w		-0.056** (-2.548)		
oJCDegree_d		-0.099*** (-4.165)			oJCDegree_w		-0.096*** (-4.155)		
oZHBetween_d			-0.025 (-1.388)		oZHBetween_w			-0.024 (-1.328)	
oLSBetween_d			-0.054*** (-2.905)		oLSBetween_w			-0.054*** (-2.917)	

续表

单值网络	Spread1 (1)	Spread1 (2)	Spread1 (3)	Spread1 (4)	多值网络	Spread1 (5)	Spread1 (6)	Spread1 (7)	Spread1 (8)
oJCBetween_d			-0.073*** (-3.385)		oJCBetween_w			-0.073*** (-3.408)	
oZHEigen_d				-0.114*** (-4.953)	oZHEigen_w				-0.148*** (-5.989)
oLSEigen_d				-0.104*** (-5.759)	oLSEigen_w				0.006 (0.505)
oJCEigen_d				-0.058*** (-3.186)	oJCEigen_w				-0.065*** (-3.567)
Amount	-0.096** (-2.375)	-0.095** (-2.342)	-0.097** (-2.376)	-0.094** (-2.336)	Amount	-0.092** (-2.285)	-0.093** (-2.312)	-0.097** (-2.381)	-0.091* (-2.282)
Maturity	-0.333*** (-3.818)	-0.324*** (-3.745)	-0.339*** (-3.891)	-0.321*** (-3.767)	Maturity	-0.341*** (-3.939)	-0.327*** (-3.758)	-0.339*** (-3.892)	-0.320*** (-3.758)
Credit	-0.369*** (-7.692)	-0.374*** (-7.888)	-0.375*** (-7.812)	-0.365*** (-7.667)	Credit	-0.371*** (-7.785)	-0.374*** (-7.868)	-0.376*** (-7.827)	-0.368*** (-7.843)
Credit1	-0.323*** (-8.406)	-0.326*** (-8.468)	-0.322*** (-8.350)	-0.315*** (-8.191)	Credit1	-0.324*** (-8.442)	-0.326*** (-8.497)	-0.322*** (-8.348)	-0.318*** (-8.290)
Put	-0.067 (-1.094)	-0.071 (-1.161)	-0.063 (-1.035)	-0.062 (-1.027)	Put	-0.065 (-1.061)	-0.070 (-1.146)	-0.064 (-1.042)	-0.064 (-1.053)

续表

	单值网络				多值网络			
	Spread1	Spread1	Spread1	Spread1	Spread1	Spread1	Spread1	Spread1
	(1)	(2)	(3)	(4)	(5)	(6)	(7)	(8)
ROA	-2.607*** (-3.562)	-2.547*** (-3.474)	-2.725*** (-3.714)	-2.337*** (-3.157)	-2.630*** (-3.590)	-2.544*** (-3.454)	-2.723*** (-3.708)	-2.392*** (-3.241)
Lev	0.788*** (3.851)	0.800*** (3.877)	0.804*** (3.929)	0.783*** (3.853)	0.787*** (3.866)	0.788*** (3.805)	0.802*** (3.917)	0.793*** (3.905)
Size	0.113*** (3.503)	0.114*** (3.491)	0.110*** (3.399)	0.120*** (3.801)	0.113*** (3.543)	0.114*** (3.486)	0.111*** (3.420)	0.119*** (3.852)
Analysts	-0.090*** (-3.935)	-0.093*** (-4.047)	-0.087*** (-3.766)	-0.101*** (-4.357)	-0.091*** (-3.965)	-0.092*** (-4.009)	-0.086*** (-3.756)	-0.100*** (-4.368)
State	-0.663*** (-12.178)	-0.658*** (-12.026)	-0.667*** (-12.244)	-0.667*** (-12.373)	-0.658*** (-12.194)	-0.655*** (-11.879)	-0.667*** (-12.214)	-0.665*** (-12.664)
EPU_1	0.751*** (4.320)	0.743*** (4.279)	0.759*** (4.326)	0.780*** (4.592)	0.747*** (4.284)	0.745*** (4.273)	0.756*** (4.311)	0.798*** (4.683)
Constant	1.014 (0.946)	0.895 (0.836)	1.010 (0.941)	0.732 (0.700)	1.006 (0.945)	0.907 (0.844)	1.017 (0.947)	0.635 (0.618)
Year	Yes	Yes	Yes	Yes	Yes	Yes	Yes	Yes
Industry	Yes	Yes	Yes	Yes	Yes	Yes	Yes	Yes
N	1116	1116	1116	1116	1116	1116	1116	1116
R-squared	0.634	0.635	0.631	0.642	0.634	0.634	0.631	0.642

列（1）~列（4）报告了单值网络中心度的回归结果，列（5）~列（8）报告了多值网络中心度的回归结果。8个回归模型中的因变量都为中债利差。首先，关注综合网络中心度的回归系数，可以发现除了综合网络的中介中心度外，其他7个综合网络中心度都与公司债利差显著负相关。而模型中的连锁网络中心度与交叉持股网络中心度的结果与第3章和第5章的结果一致，都与公司债利差显著负相关。因此，我们得出结论：在控制了连锁网络中心度和交叉持股中心度后，综合网络中心度对降低公司债融资成本有额外的作用。具体而言，一个公司既发展连锁任职关系又发展交叉持股关系，会加强公司在网络中的综合中心度、点度中心度（增强直接关联）和特征向量中心度的位置（增强"朋友"的网络地位），但对中介中心度（增加控制地位）没有显著影响。进一步说明公司发展综合网络比单独发展个体层面或组织层面的网络更有意义。

7.4.2 社会网络、经济政策不确定性与公司债融资成本

基本回归

为验证假设7-1，本章使用模型（7-4）来分析综合网络中心度与经济政策不确定性的交互项和公司债发行利差的关系，表7-7展示了交互项模型的实证结果。其中列（1）~列（4）分别报告了综合网络单值综合中心度、单值点度中心度、单值中介中心度和单值特征向量中心度与经济政策不确定性交互项对公司债利差的影响。列（5）~列（8）报告了综合网络多值综合中心度、多值点度中心度、多值中介中心度和多值特征向量中心度与经济政策不确定性交互项对公司债利差的影响。经济政策不确定性的系数均显著为正，表明经济政策不确定性的环境不利于企业发行公司债。列（1）~列（8）的网络中心度系数都显著为负，其中有7个在1%水平上显著，与前面结论一致，说明综合网络中心度能显著降低公司债融资成本。而该回归的重点，交互项在所有列中都显著为负，说明综合网络中心度确实能够缓解经济政策不确定性对公司发债的不利影响，帮助降低公司的公司债融资成本。

表 7—7　社会网络与经济政策不确定性的交互项对公司债利差的回归

单值网络	Spread1 (1)	Spread1 (2)	Spread1 (3)	Spread1 (4)	多值网络	Spread1 (5)	Spread1 (6)	Spread1 (7)	Spread1 (8)
ZHPc1_d	-3.732*** (-4.610)				ZHPc1_w	-3.676*** (-4.589)			
ZHPc1_d EPU	-6.841*** (-3.274)				ZHPc1_w EPU	-6.961*** (-3.363)			
ZHDegree_d		-1.404*** (-4.076)			ZHDegree_w		-1.318*** (-3.911)		
ZHDegree_d EPU		-3.202*** (-3.988)			ZHDegree_w EPU		-2.997*** (-4.173)		
ZHBetween_d			-1.476** (-2.547)		ZHBetween_w			-1.567*** (-2.587)	
ZHBetween_d EPU			-3.748** (-2.499)		ZHBetween_w EPU			-3.731** (-2.488)	
ZHEigen_d				-2.393*** (-6.435)	ZHEigen_w				-2.042*** (-6.049)
ZHEigen_d EPU				-3.920*** (-3.965)	ZHEigen_w EPU				-3.489*** (-4.167)

续表

	单值网络				多值网络			
	Spread1 (1)	Spread1 (2)	Spread1 (3)	Spread1 (4)	Spread1 (5)	Spread1 (6)	Spread1 (7)	Spread1 (8)
EPU	0.753*** (4.415)	0.742*** (4.338)	0.751*** (4.340)	0.818*** (4.845)	0.753*** (4.414)	0.758*** (4.435)	0.749*** (4.328)	0.829*** (4.912)
Amount	-0.092** (-2.281)	-0.085** (-2.129)	-0.091** (-2.250)	-0.096** (-2.384)	-0.091** (-2.267)	-0.083** (-2.077)	-0.092** (-2.276)	-0.094** (-2.326)
Maturity	-0.338*** (-3.928)	-0.328*** (-3.832)	-0.350*** (-4.046)	-0.321*** (-3.782)	-0.339*** (-3.938)	-0.330*** (-3.851)	-0.349*** (-4.047)	-0.325*** (-3.827)
Credit	-0.362*** (-7.727)	-0.358*** (-7.732)	-0.366*** (-7.744)	-0.373*** (-8.034)	-0.361*** (-7.708)	-0.358*** (-7.724)	-0.367*** (-7.757)	-0.367*** (-7.912)
Credit1	-0.331*** (-8.637)	-0.339*** (-8.882)	-0.329*** (-8.559)	-0.318*** (-8.347)	-0.331*** (-8.645)	-0.339*** (-8.873)	-0.328*** (-8.554)	-0.321*** (-8.417)
Put	-0.055 (-0.899)	-0.061 (-1.005)	-0.055 (-0.906)	-0.054 (-0.885)	-0.055 (-0.900)	-0.062 (-1.017)	-0.055 (-0.904)	-0.056 (-0.922)
ROA	-2.737*** (-3.741)	-2.614*** (-3.585)	-2.833*** (-3.861)	-2.522*** (-3.449)	-2.736*** (-3.739)	-2.604*** (-3.574)	-2.839*** (-3.866)	-2.540*** (-3.471)
Lev	0.818*** (4.008)	0.878*** (4.321)	0.863*** (4.220)	0.766*** (3.762)	0.821*** (4.024)	0.880*** (4.330)	0.861*** (4.208)	0.793*** (3.900)

续表

	Spread1 (1)	Spread1 (2)	Spread1 (3)	Spread1 (4)		Spread1 (5)	Spread1 (6)	Spread1 (7)	Spread1 (8)
单值网络					多值网络				
Size	0.105*** (3.368)	0.090*** (2.943)	0.091*** (2.935)	0.124*** (4.001)	Size	0.104*** (3.336)	0.087*** (2.870)	0.092*** (2.970)	0.114*** (3.731)
Analysts	-0.087*** (-3.852)	-0.086*** (-3.801)	-0.081*** (-3.562)	-0.101*** (-4.446)	Analysts	-0.087*** (-3.875)	-0.087*** (-3.861)	-0.081*** (-3.531)	-0.101*** (-4.465)
State	-0.664*** (-12.473)	-0.663*** (-12.524)	-0.671*** (-12.443)	-0.667*** (-12.716)	State	-0.665*** (-12.517)	-0.664*** (-12.573)	-0.671*** (-12.411)	-0.672*** (-12.843)
Constant	0.518 (0.511)	0.926 (0.925)	0.835 (0.822)	-0.060 (-0.060)	Constant	0.541 (0.535)	0.892 (0.889)	0.825 (0.812)	0.048 (0.048)
Year	Yes	Yes	Yes	Yes	Year	Yes	Yes	Yes	Yes
Industry	Yes	Yes	Yes	Yes	Industry	Yes	Yes	Yes	Yes
N	1116	1116	1116	1116	N	1116	1116	1116	1116
R-squared	0.637	0.639	0.633	0.644	R-squared	0.637	0.639	0.633	0.644

7.5 稳健性检验

7.5.1 内生性检验之倾向得分匹配法（PSM）

为了有效控制遗漏变量和反向因果的影响，本章使用 PSM 方法重新选择样本。对模型（7-1）进行检验。由于 PSM 匹配需要依据解释变量的二值变量，因此参考后青松等（2016）的方法，将 ZHPc1_d 按值的排序分成三等份，取最大值组赋值二元变量 ZHPc1_dum 为 1，其他为 0。在 PSM 的第一阶段的 Probit 回归中，以 ZHPc1_dum 为因变量，解释变量为年度和行业以及一系列公司特征的变量。根据第一阶段获得的倾向得分值进行 1∶1 的最近邻匹配。图 7-1 为配对前后样本的平衡性检验示意图，图中黑色点为匹配前各控制变量偏差，星号为配对后各控制变量的偏差。黑点或星点离中间的中轴越近，说明标准化偏差越小。从图 7-1 中可以看到，所有的变量的星点比黑点更接近纵轴，说明处理组和控制组之间的标准化偏差显著地变小了，PSM 的结果通过平衡性检验，匹配效果较好。

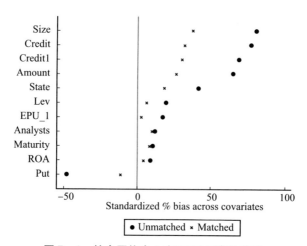

图 7-1　综合网络中心度 PSM 平衡性检验

　　倾向得分匹配法的第二阶段是基于匹配后的样本对模型（7-3）进行多元回归分析。结果报告在表 7-8 中，综合网络与经济政策不确定性的交互项在所有列中均为负，且显著程度高。并且 8 个综合网络中心度指标中有 7 个与公司债利差显著负相关，经济政策不确定性与公司债利差在所有列中显著为正。结果与交互项的基本回归一致。支持假设 7-2。

7.5.2　内生性检验之工具变量法回归

　　为了解决自选择和遗漏变量等内生性问题造成的估计偏误，我们构造工具变量，使用两阶段回归法（2SLS）对本章的基本假设进行回归。工具变量的选择原则为：与解释变量相关而与被解释变量无关。本书取同行业同年度上市公司综合网络的均值（ZHPc1_行业）和交互项的均值（ZHPc1_EPU_行业）分别作为综合中心度和交互项工具变量。理论上，同行业公司的中心度均值和同省份公司中心度的均值应该与本公司的中心度数值具有相关性，但对本公司的公司债融资成本没有直接影响。

　　工具变量的结果列示在表 7-9 中，Panel A 为第一阶段的回归，Panel B 是第二阶段的回归。在工具变量法的第一阶段，用交互项的工具变量分别对综合网络的 8 个中心度与经济政策不确定性的交互项进行回归。Panel A 的结果显示，ZHPc1_EPU_行业的系数在所有列中都显著为正。说明工具变量与解释变量显著相关。在第二阶段，用工具变量拟合值代替解释变量对公司债融资成本进行回归，Panel B 的结果显示，8 个综合网络中心度与经济政策不确定性的交互项都对公司债融资成本显著负向影响。工具变量的检验结果中，Kleibergen-Paap rk LM 统计量的 P 值显著为 0，通过了识别不足检验；Kleibergen-Paap rk Wald F 值均大于 10，也明显地通过了弱工具变量检验。

表 7-8 社会网络与经济政策不确定性交互项对公司债利差的 PSM 样本回归

单值网络	Spread1 (1)	Spread1 (2)	Spread1 (3)	Spread1 (4)	多值网络	Spread1 (5)	Spread1 (6)	Spread1 (7)	Spread1 (8)
ZHPc1_d	-3.103*** (-3.921)				ZHPc1_w	-2.119*** (-3.143)			
ZHPc1_d EPU	-8.868*** (-3.773)				ZHPc1_w EPU	-6.944*** (-3.713)			
ZHDegree_d		-0.988*** (-2.765)			ZHDegree_w		-1.334*** (-2.816)		
ZHDegree_d EPU		-4.155*** (-4.547)			ZHDegree_w EPU		-4.847*** (-4.285)		
ZHBetween_d			-1.132** (-2.012)		ZHBetween_w			-0.276 (-1.351)	
ZHBetween_d EPU			-4.891*** (-3.007)		ZHBetween_w EPU			-1.303** (-2.544)	
ZHEigen_d				-2.211*** (-5.936)	ZHEigen_w				-2.666*** (-4.981)

续表

单值网络	Spread1 (1)	Spread1 (2)	Spread1 (3)	Spread1 (4)	多值网络	Spread1 (5)	Spread1 (6)	Spread1 (7)	Spread1 (8)
ZHEigen_d EPU				-4.776*** (-4.387)	ZHEigen_w EPU				-5.515*** (-3.188)
EPU	-0.068 (-1.419)	-0.059 (-1.238)	-0.067 (-1.370)	0.073 (-1.517)	EPU	-0.072 (-1.498)	-0.059 (-1.255)	-0.077 (-1.574)	-0.068 (-1.394)
Amount	-0.380*** (-3.740)	-0.369*** (-3.667)	-0.395*** (-3.859)	-0.362*** (-3.638)	Amount	-0.368*** (-3.620)	-0.383*** (-3.793)	-0.371*** (-3.643)	-0.366*** (-3.620)
Maturity	-0.362*** (-6.235)	-0.362*** (-6.391)	-0.367*** (-6.256)	-0.359*** (-6.216)	Maturity	-0.356*** (-6.103)	-0.371*** (-6.526)	-0.357*** (-6.011)	-0.383*** (-6.531)
Credit	-0.299*** (-5.435)	-0.306*** (-5.632)	-0.297*** (-5.383)	-0.299*** (-5.517)	Credit	-0.297*** (-5.373)	-0.306*** (-5.659)	-0.295*** (-5.325)	-0.295*** (-5.424)
Credit1	-0.044 (-0.550)	-0.052 (-0.647)	-0.046 (-0.576)	-0.039 (-0.494)	Credit1	-0.044 (-0.542)	-0.048 (-0.605)	-0.053 (-0.655)	-0.051 (-0.635)
Put	-2.079** (-1.980)	-1.970* (-1.894)	-2.132** (-2.015)	-1.685 (-1.623)	Put	-1.959* (-1.863)	-2.040** (-1.964)	-1.876* (-1.767)	-1.779* (-1.701)

续表

	(1) Spread1	(2) Spread1	(3) Spread1	(4) Spread1	(5) Spread1	(6) Spread1	(7) Spread1	(8) Spread1
	单值网络				多值网络			
ROA	0.980*** (3.861)	1.047*** (4.170)	1.005*** (3.972)	0.894*** (3.461)	0.997*** (3.908)	0.986*** (3.867)	1.072*** (4.231)	0.898*** (3.459)
Lev	0.078** (2.112)	0.061* (1.682)	0.069* (1.868)	0.101*** (2.713)	0.072* (1.947)	0.072* (1.958)	0.059 (1.597)	0.100*** (2.642)
Size	-0.069** (-2.368)	-0.068** (-2.332)	-0.063** (-2.148)	-0.087*** (-2.982)	-0.069** (-2.332)	-0.069** (-2.366)	-0.065** (-2.221)	-0.080*** (-2.648)
Analysts	-0.649*** (-9.936)	-0.653*** (-10.026)	-0.653*** (-9.827)	-0.646*** (-10.165)	-0.664*** (-10.093)	-0.638*** (-9.814)	-0.673*** (-9.920)	-0.632*** (-9.547)
State	0.613*** (3.033)	0.605*** (2.987)	0.604*** (2.941)	0.699*** (3.482)	0.598*** (2.968)	0.678*** (3.327)	0.547*** (2.640)	0.693*** (3.313)
Constant	0.255 (0.198)	0.708 (0.560)	0.546 (0.424)	-0.393 (-0.310)	0.416 (0.326)	0.227 (0.179)	0.980 (0.759)	-0.375 (-0.286)
Year	Yes	Yes	Yes	Yes	Yes	Yes	Yes	Yes
Industry	Yes	Yes	Yes	Yes	Yes	Yes	Yes	Yes
N	734	734	734	734	734	734	734	734
R-squared	0.624	0.627	0.619	0.635	0.624	0.628	0.616	0.622

表7-9　社会网络与经济政策不确定性交互项工具变量法回归

Panel A：第一阶段

单值网络	Pc1_d (1)	Degree_d (2)	Between_d (3)	Eigen_d (4)	多值网络	Pc1_w (5)	Degree_w (6)	Between_w (7)	Eigen_w (8)
ZHPc1_行业	0.033*** (4.686)	0.065*** (4.253)	0.054*** (4.827)	0.074*** (4.101)	ZHPc1_行业	0.034*** (4.645)	0.078*** (4.045)	0.052*** (4.645)	0.082*** (4.278)
Amount	0.001 (1.612)	0.004** (2.353)	0.002** (2.203)	0.000 (0.256)	Amount	0.001* (1.672)	0.005*** (2.647)	0.002** (2.029)	0.001 (0.508)
Maturity	-0.000 (-0.069)	0.003 (0.888)	-0.001 (-0.352)	-0.001 (-0.345)	Maturity	-0.000 (-0.046)	0.003 (0.780)	-0.000 (-0.220)	-0.000 (-0.138)
Credit	0.002** (2.446)	0.002 (1.149)	0.002* (1.839)	0.003** (2.295)	Credit	0.002** (2.458)	0.002 (1.180)	0.002* (1.866)	0.004** (2.430)
Credit1	-0.001** (-2.498)	-0.003* (-1.909)	-0.001* (-1.833)	-0.003*** (-2.643)	Credit1	-0.001* (-2.454)	-0.003* (-1.953)	-0.001* (-1.815)	-0.003** (-2.519)
Put	0.002*** (2.953)	0.003** (2.094)	0.002*** (2.614)	0.002* (1.834)	Put	0.002*** (2.953)	0.003* (1.824)	0.002*** (2.752)	0.002* (1.867)
ROA	-0.015* (-1.666)	-0.009 (-0.357)	-0.019 (-1.496)	-0.029 (-1.571)	ROA	-0.015* (-1.662)	-0.007 (-0.250)	-0.020 (-1.637)	-0.033 (-1.630)

续表

Panel A：第一阶段

	单值网络 Pc1_d (1)	Degree_d (2)	Between_d (3)	Eigen_d (4)	多值网络 Pc1_w (5)	Degree_w (6)	Between_w (7)	Eigen_w (8)
Lev	0.003 (1.315)	0.012* (1.759)	0.003 (0.778)	0.003 (0.628)	0.003 (1.368)	0.013* (1.783)	0.003 (0.829)	0.004 (0.639)
Size	-0.001*** (-2.668)	-0.003*** (-2.822)	-0.001** (-2.087)	-0.003** (-2.430)	-0.001*** (-2.756)	-0.004*** (-3.143)	-0.001* (-1.961)	-0.003** (-2.540)
Analysts	0.000 (0.864)	0.000 (0.473)	0.000 (0.878)	0.001 (0.833)	0.000 (0.767)	0.000 (0.100)	0.001 (1.168)	0.000 (0.280)
State	-0.001 (-0.737)	-0.002 (-0.940)	-0.001 (-0.603)	-0.001 (-0.935)	-0.001 (-0.804)	-0.002 (-0.922)	-0.001 (-0.492)	-0.002 (-0.963)
EPU	-0.000 (-0.037)	-0.002 (-0.210)	-0.000 (-0.023)	0.008 (1.093)	-0.000 (-0.099)	0.003 (0.299)	0.000 (0.011)	0.009 (1.171)
Constant	0.003 (0.164)	0.032 (0.760)	0.007 (0.273)	-0.021 (-0.532)	0.004 (0.226)	0.022 (0.481)	0.004 (0.174)	-0.027 (-0.637)
Year	Yes	Yes	Yes	Yes	Yes	Yes	Yes	Yes
Industry	Yes	Yes	Yes	Yes	Yes	Yes	Yes	Yes
N	1116	1116	1116	1116	1116	1116	1116	1116
R-squared	0.085	0.144	0.099	0.158	0.086	0.131	0.103	0.168

续表

Panel A: 第二阶段

单值网络	Spread1 (1)	Spread1 (2)	Spread1 (3)	Spread1 (4)	多值网络	Spread1 (5)	Spread1 (6)	Spread1 (7)	Spread1 (8)
ZHPc1_d	1.637 (0.623)				ZHPc1_w	1.616 (0.617)			
ZHPc1_d EPU	-24.176*** (-2.865)				ZHPc1_w EPU	-24.032*** (-2.847)			
ZHDegree_d		0.001 (0.117)			ZHDegree_w		0.002 (0.223)		
ZHDegree_d EPU		-8.825*** (-3.016)			ZHDegree_w EPU		-7.812*** (-2.874)		
ZHBetween_d			2.921 (1.161)		ZHBetween_w			2.709 (1.076)	
ZHBetween_d EPU			-21.056*** (-2.708)		ZHBetween_w EPU			-20.930*** (-2.684)	
ZHEigen_d				-0.238 (-0.168)	ZHEigen_w				-0.207 (-0.157)
ZHEigen_d EPU				-6.294*** (-2.721)	ZHEigen_w EPU				-5.719** (-2.566)

续表

Panel A: 第二阶段

单值网络	Spread1 (1)	Spread1 (2)	Spread1 (3)	Spread1 (4)	多值网络	Spread1 (5)	Spread1 (6)	Spread1 (7)	Spread1 (8)
EPU	0.766 *** (4.510)	0.749 *** (4.379)	0.787 *** (4.439)	0.814 *** (4.880)	EPU_1	-0.085 ** (-2.089)	-0.067 (-1.625)	-0.075 * (-1.752)	-0.100 ** (-2.505)
Amount	-0.086 ** (-2.110)	-0.071 * (-1.724)	-0.071 * (-1.658)	-0.102 ** (-2.551)	Amount	-0.366 *** (-4.178)	-0.337 *** (-3.949)	-0.377 *** (-4.201)	-0.354 *** (-4.064)
Maturity	-0.367 *** (-4.183)	-0.331 *** (-3.881)	-0.385 *** (-4.271)	-0.357 *** (-4.052)	Maturity	-0.342 *** (-6.868)	-0.360 *** (-7.501)	-0.352 *** (-6.986)	-0.357 *** (-7.528)
Credit	-0.343 *** (-6.869)	-0.360 *** (-7.415)	-0.353 *** (-6.975)	-0.359 *** (-7.521)	Credit	-0.354 *** (-8.819)	-0.349 *** (-8.840)	-0.352 *** (-8.709)	-0.340 *** (-8.524)
Credit1	-0.355 *** (-8.822)	-0.349 *** (-8.785)	-0.354 *** (-8.692)	-0.340 *** (-8.462)	Credit1	-0.022 (-0.345)	-0.037 (-0.604)	-0.024 (-0.376)	-0.049 (-0.805)
Put	-0.022 (-0.349)	-0.032 (-0.520)	-0.024 (-0.389)	-0.048 (-0.801)	Put	-3.247 *** (-4.182)	-2.886 *** (-3.887)	-3.304 *** (-4.217)	-2.961 *** (-3.907)
ROA	-3.242 *** (-4.185)	-2.902 *** (-3.877)	-3.307 *** (-4.215)	-2.952 *** (-3.918)	ROA	1.011 *** (4.549)	1.011 *** (4.573)	1.019 *** (4.570)	0.901 *** (4.145)
Lev	1.008 *** (4.537)	1.004 *** (4.698)	1.023 *** (4.584)	0.900 *** (4.042)	Lev	0.048 (1.207)	0.053 (1.360)	0.045 (1.118)	0.074 * (1.735)

续表

Panel A：第二阶段

单值网络	Spread1 (1)	Spread1 (2)	Spread1 (3)	Spread1 (4)	多值网络	Spread1 (5)	Spread1 (6)	Spread1 (7)	Spread1 (8)
Size	0.049 (1.222)	0.058* (1.668)	0.041 (1.021)	0.075* (1.667)	Size	-0.070*** (-2.858)	-0.078*** (-3.303)	-0.062** (-2.498)	-0.081*** (-2.963)
Analysts	-0.069*** (-2.833)	-0.075*** (-3.245)	-0.064** (-2.572)	-0.078*** (-2.874)	Analysts	-0.681*** (-12.661)	-0.684*** (-12.663)	-0.673*** (-12.295)	-0.675*** (-12.847)
State	-0.680*** (-12.606)	-0.683*** (-12.615)	-0.675*** (-12.331)	-0.674*** (-12.699)	State	0.761*** (4.487)	0.788*** (4.624)	0.791*** (4.457)	0.819*** (4.922)
Constant	0.809 (0.643)	0.728 (0.608)	0.856 (0.681)	0.048 (0.035)	Constant	0.844 (0.670)	0.604 (0.489)	0.769 (0.616)	0.044 (0.033)
Year	Yes	Yes	Yes	Yes	Year	Yes	Yes	Yes	Yes
Industry	Yes	Yes	Yes	Yes	Industry	Yes	Yes	Yes	Yes
N	1116	1116	1116	1116	N	1116	1116	1116	1116
R-squared	0.612	0.619	0.594	0.631	R-squared	0.613	0.621	0.597	0.633
idstat	34.092	43.241	26.306	47.260	idstat	33.964	35.106	25.410	45.749
idp	0.000	0.000	0.000	0.000	idp	0.000	0.000	0.000	0.000
widstat	10.363	17.229	10.051	10.934	widstat	10.182	13.364	9.899	10.900

7.5.3 内生性检验之滞后项回归

为了减轻内生性的干扰，使用滞后一年的综合网络中心度和经济政策不确定性交乘生成交互项的滞后项变量作为回归的主要解释变量进行稳健性检验。从表7-10的回归结果来看。8列中有5列的综合网络中心度与经济政策不确定性的交互项对公司债利差有显著的负向影响，滞后项回归结果与交互效应的基本回归结果基本一致，支持了原假设。

7.5.4 加权样本稳健型检验

公司债的发行主体在同一年可能发行多期公司债，参考安德森等（Anderson et al.，2004）的做法，本文以公司债的发行额度为权重，对同家公司同一年的多只公司债加权处理，并对加权后的公司债样本进行回归检验。加权处理并删除重复样本后，每家公司每年只剩下一个观测值，样本量从原来的1116下降到838，样本量的变化较大。表7-11报告了加权公司债样本的回归结果。综合网络中心度以及中心度与经济政策不确定性的交互项在所有列中都与公司债利差呈显著负相关。说明综合网络能显著缓解经济政策不确定性对公司债利差的负面影响。

7.5.5 双聚类回归方法稳健性检验

本章的基本回归分析中使用的回归方法是普通最小二乘法（OLS）。由于一个公司有多个样本，为得到更为稳健的结论，用STA-TA中的Cluster2命令对样本同时在公司和年度层面上进行双聚类回归，该方法参考自彼得森（Petersen，2009）。得到的回归结果如表7-12所示，从数据上看回归结果与基本回归分析一致，说明综合网络能显著缓解经济政策不确定性对公司债利差的负面影响。

表 7 - 10　社会网络与经济政策不确定性交互项滞后项回归

单值网络	Spread1 (1)	Spread1 (2)	Spread1 (3)	Spread1 (4)	多值网络	Spread1 (5)	Spread1 (6)	Spread1 (7)	Spread1 (8)
ZHPc1_dlag	-4.119*** (-4.756)				ZHPc1_wlag	-4.069*** (-4.779)			
ZHPc1_dlag EPU	-5.261** (-2.280)				ZHPc1_wlag EPU	-5.391** (-2.366)			
ZHDegree_dlag		-1.537*** (-4.100)			ZHDegree_wlag		-1.374*** (-3.751)		
ZHDegree_dlag EPU		-2.769** (-2.516)			ZHDegree_wlag EPU		-2.176** (-2.209)		
ZHBetween_dlag			-2.021*** (-3.128)		ZHBetween_wlag			-2.296*** (-3.013)	
ZHBetween_dlag EPU			-7.225** (-2.405)		ZHBetween_wlag EPU			-3.274 (-1.540)	
ZHEigen_dlag				-1.245*** (-3.002)	ZHEigen_wlag				-1.226*** (-3.293)

续表

变量	(1) Spread1	(2) Spread1	(3) Spread1	(4) Spread1	(5) Spread1	(6) Spread1	(7) Spread1	(8) Spread1
ZHEigen_dlag EPU / ZHEigen_wlag EPU				0.266 (0.149)				0.043 (0.029)
EPU / EPU_1	0.749 *** (4.284)	0.733 *** (4.159)	0.724 *** (4.095)	0.764 *** (4.241)	0.751 *** (4.301)	0.743 *** (4.217)	0.757 *** (4.306)	0.763 *** (4.250)
Amount	-0.098 ** (-2.446)	-0.098 ** (-2.416)	-0.095 ** (-2.356)	-0.104 ** (-2.512)	-0.098 ** (-2.443)	-0.097 ** (-2.398)	-0.097 ** (-2.394)	-0.103 ** (-2.508)
Maturity	-0.345 *** (-3.997)	-0.357 *** (-4.142)	-0.353 *** (-4.073)	-0.347 *** (-4.000)	-0.346 *** (-4.000)	-0.357 *** (-4.139)	-0.351 *** (-4.045)	-0.349 *** (-4.021)
Credit	-0.360 *** (-7.621)	-0.358 *** (-7.580)	-0.362 *** (-7.585)	-0.373 *** (-7.670)	-0.359 *** (-7.607)	-0.361 *** (-7.628)	-0.367 *** (-7.681)	-0.371 *** (-7.647)
Credit1	-0.327 *** (-8.518)	-0.335 *** (-8.675)	-0.332 *** (-8.594)	-0.316 *** (-8.089)	-0.327 *** (-8.523)	-0.333 *** (-8.622)	-0.329 *** (-8.527)	-0.317 *** (-8.111)
Put	-0.055 (-0.906)	-0.054 (-0.887)	-0.048 (-0.782)	-0.062 (-1.004)	-0.056 (-0.910)	-0.056 (-0.912)	-0.051 (-0.840)	-0.063 (-1.026)
ROA	-2.665 *** (-3.628)	-2.695 *** (-3.646)	-2.843 *** (-3.848)	-2.728 *** (-3.689)	-2.655 *** (-3.612)	-2.714 *** (-3.674)	-2.805 *** (-3.802)	-2.718 *** (-3.668)

注：(1)～(4) 为单值网络；(5)～(8) 为多值网络。

续表

	单值网络 (1) Spread1	(2) Spread1	(3) Spread1	(4) Spread1	多值网络 (5) Spread1	(6) Spread1	(7) Spread1	(8) Spread1
Lev	0.837*** (4.111)	0.860*** (4.207)	0.871*** (4.252)	0.826*** (4.075)	0.841*** (4.131)	0.858*** (4.204)	0.847*** (4.125)	0.838*** (4.136)
Size	0.107*** (3.418)	0.097*** (3.085)	0.093*** (2.962)	0.104*** (3.342)	0.106*** (3.401)	0.096*** (3.057)	0.099*** (3.122)	0.101*** (3.277)
Analysts	-0.084*** (-3.701)	-0.083*** (-3.657)	-0.078*** (-3.445)	-0.089*** (-3.842)	-0.084*** (-3.712)	-0.083*** (-3.652)	-0.078*** (-3.424)	-0.089*** (-3.835)
State	-0.675*** (-12.664)	-0.662*** (-12.441)	-0.672*** (-12.448)	-0.669*** (-12.296)	-0.675*** (-12.685)	-0.662*** (-12.417)	-0.675*** (-12.516)	-0.669*** (-12.291)
Constant	0.457 (0.440)	0.871 (0.844)	0.904 (0.876)	0.540 (0.508)	0.454 (0.439)	0.843 (0.818)	0.696 (0.675)	0.589 (0.558)
Year	Yes	Yes	Yes	Yes	Yes	Yes	Yes	Yes
Industry	Yes	Yes	Yes	Yes	Yes	Yes	Yes	Yes
N	1116	1116	1116	1116	1116	1116	1116	1116
R-squared	0.636	0.634	0.633	0.629	0.636	0.633	0.632	0.629

表 7—11 社会网络与经济政策不确定性交互项和加权公司债融资成本

单值网络	Spread1 (1)	Spread1 (2)	Spread1 (3)	Spread1 (4)	多值网络	Spread1 (5)	Spread1 (6)	Spread1 (7)	Spread1 (8)
ZHPc1_d	-4.047*** (-3.706)				ZHPc1_w	-4.010*** (-3.713)			
ZHPc1_d EPU	-6.423** (-2.388)				ZHPc1_w EPU	-6.511** (-2.436)			
ZHDegree_d		-1.282*** (-2.908)			ZHDegree_w		-1.171*** (-2.742)		
ZHDegree_d EPU		-2.998*** (-3.040)			ZHDegree_w EPU		-2.750*** (-3.242)		
ZHBetween_d			-1.648** (-2.085)		ZHBetween_w			-1.790** (-2.140)	
ZHBetween_d EPU			-4.273** (-2.179)		ZHBetween_w EPU			-4.117** (-2.068)	
ZHEigen_d				-2.400*** (-4.917)	ZHEigen_w				-2.064*** (-4.858)

续表

单值网络	Spread1 (1)	Spread1 (2)	Spread1 (3)	Spread1 (4)	多值网络	Spread1 (5)	Spread1 (6)	Spread1 (7)	Spread1 (8)
ZHEigen_d EPU				-3.678*** (-2.597)	ZHEigen_w EPU				-3.186*** (-2.709)
EPU	-0.107** (-2.194)	-0.105** (-2.146)	-0.104** (-2.128)	-0.108** (-2.224)	EPU_1	-0.107** (-2.183)	-0.104** (-2.118)	-0.106** (-2.152)	-0.107** (-2.185)
Amount	-0.284*** (-2.763)	-0.285*** (-2.781)	-0.294*** (-2.854)	-0.280*** (-2.747)	Amount	-0.285*** (-2.776)	-0.285*** (-2.780)	-0.294*** (-2.859)	-0.285*** (-2.798)
Maturity	-0.421*** (-7.820)	-0.417*** (-7.776)	-0.422*** (-7.787)	-0.430*** (-7.990)	Maturity	-0.420*** (-7.811)	-0.418*** (-7.779)	-0.423*** (-7.799)	-0.428*** (-7.955)
Credit	-0.304*** (-7.391)	-0.312*** (-7.581)	-0.303*** (-7.352)	-0.291*** (-7.048)	Credit	-0.305*** (-7.399)	-0.312*** (-7.569)	-0.303*** (-7.342)	-0.293*** (-7.098)
Credit1	-0.048 (-0.727)	-0.048 (-0.726)	-0.045 (-0.673)	-0.051 (-0.779)	Credit1	-0.048 (-0.730)	-0.049 (-0.732)	-0.045 (-0.676)	-0.052 (-0.792)
Put	-2.600*** (-3.310)	-2.547*** (-3.240)	-2.669*** (-3.388)	-2.495*** (-3.172)	Put	-2.596*** (-3.306)	-2.536*** (-3.228)	-2.680*** (-3.399)	-2.485*** (-3.158)
ROA	0.424* (1.819)	0.483** (2.074)	0.470** (2.022)	0.401* (1.725)	ROA	0.424* (1.820)	0.486** (2.083)	0.468** (2.010)	0.416* (1.795)

续表

	单值网络 (1) Spread1	(2) Spread1	(3) Spread1	(4) Spread1	多值网络 (5) Spread1	(6) Spread1	(7) Spread1	(8) Spread1
Lev	0.166*** (4.152)	0.152*** (3.849)	0.151*** (3.822)	0.174*** (4.385)	0.165*** (4.144)	0.151*** (3.814)	0.153*** (3.851)	0.169*** (4.270)
Size	-0.088*** (-3.456)	-0.086*** (-3.371)	-0.084*** (-3.286)	-0.093*** (-3.670)	-0.088*** (-3.470)	-0.087*** (-3.432)	-0.083*** (-3.239)	-0.094*** (-3.700)
Analysts	-0.592*** (-9.969)	-0.591*** (-9.943)	-0.597*** (-9.999)	-0.599*** (-10.206)	-0.592*** (-9.992)	-0.593*** (-10.008)	-0.596*** (-9.943)	-0.602*** (-10.268)
State	0.871*** (4.394)	0.848*** (4.273)	0.871*** (4.358)	0.893*** (4.564)	0.872*** (4.403)	0.871*** (4.394)	0.864*** (4.316)	0.915*** (4.671)
Constant	-0.713 (-0.570)	-0.323 (-0.260)	-0.405 (-0.324)	-0.868 (-0.709)	-0.699 (-0.560)	-0.401 (-0.322)	-0.388 (-0.311)	-0.875 (-0.716)
Year	Yes	Yes	Yes	Yes	Yes	Yes	Yes	Yes
Industry	Yes	Yes	Yes	Yes	Yes	Yes	Yes	Yes
N	838	838	838	838	838	838	838	838
R-squared	0.627	0.627	0.624	0.631	0.627	0.627	0.624	0.631

表 7-12　社会网络与经济政策不确定性交互项的双聚类回归

单值网络	Spread1 (1)	Spread1 (2)	Spread1 (3)	Spread1 (4)	多值网络	Spread1 (5)	Spread1 (6)	Spread1 (7)	Spread1 (8)
ZHPc1_d	-3.732*** (-6.066)				ZHPc1_w	-3.676*** (-6.178)			
ZHPc1_d EPU	-6.841* (-1.651)				ZHPc1_w EPU	-6.961* (-1.693)			
ZHDegree_d		-1.404*** (-6.808)			ZHDegree_w		-1.318*** (-6.257)		
ZHDegree_d EPU		-3.202*** (-4.022)			ZHDegree_w EPU		-2.997*** (-4.400)		
ZHBetween_d			-1.476*** (-2.734)		ZHBetween_w			-1.567*** (-2.961)	
ZHBetween_d EPU			-3.748 (-1.623)		ZHBetween_w EPU			-3.731 (-1.622)	
ZHEigen_d				-2.393*** (-8.269)	ZHEigen_w				-2.042*** (-6.087)

续表

单值网络	Spread1 (1)	Spread1 (2)	Spread1 (3)	Spread1 (4)	多值网络	Spread1 (5)	Spread1 (6)	Spread1 (7)	Spread1 (8)
ZHEigen_d EPU				-3.920*** (-3.552)	ZHEigen_w EPU				-3.489*** (-3.372)
EPU	0.753** (1.972)	0.742** (1.963)	0.751** (1.989)	0.818** (2.334)	EPU_1	0.753** (1.967)	0.758** (2.040)	0.749** (1.986)	0.829** (2.383)
Amount	-0.092* (-1.757)	-0.085 (-1.556)	-0.091* (-1.727)	-0.096* (-1.855)	Amount	-0.091* (-1.742)	-0.083 (-1.498)	-0.092* (-1.763)	-0.094* (-1.785)
Maturity	-0.338*** (-2.908)	-0.328*** (-2.993)	-0.350*** (-2.810)	-0.321*** (-2.668)	Maturity	-0.339*** (-2.932)	-0.330*** (-2.959)	-0.349*** (-2.850)	-0.325*** (-2.702)
Credit	-0.362*** (-5.076)	-0.358*** (-5.135)	-0.366*** (-5.122)	-0.373*** (-5.592)	Credit	-0.361*** (-5.027)	-0.358*** (-5.100)	-0.367*** (-5.156)	-0.367*** (-5.221)
Credit1	-0.331*** (-6.072)	-0.339*** (-6.083)	-0.329*** (-5.845)	-0.318*** (-6.153)	Credit1	-0.331*** (-6.078)	-0.339*** (-6.086)	-0.328*** (-5.855)	-0.321*** (-6.185)
Put	-0.055 (-0.900)	-0.061 (-1.009)	-0.055 (-0.897)	-0.054 (-0.829)	Put	-0.055 (-0.902)	-0.062 (-1.023)	-0.055 (-0.897)	-0.056 (-0.855)
ROA	-2.737*** (-2.992)	-2.614*** (-2.998)	-2.833*** (-3.012)	-2.522** (-2.546)	ROA	-2.736*** (-2.995)	-2.604*** (-2.982)	-2.839*** (-3.012)	-2.540** (-2.555)

续表

单值网络	Spread1 (1)	Spread1 (2)	Spread1 (3)	Spread1 (4)	多值网络	Spread1 (5)	Spread1 (6)	Spread1 (7)	Spread1 (8)
Lev	0.818*** (2.652)	0.878*** (2.808)	0.863*** (2.793)	0.766*** (2.653)	Lev	0.821*** (2.667)	0.880*** (2.826)	0.861*** (2.782)	0.793*** (2.766)
Size	0.105** (2.461)	0.090** (2.045)	0.091** (2.058)	0.124*** (3.004)	Size	0.104** (2.411)	0.087* (1.949)	0.092** (2.117)	0.114** (2.574)
Analysts	-0.087*** (-3.410)	-0.086*** (-3.231)	-0.081*** (-3.016)	-0.101*** (-4.009)	Analysts	-0.087*** (-3.437)	-0.087*** (-3.278)	-0.081*** (-2.998)	-0.101*** (-3.954)
State	-0.664*** (-6.225)	-0.663*** (-6.202)	-0.671*** (-6.240)	-0.667*** (-6.494)	State	-0.665*** (-6.207)	-0.664*** (-6.179)	-0.671*** (-6.266)	-0.672*** (-6.356)
Constant	1.091 (0.499)	1.477 (0.672)	1.441 (0.650)	0.502 (0.245)	Constant	1.117 (0.510)	1.445 (0.654)	1.432 (0.652)	0.620 (0.297)
Year	Yes	Yes	Yes	Yes	Year	Yes	Yes	Yes	Yes
Industry	Yes	Yes	Yes	Yes	Industry	Yes	Yes	Yes	Yes
N	1116	1116	1116	1116	N	1116	1116	1116	1116
R – squared	0.637	0.639	0.633	0.644	R – squared	0.637	0.639	0.633	0.644

7.6 本章小结

经济政策是政府对市场发挥作用的一种重要手段，其不确定性常常会导致经济状态的浮动，并对公司经营产生重大影响，而社会网络带来的信息和资源等优势能够缓解经济政策不确定性对发行公司债的负面影响。本章实证检验了社会网络在经济政策不确定性与公司债发行利差的关系中的调节效应。

实证结果分为两部分，第一部分是对综合网络与公司债融资成本关系的分析。基准分析的结果表明，所有列中综合网络中心度都与公司债融资成本在1%水平上显著负相关，说明综合网络中心度有助于降低公司债融资成本。计算经济意义后发现，综合网络中心度的经济意义大于高管网络中心度和交叉持股网络中心度。进一步对综合网络剩余效应回归发现，在控制了连锁网络中心度和交叉持股中心度后，综合网络中心度对降低公司债融资成本有额外的作用。第二部分是经济政策不确定性与社会网络的交互效应的回归结果。交互项在所有列中都显著为负，说明综合网络中心度确实能够缓解经济政策不确定性对公司发债的不利影响，帮助降低发债成本。并且对交互效应进行了一系列的稳健性检验，包括 PSM、工具变量法等内生性检验，结果稳健地支持了社会网络的调节作用的结论。

结　　论

1. 主要研究结论

本书首先研究了个体层面（高管连锁网络）、组织层面（交叉持股网络）和综合网络三种社会网络对公司债融资成本的影响。其次研究了经济政策不确定性环境对公司债融资成本的影响。最后以综合网络为社会网络的代理变量，探讨了在不同的经济政策不确定性的环境下，社会网络对公司债融资成本的影响是否有区别。

在社会网络与公司债融资的关系研究方面，文本的实证结果发现：（1）分别考察高管网络中心度、交叉持股网络中心度和综合网络中心度，发现三种网络中心度均能显著降低公司债融资成本。在同一个模型中同时纳入高管网络中心度和交叉持股中心度时，发现两种中心度对公司债发行利差的回归系数的方向和显著性均无变化。因此，本书认为高管连锁网络和交叉持股网络对降低公司债发行利差有独立的作用。（2）对连锁高管进一步构建分层网络，发现董事网络和CFO网络与公司债发行利差显著负相关，而CEO网络只有点度中心度在统计学意义上显著。因此，董事网络和CFO网络中的直接关系和间接关系都有助于降低公司债融资成本，而CEO网络只有直接关系有作用，间接关系对降低公司债融资成本没有用。（3）关于构造综合网络的意义，把综合网络、高管连锁网络和交叉持股网络三者纳入同一个模型中，综合网络的回归系数也依然显著为负。且在经济效益方面，综合网络明显大于高管连锁网络和交叉持股网络。说明同时拥有连锁任职关系和交叉持股关系，会加强公司在网络中的中心位置，发展综合社会网络比单独发展个体层面或组织层面的网络更有意义。（4）高管连锁网络和交叉持股网络分别通过不同途径影响公司债融资成本。媒体报道、金融关联和公司评级分别对应信息渠道、资源渠道和信任渠道在高管连锁网络与公司债融资成本的关系中起到的部分中介作用。从信息、资源和公司治理角度，盈余管理、现金流和总资产周转率分别对交叉持股网络中心度和公司债融资成本的影响具有部分中介作用。（5）关于异质性分析：发现相对国企，非国企的高管连锁网络中心度对降低公司债融资成本的作用更大。而交叉持股网络的产权性质异质性分析不显著。而高管连锁网络中心度位置与公司债融资成本的影响不受地理位置的变化而变化，而交叉持股网络有助于缓解地理位置偏远的公司的发行债券的劣势。

关于经济政策不确定性与公司债融资成本，经济政策是政府对市场发挥作用的一种重要手段，其不确定性常常会导致经济波动，并对公司的运作有重要的影响。经济政策不确定性一方面会影响投资者的投资意愿，投资者出于谨慎性考虑会降低投资意愿，或者要求更高的风险溢价。另一方面，在经济政策不确定时期，由于对经济前景的预期不确定，公司运营的稳定性受到了挑战，影响到公司的现金流和盈利能力。文本的实证研究发现：在经济政策不确定性高的环境中，公司发行的公司债融资成本更高。在异质性分析中，我们发现在经济政策不确定环境下，非国企的公司债融资成本受到的负面影响更大，国企身份在一定程度上缓释经济政策不确定性环境对公司债发行的负面影响；相对于高分析师跟踪组，经济政策不确定性对公司债定价的负面影响在低分析师跟踪组更明显，分析师跟踪能有效缓解的公司债融资成本受到经济政策不确定性的负面影响。

关于社会网络与经济政策不确定性交互项，经济政策不确定性时期的经营业绩不稳定，管理层出于业绩考核指标、股权激励以及个人职业前途等目的有动机进行盈余操控，或者隐藏坏消息等。从而恶化市场信息环境，增加市场信息不对称摩擦，由此衍生出来的道德风险和逆向选择问题使得债权人会要求更高的风险溢价，提高发债公司的债务资本成本。中国是一个典型的关系型社会，社会关系带来的一系列信息、资源和声誉等有助于公司的融资活动。作为本书社会网络的代理变量，综合网络汇集了高管连锁网络和交叉持股网络的信息、资源和治理等优势。在高经济政策不确定性环境下，借助社会网络的潜在力量，公司能有效缓解不确定性对债务融资的不利影响，降低发债成本。实证研究发现：相对于低经济政策不确定性的环境，社会网络在高经济政策不确定性环境中发挥了更大的降低公司债融资成本的作用。

2. 政策启示

对政府部门的建议：经济政策是政府发挥市场作用的重要手段，经济政策不确定性常常导致经济波动，对公司经营也会产生重大影响。为避免经济政策不确定因素对市场造成的负面影响，首先，政府在制定政策时要提高前瞻性和预见性，避免政策的反复。其次，政府应该在政策实施中加大力度，提高政策实施的稳定性，可以消除另一部分的不确定性因素。最后，政府应有意识地关注经济政策的不确定状况，采取相应的措施以减少其负面影响。

对上市公司的建议：（1）本书的实证分析表明，在经济政策不确定性环境中，公司债务资本成本普遍更高。因此，为了避免公司的不必要损失，公司的财务规划应具有前瞻性和预防性，关注经济动态和政策动向。对环境形势变化有敏锐的判断，在经济政策不确定性增加前，规划公司财务政策，稳定资金流。当经济政策不确定时，应尽量避免通过发行公司债作为融资手段，以免增加公司的债务融资成本。（2）在经济政策不确定时期，由于对经济前景的预期不确定，公司的运营的稳定性受到了挑战，影响公司的现金流和盈利能力。本书的实证结果表明社会网络对经济政策不确定性与公司债融资成本的关系有显著的调节作用。因此，在经济政策持续动荡的时期，公司可以通过布局社会网络作为应对经济政策不确定性时期的不利影响的方案。（3）高管连锁网络、交叉持股网络和综合网络都分别有利于降低公司债融资成本，并且综合网络不仅仅是简单地融合两个层面的网络，而且能进一步发挥综合网络优势。因此，公司可以通过安排高管连锁任职并且同时规划交叉持股方案，通过在高管连锁网络和交叉持股网络中占据有利位置，通过传递信息，获取资源等方式来降低公司债务融资成本。（4）董事网络和 CFO 网络的直接关系和间接关系均与公司债发行利差显著负相关，应鼓励董事会成员和公司的 CFO 去其他上市公司兼职，且在选择兼职公司时不仅要考虑数量更多要考虑兼职公司的网络位置的质量，从而获取更多的信息和资本，有利于降低公司债融资成本。（5）CEO 网络只有直接关系有作用，间接关系对降低公司债融资成本没有用，因此 CEO 的兼职重点应该是兼职公司的数量，而非质量。

对投资者的建议：（1）经济政策不确定性与经济下行不完全对应。市场面临不确定性，容易引发和传递过度恐惧情绪，导致整个资本市场的资本价格过高。许多高质量的融资项目在经济政策不确定的环境下被低估。但对于投资者来说，存在一定的套利机会。合理判断，在经济政策不确定的环境下进行投资具有相对难得的获利空间。（2）财务指标是判断被投资标的质量的典型依据。另外，投资者可根据本书的研究成果，考虑把是否位于良好的社会网络位置作为选择的补充性指标。

3. 研究局限与未来研究展望

（1）本书以公司债券发行利差为公司债融资成本的代理变量，对相应模型进行了实证分析。而公司债融资成本除了以公司债利差为代理变量的资本成本外，还包括承销、审计、信用评级、律师费用和公告费用等其他费用。因此，今后的研究中应将研究目标尽可能涵盖更多种类的发行费用，更全面地探讨如何有效降低公司债融资成本。

（2）由于我国公司债起步较晚，自 2007 年首只公司债破冰发行以来，至今交易所共 536 只一般公司债，在债券市场数量占比 6.47%，余额占比 4.07%，但是其中大部分是非 A 股上市公司发行的公司，未完全披露财务数据。所以剔除相应的样本后，本文的样本区间 2007～2018 年仅剩 1116 只公司债。样本数量相对较少，对实证研究的设计和结果产生了一定的影响。

（3）本书中的社会网络包括个体层面的高管连锁网络、组织层面的交叉持股网络和综合层面的综合网络。但在现实生活中，个体层面的社会关系除了连锁网络外，还包括校友网络、老乡网络等私人网络。组织层面的社会关系除了交叉持股网络外，还包括担保网络、中介机构网络和供应链网络等。在今后的研究中，可以进一步扩展社会网络涵盖的范围。

（4）本书使用中心度指标来测量公司的网络位置。虽然中心度的度量方法在学术中的应用经典且普遍。但衡量网络结构的除了中心度以外还有许多其他概念，如：凝聚子群、"核心—边缘"结构分析和小世界理论等。尽管这些概念在财务和金融领域应用还不够成熟，但正因如此，恰恰是未来研究的新的拓展空间。开拓和更新更多的网络结构度量指标，以更全面和综合地挖掘公司的社会网络结构的好处。

参 考 文 献

［1］边燕杰，丘海雄. 企业的社会资本及其功效［J］. 中国社会科学，2000（2）：87-99.

［2］才国伟，吴华强，徐信忠. 政策不确定性对公司投融资行为的影响研究［J］. 金融研究，2018（3）：89-104.

［3］曹越，董怀丽，醋卫华，等. 经济政策不确定性与公司税收规避［J］. 证券市场导报，2019（4）：22-32.

［4］陈大鹏，施新政，陆瑶，等. 员工持股计划与财务信息质量［J］. 南开管理评论，2019，22（1）：166-180.

［5］陈冬，孔墨奇，王红建. 投我以桃，报之以李：经济周期与国企避税［J］. 管理世界，2016（5）：46-63.

［6］陈德球，陈运森，董志勇. 政策不确定性、税收征管强度与企业税收规避［J］. 管理世界，2016（5）：151-163.

［7］陈胜蓝，李占婷. 经济政策不确定性与分析师盈余预测修正［J］. 世界经济，2017，40（7）：169-192.

［8］陈胜蓝，刘晓玲. 经济政策不确定性与公司商业信用供给［J］. 金融研究，2018（5）：172-190.

［9］陈运森. 独立董事的网络特征与公司代理成本［J］. 经济管理，2012（10）：67-76.

［10］陈运森，谢德仁. 网络位置、独立董事治理与投资效率［J］. 管理世界，2011（7）：113-127.

［11］储一昀，王伟志. 我国第一起交互持股案例引发的思考［J］. 管理世界，2001（5）：173-186.

［12］戴泽伟，杨兵. 宏观经济政策不确定性对证券分析师预测效

果影响研究［J］. 中国软科学, 2020 (1): 171 – 183.

　　［13］段海艳, 仲伟周. 网络视角下中国企业连锁董事成因分析——基于上海、广东两地 314 家上市公司的经验研究［J］. 会计研究, 2008 (11): 69 – 75.

　　［14］方红星, 施继坤, 张广宝. 产权性质、信息质量与公司债定价——来自中国资本市场的经验证据［J］. 金融研究, 2013 (4): 170 – 182.

　　［15］高强, 邹恒甫. 企业债与公司债二级市场定价比较研究［J］. 金融研究, 2015 (1): 84 – 100.

　　［16］宫汝凯, 徐悦星, 王大中. 经济政策不确定性与企业杠杆率［J］. 金融研究, 2019 (10): 59 – 78.

　　［17］郭葆春, 黄蝶. 产品市场竞争、管理层权力与横向交叉持股——基于我国资本市场的实证研究［J］. 证券市场导报, 2015 (6): 13 – 19.

　　［18］后青松, 袁建国, 张鹏. 企业避税行为影响其银行债务契约吗——基于 A 股上市公司的考察［J］. 南开管理评论, 2016 (4): 122 – 134.

　　［19］李青原, 刘志成. 公司交叉持股的战略动因研究［J］. 证券市场导报, 2010 (1): 29 – 34.

　　［20］李晓溪, 杨国超. 为发新债而降杠杆: 一个杠杆操纵现象的新证据［J］. 世界经济, 2022, 45 (10): 212 – 236.

　　［21］刘志远, 王存峰, 彭涛, 等. 政策不确定性与企业风险承担: 机遇预期效应还是损失规避效应［J］. 南开管理评论, 2017, 20 (6): 15 – 27.

　　［22］陆贤伟, 王建琼, 董大勇. 董事联结影响股价联动: 关联分类还是资源价值?［J］. 证券市场导报, 2013 (10): 47 – 54.

　　［23］彭叠峰, 程晓园. 刚性兑付被打破是否影响公司债的发行定价?——基于 "11 超日债" 违约事件的实证研究［J］. 管理评论, 2018, 30 (12): 3 – 12.

　　［24］冉明东. 论企业交叉持股的 "双刃剑效应" ——基于公司治

理框架的案例研究［J］. 会计研究，2011（5）：78 - 85.

［25］饶品贵，徐子慧. 经济政策不确定性影响了企业高管变更吗？［J］. 管理世界，2017（1）：145 - 157.

［26］任兵，区玉辉，彭维刚. 连锁董事、区域企业间连锁董事网与区域经济发展——对上海和广东两地 2001 年上市公司的实证考察［J］. 管理世界，2004（3）：112 - 123.

［27］沙浩伟，曾勇. 交叉持股、网络位置与公司绩效的实证研究［J］. 管理科学，2014（1）：131 - 142.

［28］邵林，韩传兵，陈富永. 基于董事网络的经济政策不确定性对企业投资影响研究［J］. 中国软科学，2020（5）：184 - 192.

［29］史永东，田渊博. 契约条款影响债券价格吗？——基于中国公司债市场的经验研究［J］. 金融研究，2016（8）：143 - 158.

［30］宋全云，李晓，钱龙. 经济政策不确定性与企业贷款成本［J］. 金融研究，2019（7）：57 - 75.

［31］田高良，韩洁，李留闯. 连锁董事与并购绩效——来自中国 A 股上市公司的经验证据［J］. 南开管理评论，2013，16（6）：112 - 122.

［32］万良勇，饶静. 不确定性、金融危机冲击与现金持有价值——基于中国上市公司的实证研究［J］. 经济与管理研究，2013（5）：63 - 71.

［33］王安兴，解文增，余文龙. 中国公司债利差的构成及影响因素实证分析［J］. 管理科学学报，2012，15（5）：32 - 41.

［34］王博森，施丹. 市场特征下会计信息对债券定价的作用研究［J］. 会计研究，2014（4）：19 - 26.

［35］王朝阳，张雪兰，包慧娜. 经济政策不确定性与企业资本结构动态调整及稳杠杆［J］. 中国工业经济，2018（12）：134 - 151.

［36］王栋，吴德胜. 股权激励与风险承担——来自中国上市公司的证据［J］. 南开管理评论，2016，19（3）：157 - 167.

［37］王红建，李青原，邢斐. 经济政策不确定性、现金持有水平及其市场价值［J］. 金融研究，2014（9）：53 - 68.

［38］王娜，杨仁眉．管理层权力及企业规模与交叉持股的交互影响——基于中国资本市场的实证研究［J］．证券市场导报，2017（1）：27－33．

［39］王雄元，高开娟．如虎添翼抑或燕巢危幕：承销商、大客户与公司债发行定价［J］．管理世界，2017（9）：42－59．

［40］肖作平，刘辰嫣．两权分离、金融发展与公司债券限制性条款——来自中国上市公司的经验证据［J］．证券市场导报，2018（12）：48－60．

［41］徐光伟，孙铮，刘星．经济政策不确定性对企业投资结构偏向的影响——基于中国 EPU 指数的经验证据［J］．管理评论，2020，32（1）：246－261．

［42］杨媛杰，陈艺云，王傲磊．经济政策不确定性、风险承担与公司债信用价差［J］．金融经济学研究，2020，35（6）：93－106．

［43］于谦龙，徐婷婷，陈林．公允价值分层披露、产权背景对公司债定价的影响研究［J］．南京审计大学学报，2021，18（1）：48－58．

［44］张伟，于良春．混合所有制企业最优产权结构的选择［J］．中国工业经济，2017（4）：34－53．

［45］赵晓琴，万迪昉，付雷鸣．政治关联对公司债券融资的影响——来自银行间债券市场的经验证据［J］．山西财经大学学报，2011，33（12）：100－107．

［46］智宝月，毕颖．公司交叉持股及其法律规制［J］．管理世界，2009（9）：176－177．

［47］朱焱，孙淑伟．货币政策、信息环境与公司债利差［J］．证券市场导报，2016（3）：24－31．

［48］祝继高，陆正飞．融资需求、产权性质与股权融资歧视——基于企业上市问题的研究［J］．南开管理评论，2012（4）：141－150．

［49］Agarwal S & Hauswald R. Distance and private information in lending［J］. Review of Financial Studies，2010，23（7）：2757－88.

［50］Ahmed A，Billings B，Morton R & Stanford H. The role of accounting conservatism in mitigating bondholder-shareholder conflicts over dividend policy and in reducing debt costs [J]. Accounting Review, 2002, 77 (4): 867 – 890.

[51] Allen F, Qian J & Qian M. Law, finance, and economic growth in China [J]. Journal of Financial Economics, 2005, 77 (1): 57 – 116.

[52] Allen J W & Phillips G. Corporate equity ownership, strategic alliances, and product market relationships [J]. The Journal of Finance, 2000, 55 (6): 2791 – 2816.

[53] Allen M P. The structure of inter-organizational elite cooptation: Interlocking corporate directorates [J]. American Sociological Review, 1974, 39 (3): 393 – 406.

[54] Amundsen E S & Bergman L. Will cross-ownership re-establish market power in the nordic power market? [J]. the energy journal, 2002, 23 (2): 73 – 95.

[55] Anderson R C, Mansi S A & Reeb D M. Board characteristics, accounting report integrity, and the cost of debt [J]. Journal of Accounting and Economics, 2004, 37 (3): 315 – 342.

[56] Anderson R C, Mansi S A & Reeb D M. Founding family ownership and the agency cost of debt [J]. Journal of Financial Economics, 2003, 68 (2): 263 – 285.

[57] Baker S R, Bloom N & Davis S J. Measuring economic policy uncertainty [J]. Quarterly Journal of Economics, 2016, 131 (4): 1593 – 1636.

[58] Bao M X, Billett M T, Smith D B & Unlu E. Does other comprehensive income volatility influence credit risk and the cost of debt? [J]. Contemporary Accounting Research, 2020, 37 (1): 457 – 484.

[59] Ben – Nasr H, et al., Political uncertainty and the choice of debt sources [J]. Journal of International Financial Markets, Institutions and Money, 2019.

[60] Benson B W, Iyer S R, Kemper K J & Zhao J. Director net-

works and credit ratings [J]. Financial Review, 2018, 53 (2): 301 – 336.

[61] Berglöf E & Perotti E C. The governance structure of the Japanese financial keiretsu [J]. Journal of Financial Economics, 1994, 36 (2): 259 – 284.

[62] Bøhren O, Norli O. Determinants of intercorporate shareholdings [J]. Review of Finance, 1997, 1 (2): 265 – 287.

[63] Bizjak J M et al. , Option backdating and boardinterlocks [J]. Review of Financial Studies, 2009, 22 (11): 4821 – 4847.

[64] Black F & Cox J C. Valuing corporate securities: Some effects of bond indenture provisions [J]. Journal of Finance, 1976, 31 (2): 351 – 367.

[65] Black F & Scholes M S. The pricing of options and corporate liabilities [J]. Journal of Political Economy, 1973, 81 (3): 637 – 654.

[66] Bonacich, P. Power and centrality: A family of measures [J]. American Journal of Sociology, 1987, 92 (5): 1170 – 1182.

[67] Bonaime A, Gulen H & Ion M. Does policy uncertainty affect mergers and acquisitions? [J]. Journal of Financial Economics, 2018, 129 (3): 531 – 558.

[68] Booth J & Deli D. On executives of financial institutions as outside directors [J]. Journal of Corporate Finance, 1999, 5 (3): 227 – 250.

[69] Borthwick J, Ali S & Pan X. Does policy uncertainty influence mergers and acquisitions activities inChina? A replication study [J]. Pacific – Basin Finance Journal, 2020, 62: 101 – 381.

[70] Bradley M & Chen D. Corporate governance and the cost of debt: Evidence from director limited liability and indemnification provisions [J]. Journal of Corporate Finance, 2011, 17 (1): 83 – 107.

[71] Braun M, Briones I & Islas G. Interlocking directorates, access to credit, and business performance in Chile during early industrialization

[J]. Journal of Business Research, 2019, 105: 381 – 388.

[72] Brian Uzzi. Embeddedness in the making of financial capital: How social relations and networks benefit firms seeking financing [J]. American Sociological Review, 1999, 64: 481 – 505.

[73] Brogaard J & Detzel A. The asset-pricing implications of government economic policy uncertainty [J]. Management Science, 2015, 61 (1): 3 – 18.

[74] Brooks C, Chen Z & Zeng Y. Institutional cross-ownership and corporate strategy: The case of mergers and acquisitions [J]. Journal of Corporate Finance, 2018, 48: 187 – 216.

[75] Burt R S. Cooptive corporate actor networks: A reconsideration of interlocking directorates involvingAmerican manufacturing [J]. Administrative Science Quarterly, 1980, 25 (4): 557 – 582.

[76] Cai Y & Sevilir M. Board connections and M&A transactions [J]. Journal of Financial Economics, 2012, 103 (2): 327 – 349.

[77] Campbell J Y & Taksler G B. Equity volatility and corporate bond yields [J]. The Journal of Finance, 2003, 58 (6): 2321 – 2350.

[78] Chi Q & Li W. Economic policy uncertainty, credit risks and banks' lending decisions: Evidence fromChinese commercial banks [J]. China Journal of Accounting Research, 2017, 10 (1): 33 – 50.

[79] Chiu P, Teoh S H & Tian F. Board interlocks and earnings management contagion [J]. The Accounting Review, 2013, 88 (3): 915 – 944.

[80] Chuluun T, Prevost A & John P. Board ties and the cost of corporate debt [J]. Financial Management, 2014, 43 (3): 533 – 568.

[81] Clayton M J & Jorgensen B N. Optimal cross holding with externalities and strategic interactions [J]. Journal of Business, 2005, 78 (4): 1505 – 1522.

[82] Cohen L, Frazzini A & Malloy C. The small world of investing: Board connections and mutual fund returns [J]. Journal of Political Econo-

my, 2008, 116 (5): 951 - 979.

[83] Coleman J S. Social capital in the creation of human capital [J]. American Journal of Sociology, 1988, 94: 95 - 120.

[84] Collin - Dufresne P & Goldstein R S. Do credit spreads reflect stationary leverage ratios? [J]. The Journal of Finance, 2001, 56 (5): 1929 - 1957.

[85] Coval J D & Moskowitz T J. Home bias at home: Local equity preference in domestic portfolios [J]. Journal of Finance, 1999, 54 (6): 2045 - 2073.

[86] Datta S, Doan T & Iskandar - Datta M. Policy uncertainty and the maturity structure of corporate debt [J]. Journal of Financial Stability, 2019, 44: 100 - 694.

[87] Diamond D W. Monitoring and reputation: The choice between bank loans and directly placed debt [J]. Journal of Political Economy, 1991, 99 (4): 689 - 721.

[88] Dietzenbacher E, Smid B & Volkerink B. Horizontal integration in the dutch financial sector [J]. International Journal of Industrial Organization, 2000, 18 (8): 1223 - 1242.

[89] D'Mello R & Toscano F. Economic policy uncertainty and short-term financing: The case of trade credit [J]. Journal of Corporate Finance, 2020, 64: 101 - 686.

[90] Douthett E B & Jung K. Japanese corporate groupings (keiretsu) and the informativeness of earnings [J]. Journal of international financial management and accounting, 2001, 12 (2): 133 - 159.

[91] Douthett E, Jung k., kwak, w. Japanese corporate groupings (keiretsu) and the characteristics of analysts' forecasts [J]. Review of Quantitative Finance and Accounting, 2004, 23 (2): 79 - 98.

[92] Duffie D et al., Term structures of credit spreads with incomplete accounting information [J]. Econometrica, 2001, 69 (3): 633 - 664.

［93］Duong H N et al. , Navigating through economic policy uncertainty: The role of corporate cash holdings ［J］. Journal of Corporate Finance, 2020, 62: 101 – 607.

［94］Eisenbeis R A & Mccall A S. The impact of legislation prohibiting director-interlocks among depository financial institutions ［J］. Journal of Banking & Finance, 1978, 2 (4): 323 – 337.

［95］El – Khatib R, Fogel K & Jandik T. CEO network centrality and merger performance ［J］. Journal of Financial Economics, 2015, 116 (2): 349 – 382.

［96］Elton E J et al. , Explaining the rate spread on corporate bonds ［J］. The Journal of Finance, 2002, 56 (1): 247 – 277.

［97］Engelberg J et al. , Friends with money ［J］. Journal of Financial Economics, 2012, 103 (1): 169 – 188.

［98］Ferris P et al. , The international effect of managerial social capital on the cost of equity ［J］. Journal of Banking & Finance, 2017, 74: 69 – 84.

［99］Ferris S P, Kumar R & Sarin, A. The role of corporate groupings in controlling agency conflicts: The case of keiretsu ［J］. Pacific – Basin Finance Journal, 1995, 3 (2 – 3): 319 – 335.

［100］Flath D. Indirect shareholding within Japan's business groups ［J］. Economics Letters, 1992, 38 (2): 223 – 227.

［101］Fogel K et al. , CFO social capital and private debt ［J］. Journal of Corporate Finance, 2018, 52: 28 – 52.

［102］Fracassi C. Corporate finance policies and social networks ［J］. Management Science, 2017, 63 (8): 2420 – 2438.

［103］Francis B. , Political uncertainty and bank loan contracting ［J］. Journal of Empirical Finance, 2014, 29: 281 – 286.

［104］Freeman L C. Centrality in social networks: Conceptual clarification ［J］. Social Network, 1978, 1 (3): 215 – 239.

［105］Frühwirth M. A pricing model for secondary market yield based floating rate notes subject to default risk [J]. European Journal of Operational Research, 2001, 135 (2): 233 – 248.

[106] Gao K et al. , The power of sharing: Evidence from institutional investor cross-ownership and corporate innovation [J]. International Review of Economics & Finance, 2019, 63, 284 – 296.

[107] Gao P & Qi Y. Political uncertainty and public financing costs: Evidence from US [R]. SSRN Working Paper, 2012.

[108] Garay U. Country and industry effects in corporate bond spreads in emerging markets [J]. Journal of Business Research, 2017, 102: 191 – 200.

[109] Garcíameca E. Ownership structure and the cost of debt [J]. European Accounting Review, 2011, 20 (2): 389 – 416.

[110] Ghouma H et al. , Corporate governance and cost of debt financing: Empirical evidence fromCanada [J]. The Quarterly Review of Economics and Finance, 2018, 67: 138 – 148.

[111] Gilson R. , Understanding the Japanese keiretsu: Overlaps between corporate governance and industrial organization [J]. The Yale Law Journal, 1993, 102 (4): 871 – 906.

[112] Goodwin E J. Network analysis, culture, and the problem of agency [J]. American Journal of Sociology, 1994, 99 (6): 1411 – 1454.

[113] Granovetter M. The impact of social structure on economic outcomes [J]. Journal of Economic Perspectives, 2005, 19 (1): 33 – 50.

[114] Granovetter M. The strength of weak ties [J]. American Journal of Sociology, 1973, 78 (6): 1360 – 1380.

[115] Gürtler M & Neelmeier P. Empirical analysis of the international public covered bond market [J]. Journal of Empirical Finance, 2018, 46: 163 – 181.

[116] Gulen H & Ion M. Policy uncertainty and corporate investment [J]. Review of Financial Studies, 2016, 29 (3): 523 – 564.

[117] Guo H et al. , Cross-shareholding network and corporate bond

financing cost in China〔J〕. The North American Journal of Economics and Finance, 2021, 57: 101423.

〔118〕Haunschild P R & Beckman C M. When do interlocks matter? Alternate sources of information and interlock influence〔J〕. Administrative Science Quarterly, 1998, 43（4）: 815 – 844.

〔119〕Haunschild P R. Interorganizational imitation: The impact of interlocks on corporate acquisition activity〔J〕. Administrative Science Quarterly, 1993, 38（4）: 564 – 592.

〔120〕Helmers C et al., Do board interlocks increase innovation? Evidence from a corporate governance reform inIndia〔J〕. Journal of Banking and Finance, 2017, 80（7）: 51 – 70.

〔121〕Hiraki T., Corporate governance and firm value in Japan: Evidence from 1985 to 1998〔J〕. Pacific – Basin Finance Journal, 2003, 11（3）: 239 – 265.

〔122〕Horton J et al., Resources or power? Implications of social networks on compensation and firm performance〔J〕. Journal of Business Finance & Accounting, 2012, 39（3 – 4）: 399 – 426.

〔123〕Huang Y. Measuring economic policy uncertainty inChina〔J〕. China Economic Review, 2020, 59: 101 – 367.

〔124〕Ingersoll J E. A theoretical and empirical investigation of the dual purpose funds: An application of contingent-claims analysis〔J〕. Journal of Financial Economics, 1976, 3（1）: 83 – 123.

〔125〕Iqbal U. Economic policy uncertainty and firm performance〔J〕. Applied Economics Letters, 2020, 27（10）: 765 – 770.

〔126〕James D R. Profit constraints on managerial autonomy: Managerial theory and the unmaking of the corporation president〔J〕. American Sociological Review, 1981, 46（1）: 1.

〔127〕Jarrow R A. Pricing derivatives on financial securities subject to credit risk〔J〕. Journal of Finance, 1995, 50（1）: 53 – 85.

〔128〕Jensen K et al., The geographyof US auditors: Information quality and monitoring costs by local versus non-local auditors [J]. Review of Quantitative Finance and Accounting, 2015, 44 (3): 513 –549.

[129] Jensen M C & Meckling W H. Theory of the firm: Managerial behavior, agency costs and ownership structure [J]. Journal of Financial E-conomics, 1976, 3 (4): 305 –360.

[130] Jevons Lee C. The pricing of corporate debt: A note [J]. The Journal of Finance, 1981, 36 (5): 1187 –1189.

[131] Jiang J. Beating earnings benchmarks and the cost of debt [J]. The Accounting Review, 2008, 83 (2): 377 –416.

[132] Jiang L & Kim J. Cross-corporate ownership, information asymmetry and the usefulness of accounting performance measures in Japan [J]. The International Journal of Accounting, 2000, 35 (1): 85 –98.

[133] Johansen T R & Pettersson K. The impact of board interlocks on auditor choice and audit fees [J]. Corporate Governance: An International Review, 2013, 21 (3): 287 –310.

[134] Jones E P et al. , Contingent claims analysis of corporate capital structures: An empirical investigation [J]. Journal of Finance, 1984, 39 (3): 611 –625.

[135] Julio B. , Political uncertainty and corporate investment cycles [J]. The Journal of Finance, 2012, 67 (1), 45 –83.

[136] Jung Michael J. Investor overlap and diffusion of disclosure practices [J]. Review of Accounting Studies, 2013, 18 (1): 167 –206.

[137] Kanno, M. Network structures and credit risk in cross-shareholdings among listed Japanese companies [J]. Japan and the World Economy, 2019, 49: 17 –31.

[138] Katz B G & Owen J. Exploring tax evasion in the context of political uncertainty [J]. Economic Systems, 2013, 37 (2): 141 –154.

[139] Kempf A, Korn O & Uhrig – Homburg M. The term structure of illiquidity premia [J]. Journal of Banking & Finance, 2012, 36 (5): 1381 –1391.

［140］Khanna T. Business groups and social welfare in emerging markets: Existing evidence and unanswered questions ［J］. European Economic Review, 2000, 44 (4): 748 – 761.

［141］Khanna T & Thomas C. Synchronicity and firm interlocks in an emerging market ［J］. Journal of Financial Economics, 2009, 92 (2): 182 – 204.

［142］Kim M & Surroca J. The effect of social capital on financial capital ［R］. SSRN Working Paper, 2009.

［143］Kim Y. Board network characteristics and firm performance inKorea ［J］. Corporate Governance: An International Review, 2005, 13 (6): 800 – 808.

［144］Landoni M. Tax distortions and bond issue pricing ［J］. Journal of Financial Economics, 2018, 129 (2): 382 – 393.

［145］Li B et al. , Does the shareholding network affect bank's risk-taking behavior? An exploratory study on Chinese commercial banks ［J］. Finance Research Letters, 2019, 31: 334 – 348.

［146］Li, H et al. , On the topological properties of the cross-shareholding networks of listed companies in China: Taking shareholder' cross-shareholding relationships into account ［J］. Physica A: Statistical Mechanics and its Applications, 2014, 47, 406: 80 – 88.

［147］Longstaff, F. A. , & Schwartz, E. S. A simple approach to valuing risky fixed and floating rate debt ［J］. The Journal of Finance, 1995, 50 (3): 789 – 819.

［148］Luo D et al. , Political uncertainty and firm risk in China ［J］. Review of Development Finance, 2017, 7 (2): 85 – 94.

［149］Lyon F. Trust, networks and norms: The creation of social capital in agricultural economies in Ghana ［J］. World Development, 2000, 28 (4): 663 – 681.

［150］Mansi S A et al. , Analyst forecast characteristics and the cost of debt ［J］. Review of Accounting Studies, 2011, 16 (1): 116 – 142.

［151］ Masulis R et al. , Family business groups around the world: Financing advantages, control motivations, and organizational choices ［J］. Review of Financial Studies, 2011, 24 (11): 3556 – 3600.

［152］ Matvos G & Ostrovsky M. Cross-ownership, returns, and voting in mergers ［J］. Journal of Financial Economics, 2008, 89 (3): 391 – 403.

［153］ Mazzola E et al. , The interaction between inter-firm and interlocking directorate networks on firm's new product development outcomes ［J］. Journal of Business Research, 2016, 69 (2): 672 – 682.

［154］ Melgarejo, M. A. Does beating cash flow benchmarks reduce the cost of debt ［J］. The Investment Analysts Journal, 2014, 43 (80): 25 – 36.

［155］ Merton R C. On the pricing of corporate debt: The risk structure of interest rates ［J］. Journal of Finance, 1974, 29 (2): 449 – 470.

［156］ Mizruchi M S. Cohesion, equivalence, and similarity of behavior: A theoretical and empirical assessment ［J］. Social Networks, 1993, 15 (3): 275 – 307.

［157］ Mizruchi M S & Stearns L B. A longitudinal study of the formation of interlocking directorates ［J］. Administrative Science Quarterly, 1988, 33 (2): 194 – 210.

［158］ Nguyen M, Nguyen J H. Economic policy uncertainty and firm tax avoidance ［J］. Accounting & Finance, 2019.

［159］ Nguyen T D K & Ramachandran N. Capital structure in small and medium-sized enterprises ［J］. Asean Economic Bulletin, 2006, 23 (2): 192 – 211.

［160］ Nyberg S. Reciprocal shareholding and takeover deterrence ［J］. International Journal of Industrial Organization, 1995, 13 (3): 355 – 372.

［161］ Ong C et al. , An exploratory study on interlocking directorates in listed firms in Singapore ［J］. Corporate Governance: An International

Review, 2003, 11 (4): 322 – 334.

[162] Ortiz – Molina, H. Executive compensation and capital struc-ture: The effects of convertible debt and straight debt on CEO pay [J]. Journal of Accounting and Economics, 2007, 43 (1): 69 – 93.

[163] Osano H. Intercorporate shareholdings and corporate control in the Japanese firm [J]. Journal of Banking and Finance, 1996, 20 (6): 1047 – 1068.

[164] Palmer D. Broken ties: Interlocking directorates and intercorpo-rate coordination [J]. Administrative Science Quarterly, 1983, 28 (1): 40 – 55.

[165] Pascual – Fuster B & Crespí – Cladera R. Politicians in the boardroom: Is it a convenient burden? [J]. Corporate Governance: An In-ternational Review, 2018, 26 (6): 448 – 470.

[166] Peng M W & Luo Y. Managerial ties and firm performance in a transition economy: The nature of a micro-macro link [J]. Academy of Management Journal, 2000, 43 (3): 486 – 501.

[167] Peng Z et al., Cross-shareholding and financing constraints of private firms: Based on the perspective of social network [J]. Physica A: Statistical Mechanics and its Applications, 2019, 520: 381 – 389.

[168] Petersen M A. Estimating standard errors in finance panel data sets: Comparing approaches [J]. The Review of Financial Studies, 2009, 22 (1): 435 – 480.

[169] Petersen M A & Rajan R G. The benefits of lending relation-ships: Evidence from small business data [J]. The Journal of Finance, 1994, 49 (1): 3 – 37.

[170] Pfeffer J. Size and composition of corporate boards of directors: The organization and its environment [J]. Administrative Science Quarterly, 1972, 17 (2): 218 – 228.

[171] Phan H V et al., Policy uncertainty and firm cash holdings [J]. Journal of Business Research, 2019, 95: 71 – 82.

［172］ Pitts C G C & Selby M J P. The pricing of corporate debt： A further note ［J］. The Journal of Finance, 1983, 38 (4)： 1311 –1313.

［173］ Prokopczuk, M et al. , Credit risk in covered bonds ［J］. Journal of Empirical Finance, 2013, 21： 102 – 120.

［174］ Pástor L & Veronesi P. Political uncertainty and risk premia ［J］. Journal of Financial Economics, 2013, 110 (3)： 520 –545.

［175］ Qiu X et al. , Do social ties matter for corporate bond yield spreads? Evidence from China ［J］. Corporate Governance： An International Review, 2019, 27 (6)： 427 –457.

［176］ Ramaswamy K & Sundaresan S M. The valuation of floating-rate instruments： Theory and evidence ［J］. Journal of Financial Economics, 1986, 17 (2)： 251 –272.

［177］ Rauch J E & Casella A. Overcoming informational barriers to international resource allocation： Prices and ties ［J］. The Economic Journal, 2003, 113 (484)： 21 –42.

［178］ Rossi A G et al. , Network centrality and delegated investment performance ［J］. Journal of Financial Economics, 2018, 128 (1)： 183 – 206.

［179］ Samet A & Obay L. Call feature and corporate bond yield spreads ［J］. Journal of Multinational Financial Management, 2014, 25 – 26： 1 –20.

［180］ Schonlau R & Singh P V. Board networks and merger performance ［R］. SSRN Working Paper, 2009.

［181］ Schwarz L A & Flávia Z D. The relationship between economic policy uncertainty and corporate leverage： Evidence from Brazil ［J］. Finance Research Letters, 2020.

［182］ Sengupta P. Corporate disclosure quality and the cost of debt ［J］. Accounting Review, 1998, 73 (4)： 459 –474.

［183］ Sha H, Zeng Y. An empirical study on the cross-shareholding, network location and firm performance ［J］. Journal of Management Science,

2014，1：131 - 142.

［184］Shailer G & Wang K. Government ownership and the cost of debt forChinese listed corporations ［J］. Emerging Markets Review，2015，22：1 - 17.

［185］Shaw K W. CEO incentives and the cost of debt ［J］. Review of Quantitative Finance and Accounting，2012，38（3）：323 - 346.

［186］Shu P et al. ，Board external connectedness and earnings management ［J］. Asia - Pacific Management Review，2015，20（4）：265 - 274.

［187］Silva F et al. ，Family ties，interlocking directors and performance of business groups in emerging countries：The case ofChile ［J］. Journal of Business Research，2006，59（3）：315 - 321.

［188］Singh D & Delios A. Corporate governance，board networks and growth in domestic and international markets：Evidence fromIndia ［J］. Journal of World Business，2017，52（5）：615 - 627.

［189］Sinha R. Company cross-holdings and investment analysis ［J］. Financial Analysts Journal，1998，54（5）：83 - 89.

［190］Skousen C J et al. ，CEO network centrality and bond ratings ［J］. Advances in Accounting，2018，40，42 - 60.

［191］Sánchez - Ballesta J P & García - Meca E. Ownership structure and the cost of debt ［J］. European Accounting Review，2011，20（2）：389 - 416.

［192］Song P. Cross-shareholding network and corporate risk-taking ［J］. On Economics Problems，2019，6：83 - 89.

［193］Stuart T E & Yim S. Board interlocks and the propensity to be targeted in private equity transactions ［J］. Journal of Financial Economics，2010，97（1）：174 - 189.

［194］Su K，Kong D，Wu J. Can economic policy uncertainty reduce a firm's trade credit？［J］. International Review of Finance，2020，1369 - 412X.

[195] Talavera O et al. , Social capital and access to bank financing: The case of Chinese entrepreneurs [J]. Emerging Markets Finance and Trade, 2010, 48（1）: 55 –69.

[196] Waisman M et al. , The effect of political uncertainty on the cost of corporate debt [J]. Journal of Financial Stability, 2015, 16: 106 – 117.

[197] Wang Y et al. , Economic policy uncertainty and corporate investment: Evidence fromChina [J]. Pacific – Basin Finance Journal, 2014, 26: 227 –243.

[198] Yen J et al. , Why do firms allow their CEOs to join trade associations? An embeddedness view [J]. International Review of Economics & Finance, 2014, 32: 47 –61.

[199] Yeung I Y M & Tung R L. Achieving business success in confucian societies: The importance of guanxi （connections） [J]. Organizational Dynamics, 1996, 25（2）: 54 –65.